傅山全書

清・傅山　著
尹協理　主編

第八册

國家古籍整理出版專項經費資助項目

山西出版傳媒集團
山西人民出版社

儀
陽平王
傳又有一
纂，十八卷
陽平王傳
有[illegible]王之
纂示
儀子
儀子

之逐賜死葬以庶人禮儀十五子
子纂五歲太祖命養於宮中少明敏動止有禮太祖愛
之恩與諸皇子同世祖踐阼除定州刺史封中山公進
爵為王賜步挽几以優異之纂好酒愛佞政以賄成世
祖殺其親嬖人後悔過脩謹拜內大將軍居官清約簡
慎更稱廉平纂於宗屬最長宗室有事咸就諮焉薨謚
曰簡
纂弟良性忠篤太宗追錄儀功封南陽王以紹儀後
良弟幹機晤沈勇善弓馬少有父風太宗即位拜內將
軍都將入備禁中太宗出遊於白登之東北幹以騎從

北史卷二十四　列傳第十二

皇明朝列大夫國子監祭酒臣方從哲

承德郎右春坊右中允管國子監司業事臣黃汝良等奉

勑重校刊

崔逞 子顒 六世孫贍 孫彧 玄孫罔 儦 休 逞兄遹 五世孫㥄

王憲 曾孫昕 晞　封懿 族曾孫回 回弟肅 回子隆之 回族弟述

崔逞字叔祖清河東武城人魏中尉琰之五世孫也曾祖諒晉中書令祖遇仕石氏爲特進父瑜黃門郎逞少好學有文才仕慕容暐補著作郎撰燕記遷黃門侍郎暐滅苻堅以爲齊郡太守堅敗仕晉歷清河平原二郡

萬曆二十六年刊　北史卷二十四　列傳

崔逞　崔諒　崔遇　崔瑜　慕容暐

傅山北史批注手稿（山西博物院藏）

傅山隋書批注手稿（山西博物院藏）

蔡子元
于普明
牛弘

隋書卷十五　　音樂志第十

太尉揚州都督監修國史上柱國趙國公臣長孫無忌等奉　勑撰

皇明朝列大夫國子監祭酒臣劉應秋

承直郎國子監司業臣楊道賓等奉

勑重校刊

音樂下

開皇九年平陳獲宋齊舊樂詔於太常置清商署以管之求陳太樂令蔡子元于普明等復居其職由是牛弘奏曰臣聞周有六代之樂至韶武而已秦始皇改周舞曰五行漢高帝改韶武曰文始以示不相襲也又造武

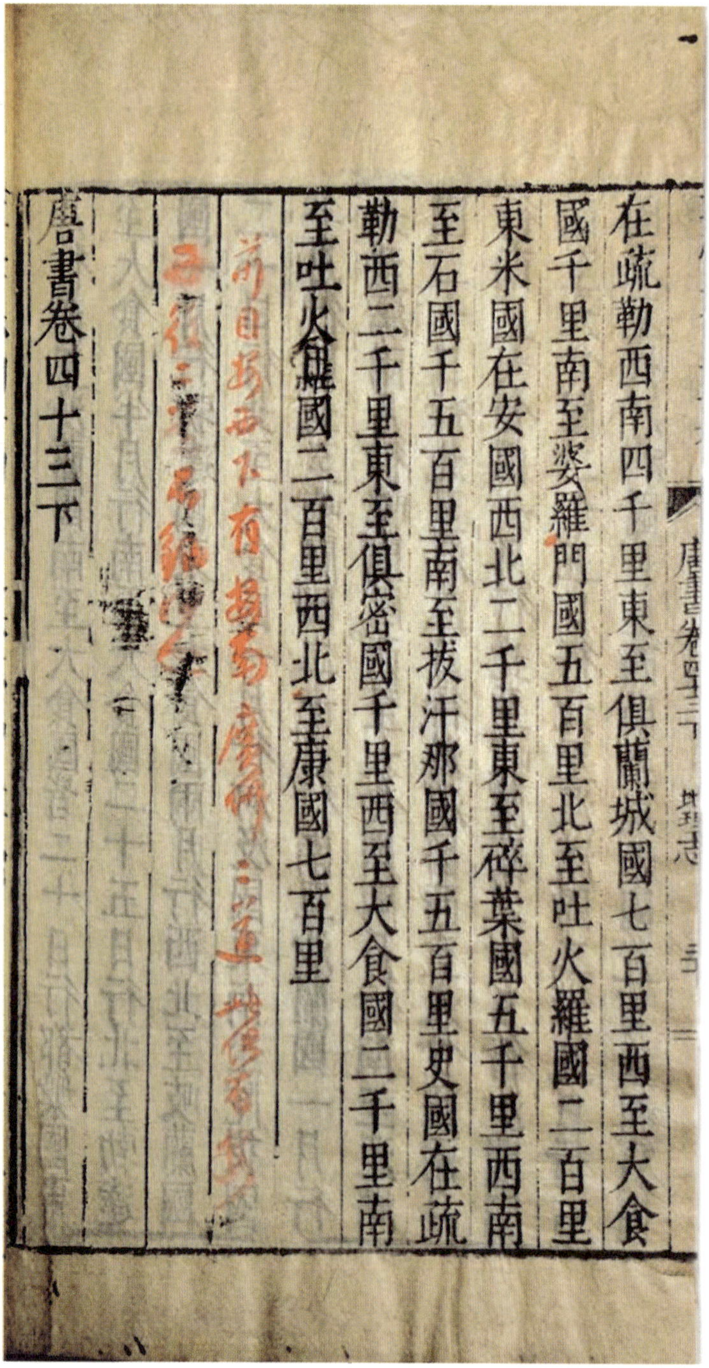
唐書卷四十三下　地理志

在疏勒西南四千里東至俱蘭城國七百里西至大食
國千里南至婆羅門國五百里北至吐火羅國二百里
東米國在安國西北二千里東至碎葉國五千里西南
至石國千五百里南至拔汗那國千五百里史國在疏
勒西二千里東至俱密國千里西至大食國二千里南
至吐火羅國二百里西北至康國七百里

唐書卷四十三下

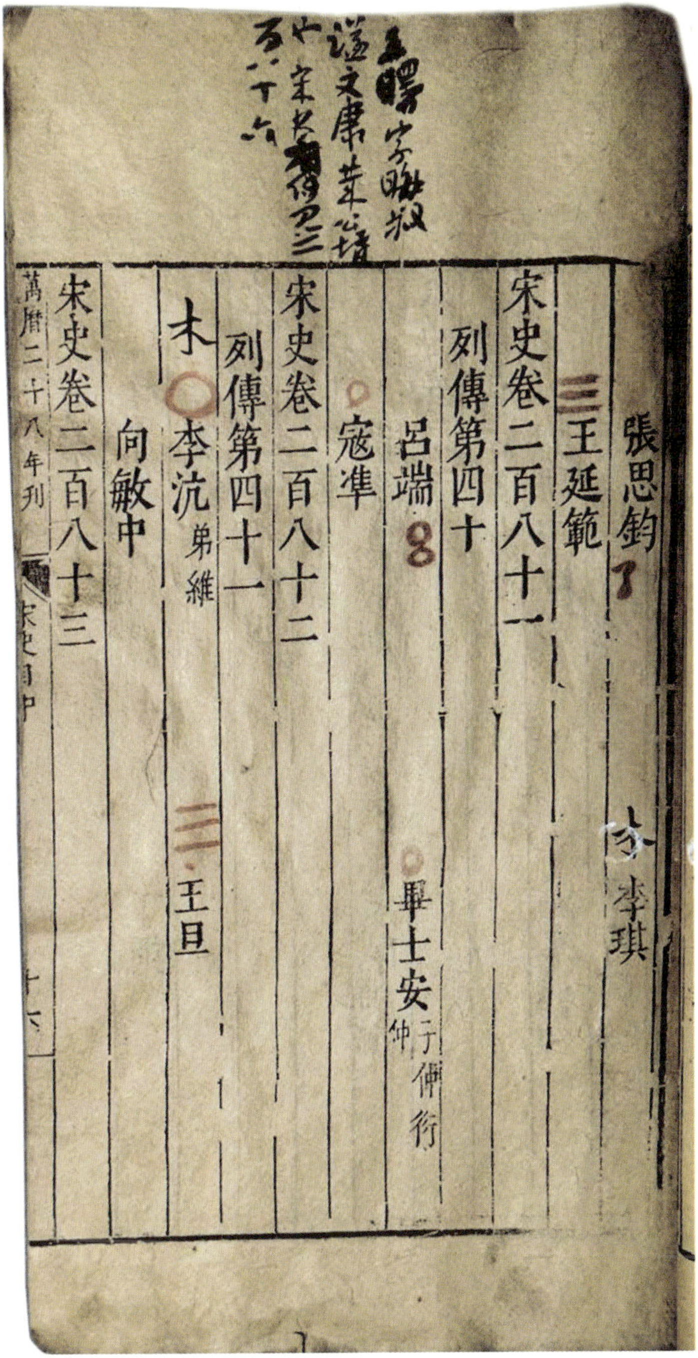

傅山宋史批注手稿（山西博物院藏）

有此號乃大喜曰作相須讀書人由是大重儒者受命杜太后傳位太宗太宗嘗病亟帝往視之親爲灼艾太宗覺痛帝亦取艾自灸每對近臣言太宗龍行虎步生時有異他日必爲太平天子福德吾所不及云

贊曰昔者堯舜以禪代湯武以征伐皆南面而有天下四聖人者往世道升降否泰推移當斯民塗炭之秋皇天眷求民主亦惟責其濟斯世而已使其必得四聖人之才而後以其行事畀之則生民平治之期殆無日也五季亂極宋太祖起介冑之中踐九五之位原其得國視晉漢周亦豈甚相絶哉及其發號施令名藩大將俯

第八册　目録

卷九十九　魏書批注（上）

卷一百　魏書批注（中）……二五

卷一百三　周書批注……一一一

卷一百四　北史批注（上）……一三三

卷一百六　隋書批注（上）……二〇一

卷一百八　新唐書批注(上)……二四九

卷一百一十　新五代史批注……三〇九

卷一百一十一　宋史批注（一）……三二七

卷九十九　魏書批注〔一〕（上）

目錄

卷二十一上：「咸陽王禧。子翼、樹、曄。」硃筆尾批：「驢王坦。」
卷三十六：「李順。騫。」硃筆旁批：「騫釋情賦。」
卷四十五：「韋閬。」「杜銓。」硃筆分別旁批：「高允頌。」
卷四十七：「盧玄。」硃筆旁批：「高允頌。」
卷四十九：「李靈。」硃筆旁批：「高允頌。」
卷五十四：「游雅。」硃筆旁批：「高允有頌。」
卷七十二：「陽尼。藻從弟固。」硃筆尾批：「演賾賦。」
卷八十二：「李琰之。」硃筆尾批：「小字默蠡。」

卷一

「初，聖武帝嘗率數萬騎田於山澤，欻見輜軿自天而下。既至，見美婦人，侍衛甚盛。帝異而問

〔一〕此篇據山西博物院藏批點手稿整理。批點底本爲明萬曆二十四年刊本，卷一至七十一由梁秀芝釋文，卷七十二至一百一十四由吳崇謙釋文，全文由李鳳琴校補。重複書中詞句的批語未錄。

之，對曰：『我，天女也，受命相偶。』遂同寢宿」云云。硃筆眉批：「虜種有此瞎話。」

時？」「先是，西部内侵，國民離散，依於沒鹿回部大人竇賓」云云。硃筆眉批：「不知是中國何帝

「始祖年踰期頤，頗有所惑，聞諸大人之語，意乃有疑。」硃筆旁批：「老虜百歲幾矣。」

「穆皇帝天姿英特，勇略過人。」硃筆旁批：「猗盧。」

「晉懷帝進帝大單于，封代公。」硃筆眉批：「猗盧始封代公。」

「是年，晉雍州刺史賈匹、京兆太守閻鼎，以晉懷帝爲劉聰所執，共立懷帝兄子秦王業爲太子，於長安稱行臺。」硃筆眉批：「匹，晉之作疋，疋當讀如雅。」

「迎復晉帝，事不果待。」硃筆改「待」爲「行」。

「是年，司馬叡僭稱大位於江南。」硃筆旁批：「胡說。」

「五年，僭晉司馬叡遣使韓暢加崇爵服，帝絕之。治兵講武，有平南夏之意。」末句旁硃筆批：「且從容。」

「昭成皇帝諱什翼犍立，平文之次子也。」「臥則乳垂至席。」硃筆旁批：「是何等乳？」

卷二

「己亥，大舉討慕容寶，帝親勒六軍四十餘萬，南出馬邑，踰于句注，旌旗駱驛二千餘里，鼓行而前，民屋皆震。」硃筆旁批：「此虜遽爾横行。」

「甲子，初令五經羣書各置博士，增國子太學生員三千人。」硃筆旁批：「道學先生眼欲彌封

矣。」

「二月丁亥，命樂師入學習舞，釋菜于先聖、先師。」硃筆旁批：「老儒手額。」

卷三

「初，帝素服寒食散，頻年動發，不堪萬機。」硃筆眉批：「此虜父子皆素服寒食散。」

卷四上

「初造新字千餘，詔曰：在昔帝軒，創制造物，乃命倉頡因鳥獸之跡以立文字。自茲以降，隨時改作，故篆隸草楷，并行於世。」硃筆眉批：「造新字，□知何等□？此虜□好造作。」

「二月，起太學於城東，祀孔子，以顏淵配。」硃筆旁批：「火來了。」

「神䴥元年春正月，以天下守令多行非法，精選忠良悉代之。」硃筆眉批：「神䴥。䴥之號□所繇。」

「三年春正月庚子，車駕還宮。壬寅，大赦天下。癸卯，行幸廣甯，臨温泉，作温泉之歌。」硃筆眉批：「虜解作歌。」

「自今後以不善者可以自改。」硃筆旁批：「『以』字何法？」硃筆眉批：「『自今後以不善者』句可笑！」

「五年春正月庚寅，行幸定州。三月丁卯，詔衛大將軍、樂安王範遣雍州刺使葛那取上洛，劉義隆上洛太守鐔長生棄郡走。」硃筆眉批：「鐔長生，鐔姓亦少，東漢書有鐔顯。」

卷四下

「十有一月辛卯，至于鄒山，劉義隆魯郡太守崔邪利率屬城降。使使者以太牢祀孔子。」末句旁硃筆批：「老儒特書。」

「廓定四表，混一戎華，其爲功也大矣。」硃筆旁批：「還差些。」〔一〕

「遂使有魏之業，光邁百王。」硃筆旁批：「未必。」

卷六

「十有二月甲午，詔曰」云云，「死生寃痛，朕甚愍焉。天下民一也。」末句旁硃筆批：「好話！」

「八月丁亥，車駕還宫。帝雅薄時務，常有遺世之心，欲禪位於叔父京兆王子推。」硃筆旁批：「者虜也高曠。」

「己酉，太上皇帝徙御崇光宫，採椽不斲，土階而已。」末二句旁硃筆批：「可厭！」

卷七上

「皇興元年八月戊申，生於平城紫宫。神光照於室内，天地氛氲，和氣充塞。」末二句旁硃筆

〔一〕「些」，傅山全書初版本誤作「此」，據手稿改。

批：「此處須要兩句塡紮，便爾爾。」

「冬十月癸酉，宴京邑耆老年七十已上於太華殿，賜以衣服。」硃筆旁批：「此亦估倒着。」

「六月，定州上言，爲粥給饑人，所活九十四萬七千餘口。」硃筆旁批：「果然耶？」

「朕屬百年之期，當後仁之政，思易質舊，式昭惟新。」硃筆眉批：「後仁，如此掉。」

「今遣使者循行州郡，與牧守均給天下之田，還受以生死爲斷。」末句旁硃筆批：「此句何解？」

卷七下

「十有二年春正月辛巳朔，初建五牛旌旗。」「五牛旌旗」旁硃筆批：「是何名義？」

「癸丑，幸懷朔鎮。乙未，幸武川鎮。辛酉，幸撫冥鎮。甲子，幸柔玄鎮。」硃筆眉批：「四鎮名。」〔一〕

「戊申。車駕巡淮而東，民皆安堵，租運屬路。」硃筆旁批：「此無知之常。」

「蕭鸞民降者，給復十五年。」硃筆旁批：「要緊事。」

「新野民張睹柵萬餘家，拒守不下。十有二月庚申，破之，俘斬萬餘。」硃筆眉批：「張睹能是好漢。」

「二十有三年春正月戊寅朔，朝羣臣，以帝疾瘳上壽，大饗於澄鸞殿。」硃筆眉批：「澄鸞殿不知何取名之？」

〔一〕此條，傅山全書初版本脫，據手稿補。

「孝文皇帝」，「雅好讀書，手不釋卷。五經之義，覽之便講，學不師受，採其精奥。史傳百家，無不該涉。善談莊老，尤精釋義。」「善談莊老」旁硃筆批：「奇。」

「又少而善射，有膂力。年十餘歲，能以指彈碎羊髆骨。」硃筆旁批：「虜好氣力！」

「加以雄才大略，愛奇好士，視下如傷，役己利物，亦無得而稱之。其經緯天地，〔二〕豈虚謚也！」硃筆尾批：「是也是好事，被此人遂欲都做一做，儘像一賢帝王舉動。嗚呼！人亦何常之有。」

卷八

「初，夢爲日所逐，避於牀下，日化爲龍，繞己數匝，寤而驚悸，既而有娠。」硃筆旁批：「也古怪。」

「八月壬寅，安東將軍邢巒破蕭衍將桓和於孤山」，「斬衍冠軍將軍桓方慶。統軍畢祖朽别克蒙山。」硃筆眉批：「畢祖朽是何名字？」

「汝南王悦講孝經於式乾殿。」硃筆旁批：「虜乃能此。」

「丁酉，拔武陽關，擒衍雲騎將軍、松滋縣開國侯馬廣，冠軍將軍、遷陵縣開國子彭瓫生。」硃筆眉批：「瓫生是何名字？」

「夏四月，平陽郡之禽昌、襄陵二縣大疫。」硃筆眉批：「禽昌何義？」

「庚辰，蕭衍郁州民徐玄明等斬送衍鎮北將軍、青冀二州刺史張稷首。」硃筆眉批：「梁書作徐

〔二〕「天」，傅山全書初版本誤作「大」，據批點底本改。

道角。」

「秋八月辛卯，詔曰：頃水旱牙侵」云云。「牙」字旁硃筆批：「互。」又硃筆眉批：「『牙』字是『互』字。」

卷九

「詔曰：皇魏開基，道邁周漢。」硃筆旁批：「難説。」

「蕭衍遣將裴邃」云云，「邃退屯黎漿。」硃筆眉批：「黎漿，地名。」〔一〕

「冬十月，營州城人劉安定、就德興據城反。」硃筆眉批：「就，姓。」〔二〕

「壬辰，莫折念生遣都督楊鮓、梁下辯、姜齊等攻仇池郡城。」硃筆眉批：「名字以『鮓』。」又墨筆眉批：「梁下辯，以下辯孫名爲名。」

「辛卯，皇太后復臨朝攝政，引羣臣面陳得失。」硃筆旁批：「胡婆。」

「秋八月癸酉，詔斷遠近貢獻珍麗，違者免官。柔玄鎮人杜洛周率衆反於上谷，年號眞王。」墨筆眉批：「杜洛周始見。」又硃筆眉批：「年號眞王，與前破落汗拔陵年號同。」

「十有二月壬午，詔曰：高祖以大明定功，世宗以下武寧亂，聲溢朔南，化清中宇，業盛隆周，祚延七百。」「業盛隆周」旁硃筆批：「差些。」「祚延七百」旁硃筆批：「支不得。」

「戊子，進散騎常侍、御史中尉、武城縣開國公子攸爲長樂王。都督伊瓫生討巴，失利戰歿。」

〔一〕此條，傅山全書初版本脱，據手稿補。
〔二〕此條，傅山全書初版本脱，據手稿補。

硃筆眉批：「伊瓮生，前世宗永平年有梁將彭瓮生。」「虜賊據潼關。」硃筆眉批：「者虜賊爲誰？」

卷十

「孝明皇帝大情沖順，深存隱忍，奄棄萬國，衆用疑焉。苟求胡出，入守神器，凡厥有心，莫不解體。」硃筆眉批：「『苟求胡出』是何語？」

「甲午，尊皇考爲文穆皇帝，廟號肅祖。」硃筆旁批：「彭城王勰也。」

「夏四月癸未，遷肅祖文穆皇帝及文穆皇后神主于太廟。」硃筆眉批：「此時何無爭議？十八卷濟南王彧傳有表爭之。」

「十有一月己卯，就德興自營州遣使請降。」硃筆眉批：「就德興反于正光五年。」

「是而可忍，孰不可恕！」硃筆改「恕」爲「忍」。〔二〕

卷十一

「羣臣上表曰：否泰沿時，殷憂啓聖，故六飛在御，三石興符。伏惟陛下運屬千齡，智周萬物，獨昭繫象，妙極天人」云云。末句旁硃筆批：「此句可笑。」又硃筆眉批：「妙極天人，所謂白搗急湊。」

〔二〕此條，傅山全書初版本脱，據手稿補。

「癸巳，追尊皇考爲先帝。」硃筆旁批：「廣陵王羽。」

「帝既失位，乃賦詩曰：朱門久可患，紫極非情玩。顛覆立可待，一年三易換。時運正如此，唯有修眞觀。」硃筆旁批：「卻也不成詩。」

「壬寅，介朱天光、兆、度律、仲遠等屯於洹水之南。」硃筆旁批：「四胡。」

「大魏統乾，德漸區宇，牢籠九服，旁礴三光。」硃筆眉批：「『牢籠』兩字鄙俚。」

「丁巳，追尊皇考爲武穆帝。」硃筆旁批：「廣平王懷。」

「世祖太武皇帝，握金鏡以照耀，擊玉鼓以鑑鏘。」硃筆眉批：「『玉鼓』可笑。」

卷十二

「壬申，大司馬清河王亶薨。」硃筆旁批：「子帝矣，父當仍大司馬號。」[一]

「丁丑，齊獻武王自晉陽西討，次於蒲津，司徒公、大都督高敖曹趨上洛，車騎大將軍竇泰入自潼關。」硃筆眉批：「曹既了訖，此時該議喪禮，如何此全不及？」

「四年春正月，禁十五日相偷戲。」硃筆眉批：「正月十五日相偷戲，是何戲？」

「己酉，寶炬行臺宮景壽、都督楊白駒寇洛州。」硃筆眉批：「宮姓。」[二]

「以今上爲左僕射。」硃筆旁批：「文宣也。」

「帝好文學，美容儀，力能挾石獅子以踰牆，射無不中。」硃筆眉批：「挾石獅子以踰牆，卻不

[一]「馬」，傅山全書初版本脫，據手稿補。

[二] 此條，傅山全書初版本脫，據手稿補。

知石獅子多來大小。」

卷十三

「太后以高祖富於春秋，乃作勸戒歌三百餘章，又作皇誥十八篇，文多不載。」硃筆眉批：「此等文字，卻宜備載者，而失之。」

「李沖雖以器能受任，亦由見寵帷幄，密加錫賚，不可勝數。」「見寵帷幄」旁硃筆批：「是何等事？」

「獻文思皇后李氏」云云，「顯祖卽位，爲夫人，生高祖。」硃筆眉批：「孝文生母。」〔二〕

「金閭，顯祖初爲定州刺史。」硃筆旁批：「閹刺史。」〔三〕

卷十四

「初，穆帝少子比延有寵，欲以爲後。六脩出居新平城，而黜其母。六脩有驊騮駿馬，日行五百里，穆帝欲取以給比延。後六脩來朝，穆帝又命拜比延，六脩不從。穆帝乃坐比延於己所乘步輦，使人道從出遊」云云。硃筆眉批：「達子縱弟凌兄，自是狗性不足責。若儒先生，便須與爭小加大之義矣。」

〔二〕此條，傅山全書初版本脫，據手稿補。
〔三〕此條，傅山全書初版本脫，據手稿補。

「時淮南王他、淮陽王尉元、河東王苟頹幷以舊老見禮」云云，「丕、他、元三人，皆容貌壯偉，腰帶十圍，大耳秀眉，鬚鬢斑白，百僚觀瞻，莫不祇聳。」硃筆旁批：「三個老大胡漢。」

「丕請立東宮，詔曰：『年尚幼小，有何急之？』丕曰：『臣年在西夕，思觀盛禮，於臣實急。』」硃筆旁批：「請立東宮而云臣老年實急，當時達漢粗俚，可笑乃爾！」

「丕雅愛本風，不達新式，至於變俗遷洛，改官制服，禁絕舊言，皆所不願。」硃筆旁批：「狗性自適，其適强以華制，自然不堪舐嗜。」

「是日微齊，世祖幾至危殆。世祖以微服入其城，齊固諫，不許，乃與數人從世祖入。」硃筆眉批：「其城是誰之城？赫連昌城耶，如何得微服入？」

「世祖及齊等因入其宮中，得婦人裙，繫之槊上，世祖乘而上，因此得拔，齊有力焉。」硃筆旁批：「此處是如何作處，寫得不明白。」

卷十五

卷十五至十九中之册封面墨筆批：「『香街』，字見臨淮王傳。」〔一〕

「子纂，五歲，太祖命養於宮中，少明敏，動止有禮，太祖愛之，恩與諸皇子同。」硃筆眉批：「後廣平王傳又有一纂。十八卷廣陽王深傳有行臺元纂。」

「又預教左右取死囚十人，皆著鑾衣，云是鈔賊」云云。硃筆眉批：「此等方法，也是活眼裏舒拳頭之著。」

〔一〕此條，傅山全書初版本脫，據手稿補。

「遵好酒，天賜四年，坐醉亂失禮於太原公主，賜死，葬以庶人禮。」硃筆旁批：「是如何失禮？」

「世祖初，復襲爵。」硃筆旁批：「常山王。」

「忠子暉，字景襲。少沈敏，頗涉文史。世宗卽位，拜尚書主客郎。巡省風俗，還，奏事稱旨，爲給事黄門侍郎。」硃筆眉批：「此元暉卽害元壽興者。」

「又表以御史之職，鷹鸇是任，必逞爪牙，有所噬搏。若選後生年少，血氣方剛者，恐其輕肆勁直，傷物處廣。愚謂宜簡宿官經事，忠良平慎者爲之」云云。硃筆眉批：「元暉此論，逕大醒事人。」

「虔常臨陣，以矟刺人，遂貫而高舉。又嘗以一手頓矟於地，馳馬僞退，敵人爭取，引不能出，虔引弓射之，一箭殺二三人。」硃筆眉批：「此虜也太淘氣。」

「長子粟，襲。」硃筆旁批：「彭城公。」〔一〕

「渾射獸三頭，發皆中之，舉坐咸以爲善。」硃筆眉批：「後廣平王渾亦善射解的。」

卷十六

「紹時年十六。」硃筆旁批：「兇達羔子。」

「太祖密令人殺其夫而納之，生紹，終致大逆焉。」硃筆旁批：「紹當是所殺之夫。」

「榮死之後，爲土民王惡氈起義殺之。」硃筆眉批：「王惡氈，眞正虜世界時名字。」

〔一〕此條，傅山全書初版本脫，據手稿補。

「高祖崩後，和罷沙門歸俗。」硃筆眉批：「還俗沙門又來了！」

「和，字善意。鑒薨之後，與鑒子伯宗競求承襲。」硃筆眉批：「虜漢原沒正經。」

「鑒弟榮，字瓫生。」硃筆眉批：「又一瓫生。」

「世祖繼絕世，以陽平王熙之第二子渾爲南平王，以繼連後，加平西將軍。」硃筆眉批：「又一元渾。」

「渾好弓馬，射鳥，輒歷飛而殺之，時皆歎異焉。世祖嘗命左右分射，勝者中的，籌滿，詔渾解之，三發皆中，世祖大悅。」硃筆眉批：「前遼西公傳中有渾善射。」

「子飛龍，襲，後賜名霄。」硃筆旁批：「南平王。」〔二〕

「子纂襲。纂亦有譽於時。」硃筆眉批：「又一元纂。前秦明王子儀之子有纂。」

「叉弟羅，字仲綱，以儉素著稱」，「雖父兄貴盛，而虛己謙退，恂恂接物。」硃筆眉批：「羅、叉反恂恂耶？」

「叉死之後，羅逼叉妻，時人穢之。或云其救命之計也。」硃筆旁批：「此何計？」

「爪字景邕，給事中。」硃筆眉批：「以爪爲名，何謂？」

「靜、簡二王，爲時稱首。」「靜、簡」旁硃筆批：「是誰？」

卷十八

「臨淮王。」題旁硃筆批：「臨淮傳中有元孚定樂事。」

〔二〕此條，傅山全書初版本脫，據手稿補。

「東平王翰，眞君三年封秦王。」硃筆眉批：「前有秦明王翰。」

「子彧，字文若，紹封。」硃筆旁批：「濟南。」〔一〕

「彧曰：死猶願北，況于生也。」墨筆眉批：「又回北。」〔二〕

「彧表諫曰：漢祖創業，香街有太上之廟。」墨筆眉批：「香街兩字不知何出？」

「又追尊兄彭城王爲孝宣皇帝。」硃筆旁批：「者難說了。」

「孝靜帝宴齊文襄王於華林園」云云。硃筆眉批：「北齊書亦載此。」

「孝友又言」，「累魚成山，山有林木。」硃筆眉批：「『累魚成山』是何等做作？」

「孚至，皆請入城，願致死效力。後爲葛榮所陷，爲榮所執。」硃筆旁批：「連用爲所、爲所，是何文法？」

「嘉表請於京四面築坊三百二十，各周一千二百步，乞發三正復丁，以充茲役，雖有暫勞，姦盜永止。」硃筆眉批：「坊是如何制度？」

「子深，字智遠，襲爵」，「累遷殿中尚書，未拜。坐淫城陽王徽妃于氏，爲徽表訟。」硃筆眉批：「徽見十九卷下景穆十二王中。」「襲爵」旁硃筆批：「廣陽王。」〔三〕

「深與行臺元纂表求恆州北別立郡縣，安置降戶，隨宜賑賚，息其亂心。」硃筆眉批：「前有兩元纂矣，不云爲行臺。」

〔一〕此條，傅山全書初版本脫，據手稿補。

〔二〕此條，傅山全書初版本脫，據手稿補。

〔三〕硃筆旁批文字，傅山全書初版本脫，據手稿補。

「城陽王徽與深有隙。」硃筆旁批：「此爲何等隙？」

「靈太后聞之，乃使問深意狀。乃具言曰：往者元叉執權，移天徙日，而徽託附，無翼而飛。今大明反政，任寄唯重，以徽褊心，銜臣切骨。」墨筆旁批：「淫其妻而曰有褊心。」

「徽乃盤退，不允所請。」硃筆眉批：「『盤退』是何語？」〔一〕

「後稍信朔州人毛普賢，榮常銜之。」硃筆於「稍信」旁批：「脩禮。」〔二〕

「深遂退走，趨定州。聞刺史楊津疑其有異志，乃止於州南佛寺，停三日夜，〔三〕乃召都督毛謚等六七人，臂肩爲約，危難之際，期相拯恤。」硃筆旁批：「臂肩爲約是如何事？」又硃筆眉批：「此『謚』字不知何音？廣韻有『謚』字，曰笑貌也。」

卷十九上

「廣平王。」題下硃筆批：「元匡爭權，量事亦可笑。」

「孟椒房生任城康王雲。」硃筆旁批：「本傳有母太妃蓋氏。」

「對曰：當仰仗廟筭，使呼韓同渭橋之禮。」硃筆旁批：「達子何處摸得此句？」

「詔曰：先君餘尊之所厭，禮之明文，季末陵遲，斯典或廢，侯既親王之子，宜從餘尊之義，

〔一〕「是」字，傅山全書初版本脫，據手稿補。

〔二〕此條，傅山全書初版本脫，據手稿補。

〔三〕「日」字，傅山全書初版本脫，據批點底本補。

便可大功。」〔二〕硃筆眉批：「餘宗之義，儀禮喪服大功章：公之庶昆弟、大夫之庶子爲母妻昆弟。傳曰：何以大功也？先君餘尊之所厭，不得過大功也。」

「欽少好學，早有令譽，時人語曰：皇宗略略，壽安、思若。」硃筆眉批：「壽安見下，汝陰王子脩義也。」

「欽曾託青州人高僧壽爲子求師。師至，未幾逃去。」硃筆眉批：「先生餓而逃去事可笑。」

「欽乃大慚，於是待客稍厚。」硃筆旁批：「也還是納諫人。」

「欲規府人及商胡富人財物，詐一臺符，誑諸豪等，云欲加賞，一時屠戮，所有資財生口，悉沒自入。」硃筆旁批：「虜賊！」

「誕既襲爵，除齊州刺史。在州貪暴，大爲人患，牛馬騾驢，無不逼奪。家之奴隸，悉迫取良人爲婦。」硃筆旁批：「達子世界。」

「刺史元法僧叛，顥和與戰被擒，執手命與連坐。顥和曰：顥和與阿翁源別派，皆是盤石之宗，一朝以地外叛，若遇董狐，能無慚德。」「若遇董狐，能無慚德」旁硃筆批：「胡兒搗迂，文可笑。」

「天賜第五子脩義，字壽安，涉獵書傳，頗有文才，爲高祖所知。」硃筆眉批：「陽平王傳，欽字思若，時人語曰：皇宗略略，壽安、思若。」

「世宗曾於山陵還，詔匡陪乘，又命皓登車。皓褰裳將上，匡諫止，世宗推之令下，皓恨匡失色。」硃筆眉批：「元匡事同袁絲。」

「時尚書令臣肇、清河王懌等以崇造乖謬，與周禮不同，遂奏臣芳依周禮更造」，「而尚書令臣

〔二〕「可」，傅山全書初版本誤作「有」，據批點底本改。

肇以芳造」旁硃筆批：「此處仍有節義。」

卷十九中

「高祖曰：朕昨夜夢一老公，頭鬢皓白，正理冠服，拜立路左。朕怪而問之，自云晉侍中嵇紹，故此奉迎。神爽卑懼，似有求焉。」硃筆眉批：「此夢正眞嵇紹沒志氣人做得。」

「高祖曰：朕昨入城，見車上婦人冠帽而著小襦襖者，若爲如此，尚書何爲不察？」硃筆眉批：「婦人冠帽著小襦襖，此不知指何者非禮。」

「下車封孫叔敖之墓，毀蔣子文之廟。」末句旁硃筆批：「此何爲毀？」硃筆眉批：「毀蔣子文廟，何謂？」

「前事捷也，此實將軍經略，動有常焉。」末句旁硃筆批：「不成句。」

「兼州佐停私之徒，[一]陪臣郡丞之例，尚蒙天澤下降，榮及當時。」硃筆眉批：「『停私之徒』是何等名？」

「若一處有風謡，卽應攝其一簿，研檢虛實，若差舛不同，僞情自露，然後繩以典刑，[二]人孰不服？」硃筆眉批：「是，是。」

「若遇我虛疲，士民凋窘，賊衍年老志張，思播虺毒，此之弗圖，恐受其病。」「賊衍年老志張」旁硃筆批：「何事爾？」

[一]「之」字，傅山全書初版本誤作「文」，據批點底本改。

[二]「繩」，傅山全書初版本脫，據批點底本補。

「以父憂去職，哭泣嘔血，身自負土。時年二十五，便有白髮，免喪抽去，不復更生，世人以爲孝思所致。」末句旁硃筆批：「此亦何與孝思？孝子不應再生白髮耶？如此述作，可笑！」

「初，城陽王徽慕順才名，偏相結納，而廣陽王淵姦徽妻于氏，大爲嫌隙。」硃筆眉批：「前廣陽傳『淵』字作『深』，不知此何取作『淵』？」

「順弟淑，淑弟悲，并早卒。」硃筆尾批：「以悲爲名亦怪。」

「第二子世儁，頗有幹用，而無行業。襲爵，除給事中、東宮舍人。」「爵」旁硃筆批：「高平縣侯。」

卷十九下

「英乃緩騎徐行，神色自若，登高望賊，東西指麾，狀似處分，然後整列而前。賊謂有伏兵。俄然賊退，乘勢追殄，遂圍南鄭。」硃筆眉批：「者個套法常使。」

「英奏：謹案學令，諸州郡學生，三年一校所通經數，因正使列之，然後遣使就郡練考」云云。硃筆眉批：「此說大是。」

「其夜，柵民任馬駒斬由以降。」硃筆眉批：「任馬駒此種狗奴何時何處無之！」

「英又於士雅山結壘，與景宗相抗。」硃筆眉批：「士雅山何自名？」

「道恭憂死，驍騎將軍、行州事蔡靈恩復憑窮城。」硃筆於「驍騎」旁批：「梁。」〔一〕

「英追擊，斬道凝及衍虎賁中郎曹苦生，盡俘其衆。」硃筆眉批：「苦生命名何義？」

〔一〕此條，傅山全書初版本脫，據手稿補。

「熙以七月入治，其日大風寒雨，凍死者二十餘人，驢馬數十匹。熙聞其祖父前事，心惡之。又有蛆生其庭。」硃筆眉批：「其祖楨入鄴時亦有此異。」

「又于忠之誣郭祚、裴植也，忠意未決害之，由熙勸奬，遂至極法，世以爲冤。及熙之禍，議者以爲有報應焉。」硃筆眉批：「定是，定是。」

「孝昌初，靈太后詔叔仁歸京師，還其財宅，襲先爵。」「先爵」旁硃筆批：「南安王。」

「尋值熙敗，略遂潛行，自託舊識河内司馬始賓。」硃筆眉批：「始賓姓始。」

「始賓便爲荻筏，夜與略俱渡盟津，詣上黨屯留縣栗法光。法光素敦信義，忻而納之。」硃筆眉批：「至今潞安長治縣有栗家尚多文學人，法光定是其先世。如此敦義，那得不後世有今人。」

「子景式，襲。」硃筆旁批：「東平王。」

「略弟纂，字紹興。」硃筆眉批：「又一元纂。」

「前廢帝立，封曄爲東海王，邑萬戶。出帝初，坐事賜死於第。無子，爵除。」硃筆尾批：「南安一枝訖此。」

「子徽，字顯順。粗涉書史，頗有吏才。世宗時，襲封。」「襲封」旁硃筆批：「城陽王。」又硃筆眉批：「十八卷廣陽王元深傳，坐淫城陽王妃于氏。」

「及爾朱兆之人，禁衛奔散，莊帝步出雲龍門。徽乘馬奔度，帝頻呼之，徽不顧而去。」「徽不顧而去」旁硃筆批：「自是奴常態。」

「顯恭弟旭，字顯和。莊帝時，封襄城郡王，邑一千戶。武定末，位至大司馬。齊受禪，爵例降。」硃筆尾批：「城陽一枝訖。」

「長子融，字永興」，「性尤貪殘，恣情聚斂。」硃筆旁批：「虜常態。」

「湛弟晏，字俊興。卒於祕書丞。贈平東將軍、祕書監、豫州刺史。」硃筆尾批：「章武一枝訖。」

「洪略弟子業，平原太守。」硃筆尾批：「樂陵王。」

「次子燮，除下大夫。」硃筆眉批：「廿一卷北海王詳傳曰：詳蒸于安定王燮妃高氏。」〔二〕

「世宗初，襲拜太中大夫。除征虜將軍，華州刺史。」硃筆眉批：「移華州治于馮翊。」〔三〕

「燮弟願平，清狂無行。」硃筆眉批：「『清狂』兩字如何加得此物？」

「貴平人才險薄，爲出帝所信。出爲青州刺史，又加驃騎大將軍、開府儀同三司，爲幽州大都督侯淵所害。」硃筆尾批：「安定一枝訖。」

卷二十

「鑒弟斌之，字子爽」，「出帝時，封潁川郡王，委以腹心之任。帝入關，斌之奔蕭衍，後還長安。」硃筆尾批：「安樂王一枝訖。」

「若不在葬限，身在代喪，葬之彼此，皆得任之。」硃筆旁批：「葬限是如何制？」

「子靈道，襲。卒，謚悼王。」硃筆尾批：「廣川一枝訖。」

「祐位涇州刺史。薨，謚曰敬。」硃筆尾批：「高郡王訖。」

「尋復王爵，後討鮮于脩禮，敗，免官爵。後討汾晉胡、蜀，卒於軍，追復王爵。」硃筆尾批：

〔二〕此條兩「燮」字，傅山全書初版本均誤作「變」，據手稿改。下同。

〔三〕此條，傅山全書初版本脫，據手稿補。

事。」

「河間訖。」

「延明既博極羣書，兼有文藻，鳩集圖籍萬有餘卷。」硃筆眉批：「虜王有此等好學人，亦怪事。」

卷二十一上

「高陽王。」硃筆旁批：「高陽王傳『汎後、汎前階級之制』不知何說。」

「高祖曰：朕嘗與李沖論此，沖言：四方之語，竟知誰是？帝者言之，即爲正矣，何必改舊從新。」硃筆眉批：「李沖阿諛虜語。」「帝者言之」旁硃筆批：「狗屁！」

「禧對曰：陛下德感天地，故雲物凝彩，雖復雨師灑掃，風伯清塵，豈過於此？」硃筆旁批：「又眼裏拳頭來了。」

「世宗既覽政，禧意不安。而其國齋帥劉小苟每稱左右言欲誅禧。」硃筆眉批：「劉小苟是甚名字？」

「試作一謎，當思解之，以釋毒悶。」硃筆眉批：「箸謎。」〔二〕

「羽辭曰：彥和本自不願，而陛下彊與。今新去此官而以臣代之，必招物議。季豫既轉，取之無嫌。請爲司空。」「彥和」旁硃筆批：「彭城勰。」「季豫」旁硃筆批：「北海詳。」

「復尋正始之格，汎後任事上中者，三年升一階；汎前任事上中者，六年進一級。三年一考，自古通經。」硃筆眉批：「汎後、汎前是何制？郭祚傳亦云『得汎以前』云云。」

〔二〕此條，傅山全書初版本脫，據手稿補。

「未幾，崔暴薨，多云雍毆殺之也。靈太后許賜其女妓，未及送之，雍遣其閹豎丁鵝自至官內，料簡四口，冒以還第。太后責其專擅，追停之。」「料簡四口，冒以還第」旁硃筆批：「是何等舉動？」

「詔詳曰：昔者淮夷叛命，故有三年之舉；鬼方不令，乃致淹載之師。況江吳竊命，于今十紀，朕必欲蕩滌南海，然後言歸。」「況江吳竊命，于今十紀」旁硃筆批：「若元宏再少醒事，此等語不出諸口，蓋令人頷。」「朕必欲蕩滌南海」旁硃筆批：「難些。」

「詳苦杖，十餘日乃能立。又杖其妃劉氏數十」，「劉笑而受罰，卒無所言。」硃筆旁批：「賢婦。」

「顥以事意不諧，遂與子冠受率左右奔於蕭衍。顥見衍，泣涕自陳，言辭壯烈，衍奇之。遂以顥爲魏主，假之兵將，令其北入。」硃筆旁批：「只得爾。到是一場作弄。」

「顥以數千之衆，轉戰輒克，據有都邑，號令自己，天下人情，想其風政。而自謂天之所授，頗懷驕怠。宿昔賓客近習之徒，咸見寵待，干擾政事。又日夜縱酒，不恤軍國。所統南兵，凌竊市里，朝野莫不失望。」「頗懷驕怠」旁硃筆批：「奴貨！」「日夜縱酒」旁硃筆批：「嘴臉。」又墨筆眉批：「馬佛念那得不教人思！」

卷二十一下

「彭城王。」硃筆題下批：「眞正一個老大賢王，被高肇殺訖。肇何足言者，恪任殼貨，何容死！」

「後幸代都，次于上黨之銅鞮山。路旁有大松樹十數根。」硃筆眉批：「松樹何十數根？『根』字亦俚。」

「御史中尉李彪對曰：自古及今，未有天子講禮。陛下聖叡淵明，事超百代，臣得親承音旨，千載一時。從征沔北。」「從」上硃筆加一「勰」字。硃筆眉批：「承『彪對』下不加一『勰』字，則從逕似彪從之矣。」

「勰對曰：子夏被蚩於先聖，臣又荷責於來今。」硃筆旁批：「此引何謂？」

「高祖曰：汝諧，往欽哉。」硃筆旁批：「該打！」

「徐謇，當世之上醫也。」硃筆眉批：「徐謇，見後方伎傳。」

「勰因是作蠅賦以諭懷，惡讒構也。」硃筆眉批：「蠅賦，想來此賦定强于元順。」

「及肇以罪見殺，論者知有報應焉。世宗爲舉哀於東堂」云云。末句旁硃筆批：「轂塗虜兒。」

「尋遇害河陰。追謚曰孝宣皇帝。」硃筆旁批：「追尊兒。」〔二〕

卷二十二

「高祖在長安，使中書侍郎邢巒與咸陽王禧奉詔齎椒酒詣河陽，賜恂死，時年十五。」「賜恂死」旁硃筆批：「此亦傷太遽。」

「順皇后召李入宮，毀擊之，彊令爲尼於内。」硃筆眉批：「逼李氏爲尼。」〔三〕

〔二〕此條，傅山全書初版本脫，據手稿補。

〔三〕此條，傅山全書初版本脫，據手稿補。

「宇文黑獺害出帝，寶炬乃僭大號。」硃筆尾批：「京兆訖。」

「及清河王懌爲元叉所害，悅了無讎恨之意，乃以桑落酒候伺之，盡其私佞。」硃筆旁批：「不反兵之義，爲何？」

卷一百　魏書批注（中）

卷二十三

「衞操字德元，代人也。」硃筆旁批：「德元也要筭一士。」

「少通俠，有才略。晉征北將軍衞瓘以操爲牙門將，數使於國，頗自結附。始祖崩後，與從子雄及其宗室鄉親姬澹等十數人同來歸國。」硃筆眉批：「雁門書袋儘可掉之拓跋家。」

「及劉淵、石勒之亂，勸桓帝匡助晉氏。」硃筆旁批：「如此心肝，那得便泯！」

「欲招外救，朝臣莫應。」墨筆眉批：「『應』字叶如義，如今晉村落語通謂『答』，『應』如『答』義。」

「忠恕用暉，外動亦攘。」上句旁硃筆批：「突得四字大雅。」

「會石勒攻琨樂平，太守韓據請救於琨。琨以得雄、澹之衆，欲因其鋭，以滅石勒。」硃筆眉批：「琨本有志無才貨，可惜者兩有用人。」

「勒率輕騎與雄、澹戰，澹大敗，率騎千餘，奔于代郡。勒遣孔萇追滅之。」硃筆尾批：「衞操訖。」

「寶上谷太守驎，捐郡逃走，太祖追討，題爲大將，別出東道。以功賜爵東宛侯。」硃筆眉批：「廿八卷有代人莫題，同姓名。」

「庫仁又詣堅，加庫仁振威將軍。」硃筆眉批：「『庫仁又詣堅』五字説甚？可笑。」

卷二十四

「崔玄伯。」硃筆旁批：「崔模。」〔一〕

「昔殷湯有鳴條之誓，周武有河陽之盟，所以藉神靈，昭忠信。」硃筆旁批：「可厭！」

「幷州平，以謙爲陽曲護軍，賜爵平舒侯、安遠將軍。」硃筆眉批：「平舒在何處？」

「子白虎」云云，硃筆尾批：「許謙。」〔二〕

「張袞字洪龍，上谷沮陽人也。祖翼，遼東太守。」末句旁硃筆批：「不言何時。」

「袞每告人曰：昔樂毅杖策於燕昭，公遠委身於魏武，蓋命世難可期，千載不易遇。」硃筆旁批：「可惡！」〔三〕

「長子倫，字天念。」硃筆旁批：「白澤子。」

「太祖以神武之姿，聖明之略，經略帝圖，日有不暇，遂令豎子遊魂一方，亦由中國多虞，急諸華而緩夷狄也。」硃筆眉批：「拓拔與蠕蠕何别？此書只管夷狄長、夷狄短，當時者虜已自忘所從來矣。」

「是以高祖、世宗知其若此，來既莫逆，去又不追。不一之義，於是乎在。」硃筆眉批：「張倫也爾蘿莎。」

〔一〕此條，傅山全書初版本脱，據手稿補。
〔二〕此條，傅山全書初版本脱，據手稿補。
〔三〕「惡」，傅山全書初版本誤作「厭」，據手稿改。

「崔玄伯，清河東武城人也，名犯高祖廟諱，魏司空林六世孫也。」硃筆眉批：「崔光亦東清河，字孝伯。」

「及置八部大夫以擬八坐，〔二〕玄伯通署三十六曹，如令僕統事，深爲太祖所任。」硃筆眉批：「八都大夫見識官志。」

「玄伯自非朝庭文誥，四方書檄，初不染翰，故世無遺文。尤善草隸行押之書，爲世摹楷。」硃筆眉批：「行押是何等書？」

「計誄至今，將二百載，寶其書迹，深藏秘之。」硃筆眉批：「崔潛之迹。」〔三〕

「徽爲政務，存大體，不親小事。性好人倫。引接賓客，或談及平生，或講論道義，誨誘後進，終日不止。」硃筆旁批：「此風亦難得。」

「時清河崔寬，字景仁。」硃筆眉批：「又一清河崔。」

「高宗以剖誠著先朝，贈散騎常侍、鎮西將軍、涼州刺史、武陵公，謚曰元。」硃筆旁批：「又一元公。」

「寬性滑稽，誘接豪右、宿盜魁帥，與相交結，傾衿待遇，不逆微細。是以能得民庶忻心，莫不感其意氣。」硃筆眉批：「此等事大得滑稽力，亦須性寬綽人乃能，然亦見才。」

「敞亡後，鍾貪其財物，誣敞息子積等三人，非兄之胤，辭訴累歲，人士嫉之。」硃筆旁批：「此類不少。」

〔二〕「部」，傅山全書初版本誤作「都」，「坐」誤作「座」，據批點底本改。
〔三〕此條，傅山全書初版本脫，據手稿補。

「又有崔模，字思範，魏中尉崔琰兄霸後也」，「後賜爵武陵男，加寧遠將軍。」硃筆眉批：「崔模，此傳『又有』兩字，是與玄伯同宗耶，别宗耶？」

「謨，劉義隆東郡太守，與朱脩之守滑臺，神䴥中被執入國，俱得賜妻，生子靈度。申謨聞此，乃棄妻子，走還江外。」硃筆眉批：「申謨。申是有趨向人。」「靈度」旁墨筆批：「是申靈度。」

「始睦來降也，與高陵、張炅、郭緼俱至。陵，蕭寶夤西討開府西閣祭酒，寶夤反，陵其黄門侍郎」云云。硃筆眉批：「如此叙可謂無倫之極。」

「道固賤出，嫡母兄攸之、目連等輕侮之。」硃筆眉批：「目連是何名義？」

「道固諸兄等逼道固所生母自致酒炙於客前。」硃筆旁批：「可恨，該殺！此母大賢。」又硃筆根批：「必竟。」〔二〕

「劉彧遣説道固，以爲前將軍、徐州刺史。復叛受彧命。」末句旁硃筆批：「此不差。」

「及白曜攻其城東郭，道固面縛請罪。」硃筆旁批：「又不堪了。」

「雖虞舜之貸有苗，姬文之宥崇壘，方之聖澤，未足以喻。」硃筆旁批：「何必恁地説？我看着便怒。」

「僧淵復書曰：主上之爲人也，無幽不照，無細不存，仁則無遠不及，博則無典不究，殫三墳之微，盡九丘之極。」硃筆眉批：「如此等書，可謂無耻極矣。」

「僧淵從弟和，平昌太守。家巨富，而性吝嗇，埋錢數百斛。」硃筆尾批：「崔吝兒。」

「子軌，字啓則，盗錢百萬，背和亡走。後爲儀同開府鎧曹參軍，坐貪汙，死於晉陽。」硃筆尾

〔二〕硃筆根批文字，傅山全書初版本脱，據手稿補。

批：「父既吝，不爲母買堇，那得不生此盜背賢郎！」

卷二十五

「及年老，頗惑其妻孟氏，以此見譏。」硃筆旁批：「不知此孟婆如何惑眩此老虜。」

「高祖以其幼承家業，賜名稚，字承業。」墨筆眉批：「長孫冀歸即長孫稚也。」〔二〕

「因以後妻羅前夫女呂氏，妻興德兄興恩以報之。」硃筆旁批：「是何報？」

「子彥少嘗墜馬折臂，肘上骨起寸餘，乃命開肉鋸骨，流血數升，言戲自若。時以爲踰於關羽。」末句旁墨筆批：「差些。」

卷二十六

「聚黨二千餘人，據關城，連引丁零，殺害長史。」硃筆旁批：「此關城何地？」

「率師至歌删山，擊蠕蠕別帥便度弟庫仁，直引師而北。」硃筆眉批：「又一庫仁。」

「子多侯，襲爵。」硃筆眉批：「後穆崇傳有穆多侯。」

「範弟顯業，散騎常侍，與太原公主姦通。」硃筆旁批：「如何姦通？」

「地干奉上忠謹，尤善嘲笑。」〔三〕硃筆眉批：「尉地干似是尹望山之流。」

〔二〕此條，傅山全書初版本脫，據手稿補。

〔三〕「善」，傅山全書初版本誤作「上」，據批點底本改。

卷二十七

「乙九弟忸頭，侍中、北部尚書。」硃筆眉批：「忸頭是甚名字？」

「太宗親臨其喪，悲慟左右。賜以通身隱起金飾棺，喪禮一依安城王叔孫俊故事。」「通身隱起金飾棺」旁硃筆批：「是個甚物件？」

「壽辭曰：臣祖崇，先皇之世，屬值艱危，幸天贊梁眷」云云。硃筆眉批：「穆壽推功梁眷。」〔一〕

「恭宗監國，壽與崔浩等輔政，人皆敬浩，壽獨凌之。又自恃位任，以爲人莫己及。謂其子師曰：但令吾兒及我，亦足勝人，不須苦教之。」「不須苦教之」旁硃筆批：「眞虜漢。」又硃筆眉批：「穆壽待浩父兄弟無禮。」

「罷弟亮，字幼輔，初字老生，早有風度。」硃筆眉批：「穆亮也是嘽漢，只有在西表楊卜一事，差合人意。」

「於是率騎三萬，次于龍鵠。」硃筆眉批：「地名龍鵠。」〔二〕

「亮表曰：王者居極，至尊至重，父天母地，懷柔百靈」云云。硃筆眉批：「只是多說便厭。」

「領軍元文官權熏灼，曾往候紹，紹迎送下階而已，時人歎尚之。」硃筆改「元文」爲「元叉」。硃筆旁批：「得爾。」

〔一〕此條，傅山全書初版本脫，據手稿補。

〔二〕此條，傅山全書初版本脫，據手稿補。

「莊帝立，爾朱榮遣人徵之。紹以爲必死，哭辭家廟。及往見榮於邙山，捧手不拜。」末句旁硃筆批：「也好骨格。」

「高宗崩，乙渾專權。時司徒陸麗在代郡温湯療病，渾忌之，遣多侯追麗。」墨筆眉批：「今蔚州有温湯。蔚，古代地也，當卽此。」又硃筆眉批：「前蔚古眞傳有尉多侯。」

「栗弟泥乾，爲羽林中郎，賜爵臨安男。」硃筆眉批：「泥乾是何名義？」

卷二十八

「張黎。」硃筆尾批：「滅殺才。」〔二〕

「後車駕北狩豺山，收跋，刑之路側。妻劉氏自殺以從。」硃筆旁批：「也殺得無名。」

「太祖征慕容寶，加輔國將軍，略地晉川，獲寶丹陽王買得及離石護軍高秀和於平陶。」硃筆眉批：「平陶卽今文水縣之平陶。」

「莫題，代人也，多智有才用。」硃筆眉批：「前莫含之孫有莫題，與此同姓名。」

「侯官告岳衣服鮮麗，行止風采，擬儀人君。太祖時既不豫，多所猜惡，遂誅之。」硃筆旁批：「者達厮兇殘，動多見殺。顧是夷狄常態，亦由人不具一心肝、眼睛，要尋他耳。」

「唯栗一介遠寄，兼非戚舊，當世榮之。」〔三〕硃筆旁批：「榮甚？」

「世祖曰：卿其冠履，吾聞築社之役，蹇蹷而築之，端冕而事之，神與之福。」硃筆旁批：

〔二〕此條，傅山全書初版本脱，據手稿補。
〔三〕「世」，傅山全書初版本脱，據批點底本補。

「虜漢何處撈摸兩句書袋？」

「弼頭尖，世祖常名之曰筆頭，是以時人呼爲筆公。」硃筆眉批：「前云賜名筆，取其直而有用。此又以頭尖釋筆。」

卷二十九

「篳聞而馳往取馬，庫仁以國甥恃寵，慚而逆擊篳。篳捽其髮落，傷其一乳。」硃筆旁批：「是甚文章？」

「每奉詔宣外，必告示殷勤，受事者皆飽之而退，事密者倍至蒸仍。」硃筆眉批：「『倍至蒸仍』是何等語？」

卷三十

卷三十至三十四之册封面墨筆批：「于栗磾，於河上構船爲浮橋。」〔一〕

「王建，廣寧人也。」「諸將咸以建言爲然，建又固執，乃坑之。」硃筆眉批：「建執坑參合之衆而得保首領，沒天理，何昏？」「固執」旁硃筆批：「胡說！」

「建兄回，諸子多不順法，建具以狀聞，回父子伏誅。」硃筆旁批：「此等事亦難爲情。」

「遷太僕，徙爲眞定公，加散騎常侍、冀青二州刺史。卒，陪葬金陵。」末句旁硃筆批：「此物

〔一〕此條，傅山全書初版本脫，據手稿補。

不曾殺了，何也？」

「贈征北大將軍、長廣王。謚曰簡。子多侯襲爵。」硃筆眉批：「又一多侯。」

「子延，字契胡提，頗有氣幹，襲爵河南公。」硃筆旁批：「是何字？」

卷三十一

「後與寧朔將軍公孫蘭領步騎二萬，潛自太原，從韓信故道開井陘路，襲慕容寶於中山。」硃筆旁批：「此路當常通，[一]如何云從故道開之？想當時另有路向中山耶！」

「及趙魏平定，太祖置酒高會，謂栗磾曰：『卿卽吾之黥、彭。』大賜金帛，進假新安公。」[二]墨筆眉批：「虜掉書袋，可笑！」

「栗磾別率所部攻德宗河南太守王涓之於金墉。」「德宗」旁硃筆批：「東晉安帝名。」

「太宗南幸盟津，謂栗磾曰：『河可橋乎？』栗磾曰：『杜預造橋，遺事可想。』乃編次大船，構橋於冶坂。」「編次大船，構橋於冶坂」旁硃筆批：「寫得甚無味。」又硃筆眉批：「栗磾橋何冶坂？」[三]

「子洛拔，襲爵。少以功臣子拜侍御中散。有姿容，善應對，恭愼小心。世祖甚加愛寵，因賜名焉。」硃筆眉批：「洛拔賜名不解何義。此書名洛拔者不一二。」

[一]「路」，傅山全書初版本誤作「道」，據手稿改。

[二]「進」，傅山全書初版本誤作「並」，據批點底本改。

[三] 硃筆眉批文字，傅山全書初版本脫，據手稿補。

「祚子若，襲爵。多酒過，爲叔父景搥殺。」硃筆尾批：「酒過何至爲叔搥死？」

「祚弟忠，字思賢，本字千年。」「本字」之「字」旁硃筆批：「名。」

「及世宗崩，夜中與侍中崔光遣右衛將軍侯剛迎肅宗於東宮而即位」云云。硃筆眉批：「侯厨子有此一節，遇得好。」

「李世哲求寵於忠，私以金帛寶貨事初瓌、保元，初瓌、保元談之，遂被賞愛，引爲腹心。忠擅權昧進，爲崇訓之由，皆世哲計也。」硃筆眉批：「李世哲，賴刺光棍。」

「鎮民不勝其忿，遂反叛。紈縛景及其妻，拘守別室，皆去其衣服，令景著皮裘，妻著故降襖。其被毁辱如此。月餘，乃殺之。」硃筆尾批：「此即搥殺侄若者。」

卷三十二

「謚長兄眞，有志行。」硃筆眉批：「如何不列眞于謚前？至此乃曰謚長兄也。」

「景進尋率羌夷復來攻逼，徽遣統軍六景相馳表請師，詔徽仍行河州事。」硃筆眉批：「六景相，六姓是春秋所謂『六』者耶，抑胡姓也？」

「太祖攻中山未克，六軍乏糧」云云，「湜曰：取椹可以助糧。」硃筆眉批：「椹糧。」〔一〕

「初，恢與遵書云『賢兄虎步中原』，太祖以言悖君臣之體，敕湜、袞亦貶其主號以報之。」硃筆旁批：「何君臣？」

「後司馬德宗荆州刺史司馬休之等數十人爲桓玄所逐，皆將來奔，至陳留南，分爲二輩，一奔長

〔一〕此條，傅山全書初版本脫，據手稿補。

安，一歸廣固。」硃筆眉批：「司馬休之聞殺崔逞、袞，不來。」〔一〕

卷三十三

「魏帝神武命世，寬仁善納，御衆百萬，號令若一，此湯武之師。」硃筆旁批：「胡說！」

「渾正直有操行，性不苟合，趣舍不與己同者，視之蔑如也。」末句旁硃筆批：「可厭！」

「表等既克滑臺，引師西伐，大破劉義隆將翟廣等於王樓，遂圍虎牢。」硃筆眉批：「王樓又曰作土樓。」〔二〕

「第二子軌，字元慶。」硃筆眉批：「軌初不取赫連庫金，而既乃取運驢之絹。」〔三〕

「預服經年，云有效驗，而世事寢食不禁節，又加之好酒損志，及疾篤，謂妻子曰：『服玉屏居山林，排棄嗜欲，或當大有神力，而吾酒色不絕，自致於死，非藥過也。然吾尸體必當有異』」云云。硃筆眉批：「李預服玉，亦自有志意人。而酒色不絕，惜乎不竟韓衆之功。」「而世事寢食不禁節」旁硃筆批：「混帳了。」

「常謂之曰：君自云餐玉有神驗，何故不受哈也？」「舉斂於棺，堅直不傾委。」硃筆旁批：「那個尸不爾。」

〔一〕此條，傅山全書初版本脫，據手稿補。
〔二〕「曰」字，傅山全書初版本脫，據手稿補。
〔三〕此條，傅山全書初版本脫，據手稿補。

卷三十四

「太宗親臨哀慟者數四焉。乃鴆其妻周氏，與洛兒合葬。」「鴆其妻」旁硃筆批：「是何法？」「太宗性明察，羣臣多以職事遇譴，至有杖罰，故路頭優遊不任事，侍宿左右，从容談笑而已。」硃筆旁批：「此虜亦黠。」

「史臣曰：王洛兒、車路頭、盧魯元、陳建，咸以誠至發衷」，「至如安國，貴寵異於數子哉！」末句旁硃筆批：「說甚？」

卷四十一

卷四十一至四十五之册封面墨筆批：「源懷之于元尼須，事同蘇章。法壽小名烏頭。房法壽辭州郡之命，而盜殺豬羊以養母，以常談論之，豈不顛倒？然人各有志，屑此不屑彼，亦難與狗士言也。房景伯弟妓亡，蔬食終喪。以『妓』字命名，不解何取，或字之訛邪？房景先五經疑問百餘。有繼母出嫁，從爲之服一條甚確。劉郁是房陽姨兄，而劫賊不殺。」

「懷朔鎮將元尼須與懷少舊，亦貪穢狼藉，置酒請懷」云云。硃筆眉批：「事同蘇章。」

「延伯與兵士共分湯菜，防固城隍。」硃筆眉批：「『共分湯菜』句亦可笑。」

「子恭上書曰：臣聞辟臺望氣，軌物之德既高；方堂布政，範世之道斯遠」云云。硃筆眉批：「嘽，嘽。」

卷四十二

「子裔，字豫孫，襲爵。性豪爽，盛營園宅，賓客聲伎，以恣嬉遊。」「盛營園宅」旁硃筆批：「大好事。」

「治弟彌，兼尚書郎」云云。硃筆眉批：「寇彌不納元徽。」〔二〕

「惲後與唐州刺史崔元殄固守平陽。」硃改「殄」爲「珍」。〔三〕

「初，暄使徐州，見州城樓觀，嫌其華盛，乃令往往毀撤。」硃筆旁批：「奴才！」

卷四十三

「泰常中，山陽公奚斤南討，軍至潁川，稜率文武五百人詣斤降。」硃筆旁批：「降何易也。」

「年九十，卒於家。」硃筆尾批：「老降奴自能多活。」

「世祖親待之，進太官尚書，賜爵南郡公，加冠軍將軍，常在太官，主進御膳。」硃筆旁批：「也是一侯剛。」

「遣使表狀，世祖嘉其誠款，屢賜和。」末句旁硃筆批：「三字不成句。」

「聞慰，博識有才思，至延興中，南叛。」硃筆旁批：「到底聞慰有心肝。」

〔二〕此條，傅山全書初版本脫，據手稿補。
〔三〕此條，傅山全書初版本脫，據手稿補。

「東陽平，許氏攜二子入國，孤貧不自立，竝疏薄不倫，爲時人所棄。母子皆出家爲尼，既而反俗。」〔二〕硃筆旁批：「母爲尼可，子何以爲尼？」

「法鳳兄弟無可收用，不甞選授。後俱奔南。法武後改名孝標云。」「孝標」旁硃筆批：「是何等士？」

「房法壽，小名烏頭，清河繹幕人也。幼孤，少好射獵，輕率勇果，結羣小而爲刧盜」云云。墨筆眉批：「來頭頗不可測，而卒無大表見，虎頭蛇尾矣。」

「道固慮其扇亂百姓，遂切遣之。而法壽外託裝辦，而内不欲行。」硃筆眉批：「法壽好漢，可以不戀土者，而卒不能。」

「詔伯玉曰：朕承天馭宇，方欲清一寰域，卿蕞爾小戍，敢拒六師，卿之愆罪，理在不赦」云云。硃筆眉批：「胡人顛三倒四。」

「崇吉設土葦方梁，下相舂擊，不時克殄。」硃筆眉批：「『土葦方梁』是何等物？」

「崇吉乞解縣，許之。停京師半歲，乃南奔。」硃筆眉批：「崇吉夫婦俱南。」〔三〕

「崇吉夫婦異路，剃髪爲沙門，改名僧達，投其族叔法延」云云。墨筆尾批：「寫得寥落不堪。」

「祖元慶，仕劉駿，歷士那太守。」硃筆眉批：「士那是何名？」

「景伯性淳和，涉獵經史，諸弟宗之，如事嚴親。及弟妓亡，蔬食終喪。」硃筆眉批：「『妓』

〔二〕「反」，傅山全書初版本誤作「還」，據批點底本改。

〔三〕此條，傅山全書初版本脱，據手稿補。

是『妓』字耶？訛耶？命名以妓。」

「問儀禮：繼母出嫁，從爲之服，傳云：『貴終其恩』曰：繼母配父，本非天屬，與尊合德，名義以興。兼鞠育有加，禮服是重。既體違義盡棄節毀慈，作嬪異門，爲鬼他族，神道不全，何終恩之有？」墨筆眉批：「此禮原不可解，問最有義。」

「平原劉郁行經齊兗之境，忽遇劫賊」云云，「遂還衣服。蒙活者二十餘人。」硃筆眉批：「劉郁急說，遇義賊。」〔二〕

「史臣曰：嚴稜夙款可嘉。脩之晚有誠效」云云。硃筆尾批：「不知說甚。」

卷四十四

「羅結，代人也。」硃筆眉批：「羅結一百廿歲。」〔三〕

「年一百二十歲卒。」硃筆旁批：「奇。」

「承明元年，文明太后令百官舉才堪幹事、人足委此者，於是公卿以頹應選。」硃筆眉批：「『委此』何說？」

「四年，徐州民桓和等叛逆，屯於五固。詔虎子爲南征都副將，與尉元等討平之，以本將軍爲彭城鎮將。至鎮，雅得明和。」硃筆旁批：「『明和』何說？」

〔二〕此條，傅山全書初版本脫，據手稿補。
〔三〕此條，傅山全書初版本脫，據手稿補。

「穆濬說榮曰：公士馬不出萬人」云云。硃筆眉批：「費穆勸尒朱榮大行殺戳。」〔一〕

卷四十五

「韋閬，字友觀，京兆杜陵人」云云。傳末硃筆尾批：「高允贊：『卓矣友觀，稟兹淑量，存彼大方，擯此細讓。神與理冥，形隨流浪，雖屈王侯，莫廢其尚。』所謂『擯此細讓』，不知何事。」

「或以蠻俗荒梗，不識禮儀，乃表立太學，選諸郡生徒於州總教。」硃筆眉批：「表立太學于東豫州，太學亦不專主在所謂京者耶！」

「杜銓，字士衡，京兆人」云云。傳末硃筆尾批：「高允贊曰：士衡孤立，内省彌疚，言不崇華，交不遺舊。以產則貧，論道則富，所謂伊人，實邦之秀。」

「蕭衍遣將胡武城、陶平虜於州南金山之上，連營侵逼，衆情大懼。祥從容曉喻，人心遂安。」硃筆旁批：「如此脫活，笑殺人！」

「長子達摩，武定末，陽城太守。」硃筆尾批：「柳達摩對楊羅漢，可稱絕對。」

卷四十六

「父崇，馮跋吏部尚書、石城太守。」硃筆眉批：「又一李崇。」〔二〕

〔一〕此條，傅山全書初版本脫，據手稿補。
〔二〕此條，傅山全書初版本脫，據手稿補。

「初，李靈爲高宗博士、諮議。詔崔浩選中書學生器業優者爲助教。浩舉其弟子箱子與盧度世、李敷三人應之。」首句旁硃筆批：「此句斷此，不了了。」

「攸曰：『何爲爲他死也？敷兄弟事釁可知。有馮闡者，先爲敷所敗，其家切恨之。但呼闡弟問之，〔二〕足知委曲。』訢從其言。」末句旁硃筆批：「不長進行逕。」

「標曰：公德於標，何若李敷之德於公？」硃筆旁批：「好話！」

卷四十七

「盧玄。」題下硃筆批：「高允贊曰：亹亹盧生，量遠思純，鑽道據德，遊藝依仁。旌弓既招，釋褐投巾，攝齊升堂，嘉謀日陳。自東徂南，躍馬馳輪，僭馮影附，劉以和親。」

「子奉父命，遂被拷掠，至乃火熱其體，因以物故，卒無所言。」硃筆旁批：「難，難！」

「度世後令弟娶熙妹，以報其恩。」硃筆旁批：「此何足報？」

「及度世有子，每誡約令絕妾孽，不得使長，以防後患。」「不得使長」旁硃筆批：「胡說！」

「淵習家法，代京宮殿多淵所題。」硃筆眉批：「淵能書。」

「妻鄭氏，與正通弟正思淫亂。」硃筆眉批：「後盧元明妻亦鄭氏。」

「又敕副使玉清石曰：卿莫以本是南人，言語致慮」云云。硃筆眉批：「玉清石，玉字不知當讀何音。若據姓氏，則音當如肅。在漢之有此姓，曰玉況也。」

「或承風挾請，輕樹私思；或容情受賄，輒施己惠。御使所劾，皆言誣枉；申雪罪人，更云清

〔二〕此句，傅山全書初版本脫，據批點底本補。

白」云云。硃筆眉批：「嘽。」

「自國家經略江左，唯有中山王英敗於鍾離，昶於朐山失利，最爲甚焉。」末句旁硃筆批：「不成話。」

「熙博識之士，見而歎曰：盧郎有如此風神，唯須誦離騷，飲美酒，自爲佳器。」硃筆旁批：「其寔套話。」

「元明凡三娶，次妻鄭氏與元明兄子士啟淫汙，〔二〕元明不能離絕。」硃筆眉批：「前正通妻亦鄭氏。」

「兗州刺史申纂妻賈氏，崇吉之姑女也。」硃筆根批：「前宗後崇。」

「父母亡，然同居共財，自祖至孫，家內百口。」硃筆眉批：「『然』字何用？」

卷四十八

「奉祖父喪還本郡，推財與二弟而爲沙門，名法淨。未久而罷。」硃筆眉批：「高允還俗。」〔三〕

「世祖曰：無此人忿朕，常有數千口死矣。」「無此人忿朕」旁硃筆批：「五字如何說？」

「今國家營葬，費損巨億，一旦焚之，以爲灰燼。苟靡費有益於亡者，古之臣奚獨不然。」「一旦焚之，以爲灰燼」旁硃筆批：「此不知是如何事？」又墨筆眉批：「此即是送終之物而燒之耳。」

「今已葬之魂，人直求貌類者事之如父母」云云。硃筆旁批：「大可笑！」

〔二〕「兄」，傅山全書初版本誤作「兒」，據批點底本改。

〔三〕此條，傅山全書初版本脫，據手稿補。

「中書郎、武恆子河間邢穎宗敬。」硃筆尾批：「穎見邢巒傳。」〔一〕

「茂祖犖單，夙離不遠。」硃筆旁批：「崔綽。」〔二〕

「燕、常篤信，百行靡遺。」硃筆旁批：「崇字玄略，陟字公山。」〔三〕

「崔、宋二賢，誕性英偉。」硃筆旁批：「崔建、宋愔。」〔四〕

「卓矣友規，禀茲淑量。」硃筆眉批：「本傳『規』作『觀』。」

「北虜舊隸，禀政在蕃，往因時，逃命北轅。」「往因時」下，硃筆旁批：「脫一字。」又硃筆眉批：「北虜舊隸，何不爲拓拔諱『虜』字也？」

「其詞曰：自古聖王，其爲饗也，玄酒在堂，而醨酒在下，所以崇本重原，降於滋味」云云。硃筆眉批：「大扯澹，可厭！眞正沒得做。」

「且子思有云，夫子之飲，不能一升。」硃筆旁批：「唯酒無量，何云？」

「其年四月，有事西郊，詔以御馬車迎允就郊所板殿觀矚。馬忽驚奔，車覆，傷眉三處。」硃筆眉批：「『三處』是何語？可笑！」

「允所製詩賦誄頌箴論表讚，左氏公羊釋，毛詩拾遺，論雜解，議何鄭膏肓事，凡百餘篇，別有集行於世。」硃筆旁批：「想來都不怎地。」

「推弟燮，字季和」，「恆譏笑允屈折久宦，棲泊京邑。」硃筆旁批：「欲白明。」

〔一〕此條，傅山全書初版本脫，據手稿補。

〔二〕此條，傅山全書初版本脫，據手稿補。

〔三〕此條，傅山全書初版本脫，據手稿補。

〔四〕此條，傅山全書初版本脫，據手稿補。

卷四十九

「李靈。」題下硃筆批：「高允有贊。」

「子搔，武定末河内太守。」硃筆尾批：「北齊有傳。」

「崔鑒字神具，博陵安平人，父綽，少孤」云云。硃筆眉批：「高允贊綽曰：茂祖煢單，夙離不造，克己勉躬，聿隆家道。敦心六經，遊思文藻，終辭寵命，以之自保。」

「長子脩義，有風望，襲爵。自司徒默曹參軍再遷寧遠將軍、新野太守。」硃筆眉批：「『默曹』如何義？」

卷五十

卷五十至五十四之册封面墨筆批：「宋繇衡瞻自厲。璽字，見段承根傳。李沖傳中有從孫陰始孫扁馬事。北史無沖傳。太山府君子游學，見段承根傳。李波小妹字雍容，見李孝伯傳。」〔二〕

「散騎侍郎張引領卒二千守茱萸。」硃筆眉批：「地名茱萸。」〔三〕

「元遣孔伯恭率步騎一萬以拒之。并以攸之前敗軍人傷殘手足、瘃瓦膝行者，盡送令還，以沮其衆。」「瓦」字旁硃筆批：「此何字？」

〔二〕自「太山府君」至此，傅山全書初版本脱，據手稿補。
〔三〕此條，傅山全書初版本脱，據手稿補。

「濟黃河，知十二之虚說；臨齊境，想一變之清風。」硃筆旁批：「『十二虚說』何指？」
「遷宰官令，微好碎事，頗曉工作，主司厨宰，稍以見知。」硃筆旁批：「工作是甚事？」

卷五十一

「令羅漢射難當隊將及兵二十三人，應弦而殪。」硃筆眉批：「羅漢好箭！」
「長子羅漢，東宮洗馬。」硃筆眉批：「又一羅漢。」
卷末硃筆尾批：「叙戰大有路中望意。」

卷五十二

「令勝寵惑妾潘，離棄其妻羊氏，夫妻相訟，還發陰私，醜穢之事，彰於朝野。」硃筆眉批：「虜世界事。」
「懸瓠之免，是其族人前軍將軍趙文相之力，後無報德之意，更與文相斷絶。」硃筆眉批：「趙叔隆不報德。」〔二〕
「謂友人金城宗舒曰：我此生活，似勝焦先。」墨筆旁批：「何說？」又墨筆眉批：「『焦勝』之言無恥。」
「舒文劣於叟，舒尋歸家。」硃筆旁批：「此句豈不脫了？」

〔二〕此條，傅山全書初版本脫，據手稿補。

「遂隨彦至酒泉，追師就學，閉室誦書，晝夜不倦，博通經史，諸子羣言，靡不覽綜。」「追師就學」旁硃筆批：「好！」「閉室誦書」旁硃筆批：「好！」又硃筆眉批：「子弟輩不知此等事，眞沒奈何！」

「繇以業無經濟遠略，西奔李暠，歷位通顯。」「西奔」句旁硃筆批：「是。」

「沮渠蒙遜平酒泉，於繇室得書數千卷」，「拜尚書吏部郎中。」墨筆眉批：「不必沮渠之吏部。」

「欽上東宮侍臣箴曰：恢恢玄古，悠悠生民。五才迭用，經敍彝倫」云云。硃筆旁批：「可笑了！苟圖輩往往無知乃爾。」又硃筆眉批：「如此文才，只會馳騁于沮渠。」

「承根好學、機辯，有文思，而性行疎薄，有始無終。」硃筆眉批：「何言『有始』？『無終』何指？」

「劉昞字延明，敦煌人也。」「昞年十四就博士郭瑀學。」硃筆眉批：「此卽晉隱逸傳中郭元瑜也。劉延明大好一個丈人。」

「暠曰：躬自執者，欲人重此典籍。吾與卿相值，何異孔明之會玄德？」末句旁硃筆批：「胡了！」

「昞以三史文繁，著略記百三十篇。」硃筆旁批：「減不得。」

「世隆子孟貴，性至孝，每向田耘耨，早朝拜父，來亦如之。鄉人欽其篤於事親。」硃筆尾批：「如此入孟貴事，敍得無倫。」

卷五十三

「李沖字思順，隴西人，敦煌公寶少子也」云云，「沖與承長子韶獨清簡皎然，無所求取，時人美焉。」硃筆眉批：「十八卷廣陽王深傳：〔一〕深有論沖，涼州士人悉免厮役云云。」

「沖爲文明太后所幸，恩寵日盛，賞賜月至數千萬，進爵隴西公。」硃筆旁批：「不知是如何幸？」

「初，沖兄佐與河南太守來崇同自涼州入國，素有微嫌」云云。硃筆眉批：「沖處來護，亦似長者行事。」

「有人求官，因其納馬於沖，始孫輒受而不爲言。」墨筆眉批：「外甥扁人馬而不爲舅言。」〔二〕

「後高祖南征，沖與吏部尚書、任城王澄并以彪倨傲無禮，遂禁止之。奏其罪狀，沖手自作，家人不知，辭甚激切，因以自劾。高祖覽其表，歎悵者久之。」墨筆眉批：「北史李彪傳備錄沖表彪之事。」

「道固可謂溢也，僕射亦爲滿矣。」墨筆於「道固」旁批：「彪字。」〔三〕

卷五十四

「雅因論議長短，忿儒者陳奇，遂陷奇至族，議者深責之。」硃筆旁批：「此何如事，但深責之？」又硃筆尾批：「高允贊雅曰：孔稱游夏，漢美淵雲。雄哉伯度，出類踰羣。司言祕閣，作牧河汾。移風易俗，理亂解紛。融彼滯義，渙此潛文。儒道以析，九流以分。」

〔一〕「八」，傅山全書初版本誤作「人」，據手稿改。
〔二〕此條，傅山全書初版本脫，據手稿補。
〔三〕此條，傅山全書初版本脫，據手稿補。

「昔唐堯禪舜，前典大其成功」云云。硃筆眉批：「頌可不勞。」

「臣聞皇天無私，降鑒在下，休咎之徵，咸由人召。故帝道昌則九疇叙，君得衰而彝倫斁」云云。〔二〕硃筆眉批：「嘽，嘽。」

「今雖江介不賓，小賊未殄，然中州之地，略亦盡平，豈可於聖明之辰，而闕盛禮？」末二句旁硃筆批：「來了，來了。」

「荆楊未一，豈得如卿言也？」硃筆旁批：「到是論。」

「閭曰：漢之名臣，皆不以江南爲中國。且三代之境，亦不能遠。」硃筆旁批：「胡説！」

卷五十五

「謙廉不競，曾撰儒碁，以表其志焉。」硃筆眉批：「儒碁是何等文？」

「時有南方沙門惠度，以事被責，未幾暴亡。」硃筆旁批：「此如何事，不解。」

「高祖宴羣臣於華林，肅語次云：古者唯婦人有筓，男子則無。」硃筆旁批：「出言何易？」

「又禮内則稱：『子事父母，鷄初鳴，櫛纚筓總。』以兹而言，男子有筓明矣。」硃筆旁批：「此最易知，肅逕冒昧。」

「洛陽記：國子學宮與天子宮對，〔三〕太學在開陽門外。」硃筆眉批：「國學、太學是二。」

〔二〕「衰」，傅山全書初版本誤作「衮」，據批點底本改。

〔三〕「宮」，傅山全書初版本作「官」，此處依批點底本。

「今太學故坊，基趾寬曠，〔二〕四郊别置，相去遼濶，檢督難周。計太學坊，并作四門，猶爲太廣。以臣愚量，同處無嫌。」硃筆眉批：「劉芳以太學、四學同處無嫌。」

「出除安東將軍、青州刺史。爲政儒緩，不能禁止姦盗。」硃筆旁批：「自然。」

「父厥之死，隲率勒鄉部赴兗州，與刺史樊子鵠抗禦王師，每戰流涕突陳。城陷，擒送晉陽，齊獻武王矜而赦之。」末句旁硃筆批：「是。」硃筆眉批：「劉隲以父厥之死，抗齊獻武之師，是旣擒得而獻武又釋之。又是。」

「𨍭弟粹，徐州别駕、朱衣直閤。〔三〕粹少尚氣俠，兄厥死，粹招合部曲，就兗州刺史樊子鵠，謀應關西。」硃筆眉批：「劉粹也是有志意人。」

「思祖於路叛奔蕭衍，衍以思祖爲輔國將軍、北徐州刺史。」硃筆旁批：「得爾待。」

「衍欲加封爵，世明固辭不受，頻請衍乞還，衍聽之」云云，「時尒朱世龍等威權自己，四方怨叛。城民王乞得逼劫世明，據州歸蕭衍。衍封世明開國縣侯，食邑千戶。」硃筆改「尒朱世龍」爲「尒朱世隆」。硃筆眉批：「梁武兩度遣劉世明北還，皆是人君嘉度。」

「時榮陽鄭演，仕劉彧爲琅邪太守」云云。硃筆眉批：「鄭演附此後極無謂，存薛安都傳後可也。」

〔二〕「基」，傅山全書初版本誤作「其」，據批點底本改。
〔三〕「閤」，傅山全書初版本作「閣」，此處依批點底本。

卷五十六

「酸棗令鄭伯孫、鄄城令董騰、别駕賈德、治中申靈度，並在任廉貞，勤恤百姓。」硃筆眉批：「緇衣之好，何人不有？」

「遵祖弟順，卒於太常丞。自靈太后預政，淫風稍行」云云。硃筆眉批：「於順下叙靈太后一段，何謂？」

「在州貪惏，妻定豐王元延明女。」硃筆改「定」爲「安」。

「火未然，巨倫手刃賊帥。」硃筆旁批：「好漢！」

「以黨附高肇，爲中尉所劾，事在高聰傳。楷性嚴烈，能摧挫豪强。」硃筆旁批：「如此，又何附高肇也？」

卷五十七

「祐曰：此是三吳所出，厥名鯪鯉，餘域率無。」硃筆眉批：「鯪鯉，以今論之，非獸。」

「庫莫奚國有馬百匹因風入境，敬邕悉令送還，於是夷人感附。」「敬邕悉令送還」旁硃筆批：「正是，正是。」又硃筆眉批：「崔敬邕送還庫莫奚之風馬。」〔一〕

「先是，州人楊松柏、楊洛德兄弟數爲反叛。」硃筆眉批：「楊松柏三字，木名。」

〔一〕硃筆眉批文字，傅山全書初版本脱，據手稿補。

「松柏既州之豪帥，感遊恩遇，奬諭羣氏，咸來歸款，且以過在前政，不復自疑。遊乃因宴會，一時俱斬，於是外人以其不信，合境皆反。」「一時俱斬」旁硃筆批：「胡做了。」「合境皆反」旁硃筆批：「自然當反。」

「數日之後，遊知必不定，謀欲出外，尋爲城人韓祖香、孫𢡟攻於州館」，「尋爲祖香等所執害。」硃筆眉批：「韓祖香似爲楊松柏天報。」

卷五十八

「蕭衍豫州刺史裴邃治合肥城，規相掩襲，密購壽春郭人李瓜花、袁建等，令爲内應。」硃筆眉批：「李瓜花是何名?」

「稚深悟之，乃云：『錄事可造移報。』侃移曰：『彼之纂兵，想別有意，何爲妄構白捺也!』」硃筆旁批：「移報甚好，甚好!」

「椿曰：並非計也。此本規盜，非有經略，自王師一至，無戰不摧，所以深竄者，正避死耳」云云。硃筆眉批：「是。」

「尒朱榮東封葛榮」云云。硃筆改「封」爲「討」。

「至於親姻知故，吉凶之際，必厚加贈襚，來往賓僚，必以酒肉飲食。是故親姻朋友無憾焉。」硃筆旁批：「可見此事也要緊。」

「然居住舍宅不作壯麗華飾者，正慮汝等後世不賢，不能保守之，方爲勢家所奪。」末句旁硃筆批：「説到此處便俗。」

「吾今年始七十五。」硃筆旁批：「『始』字何也？」

「津揮刀欲斬門者，軍乃得入城。賊果夜至，見柵空而去。其後，賊攻州城東面，已入羅城，刺史閉小城東門，城中慅擾，不敢出戰。津欲禦賊，長史許被守門不聽，津手劍擊被，不中，被乃走。津開門出戰，斬賊帥一人，殺賊數百。」硃筆眉批：「斬守者入城，後又挈守門長史出戰，然後知前之要入，非徒怯也。」

卷五十九

「昶表曰：臣植根南僞，〔一〕託體不殊。」硃筆旁批：「胡說，沒志氣。」

「雖在公坐，諸王每侮弄之，或戾手齧臂，至於痛傷。」硃筆旁批：「沒志氣嘴臉。」

「路經徐州，哭拜其母舊堂，哀感從者。」硃筆旁批：「何不與之諧來？」

「屬逢陛下釐校之始，願垂曲思，處臣邊戍，招集遺人，以雪私耻。」「以雪私耻」旁硃筆批：「謂誰？」

「高祖亦爲之流涕，禮之彌崇。」硃筆旁批：「此何涕？」

「昶對曰：陛下光宅中區，惟新朝典，刊正九流，爲不朽之法，豈唯髣像唐虞，固以有高三代。」末二句旁硃筆批：「還要如何？」

「景明三年閏四月，詔曰：蕭寶夤深識機運，歸城有道，冒險履屯，投命絳闕，微子、陳韓亦曷以過也。」末句旁硃筆批：「可恨！」

〔一〕「植」，傅山全書初版本作「殖」，此處依批點底本。

「勿謂今日之位，是爲可重，朕之視此，曾不如一芥。」硃筆旁批：「好聽！」

「時北地人毛鴻賓與其兄遐糾率鄉義，將討寶夤」云云。硃筆眉批：「寶夤只是沒本領耳。」

卷六十

「白曜從之，皆令復業，齊人大悅。」硃筆旁批：「惟此等事，不論在何時、何世界，皆許做，不差。」

「王之忠誠款篤，節叉純貞，非但蘊藏胸襟，實乃形於文翰。」硃筆改「叉」爲「義」。

「後遂剖騰棺，賜叉死。」硃筆旁批：「卻也依得作此事。」

「及部杲之起逆，詔子熙慰勞。」硃筆改「部」爲「邢」。

「子熙尚未婚，後遂與寡嫗李氏姦合，而生三子。」硃筆眉批：「韓子熙似可不姦此寡嫗者。」

「夫門望者，是其父祖之遺烈，亦何益於皇家」云云。硃筆眉批：「是。」

「陛下居九重之內，視人如赤子；百司分萬務之要，遇下如仇讎。是則堯舜止一人，而桀紂以千百。和氣不至，蓋由於此。」硃筆眉批：「是。」

「按春秋之義，有宗廟曰都，無則謂之邑，此不刊之典也。況北代宗廟在焉，山陵託焉，王業所基，聖躬所載，其爲神鄉福地，實亦遠矣。」硃筆眉批：「韃子窩可以不勞爾憂。」

「此則伎作不可雜居，士人不宜異處之明驗也」云云。硃筆眉批：「是。」

「顯宗後上表，頗自矜伐，訴前征勳。」硃筆旁批：「『不爲露布』之言何居？」

「顯宗既失意，遇信向洛，乃爲五言詩贈御史中尉李彪曰」云云。硃筆眉批：「五言大平懷。」

「臣愚以爲觀兵江滸，振曜皇威，宜特加撫慰。秋毫無犯，則民知德信。民知德信，則襁負而來」云云。硃筆眉批：「只是多話，可厭！」

「王業初定，中山是由。臨幸之盛，情特綢繆。」末句旁硃筆批：「是何語？」

卷一百一　魏書批注（下）

卷六十一

「安都乃求以一身分出，不取片資。」硃筆旁批：「好！」

「安都因重貨元等，委罪於女壻裴祖隆，元乃殺祖隆而隱安都謀。」硃筆旁批：「急做苟着。」

「懷吉本不厲清節，及爲汾州，偏有聚納之響」云云。硃筆眉批：「此不但是薛懷吉獨得祕著，其實豪士自然當爾。」

「每有接對，但嘿然而退。」硃筆旁批：「也嘉。」

「祖杇，身長八尺，腰帶十圍，歷涉經史，好爲文詠。」硃筆眉批：「祖杇名何義？杇又作柂，不知孰是？」

「正始三年，蕭衍將蕭及先率步騎二萬入寇兗州，及先令別帥角念屯于蒙山。」硃筆眉批：「角念、角想，音如角里之角。」

「李敷、李訢等寵要勢家，亦推懷陳款，無所顧避。」硃筆眉批：「不知說甚，可厭！」

「世宗慮其不受代，遣後將軍李世哲與桃符率衆襲之，出其不意，奄入廣陵。」硃筆眉批：「世哲即前鑽刺人。」

「而桃符密遣積射將軍鹿永固私將甲士，打息魯生，僅得存命。」硃筆眉批：「打字。」

「巒，字仲舒，營陽人。眞君末，隨父南叛」云云。硃筆眉批：「蛺蝶原無史才而妄任著作。」

「景曜至洛陽，密啟其父必當奔叛。」硃筆旁批：「逆子。」又硃筆眉批：「董景曜，逆子。」

「景曜鎖詣行在所，數而斬之。」硃筆旁批：「此是鎖誰？」

「史臣曰：薛安都一武夫耳」云云。硃筆卷尾批：「不知説甚。蛺蝶嘴臉大見矣。」

卷六十二

「李彪，字道固，頓丘衛國人」，「晚與漁陽高悅、北平陽尼等將隱於名山，不果而罷。」硃筆旁批：「可笑！」

「其一曰：自太和建號，踰于一紀，典刑德政，可得而言也」云云。硃筆眉批：「蘿莎之言，大廢紙筆。」

「伏惟聖德慈惠，豈與漢文比隆哉！」硃筆旁批：「何必又多此一句不情之語！」

「坐輿禁省，冒取官材，輒駕乘黃，無所憚懾。」硃筆眉批：「『輒駕乘黃』是何事？」

「故傳曰：文王基之，周公成之」云云。硃筆眉批：「不知麻煩説甚。可厭之極！」

「先皇有大功二十，加以謙尊而光，爲而弗有，可謂四三皇而六五帝矣。」末句旁硃筆批：「大妄説。」

「竊尋先朝賜臣名彪者，遠則擬漢史之叔皮，近則準晉史之紹統，推名求義，欲罷不能，荷恩佩澤，死而後已。」硃筆眉批：「自解命，□名義。」

「又慰喻汾州叛胡，得其兇渠，皆鞭面殺之。」硃筆眉批：「鞭面是何刑？」

「祚每曰：爾與義和志交。豈能饒爾，而怨我乎？」硃筆旁批：「宋弁。」

卷六十三

「肅自謂禮、易爲長，亦未能通其大義也。」硃筆旁批：「突然綴此句，何也？」

「肅對曰：伏承陛下輟膳已經三日，羣臣焦怖，不敢自寧。臣聞堯水湯旱，自然之數」云云。末二句旁硃筆批：「開口便援此，可恨！」

「昔姑射之神，不食五穀，臣常謂矯。今見陛下，始知其驗。」硃筆旁批：「太誕，不近情。」

「懿遣將胡松、李居士等領衆萬餘屯據死虎。」硃筆眉批：「取名『死虎』，何也？」

「衍不能守，爲仲遠所擒，以其名望不害也，令其騎牛從軍，久乃見釋。」硃筆眉批：「令騎牛從軍，何也？」

「然好言人之陰短，高門大族意所不便者，弁因毀之，至於舊族淪滯，人非可忌者，又申達之。」硃筆眉批：「好言陰短人，生不肖子維，疏險反覆，□致死之理也。」

「從駕南討，詔弁於豫州都督所部及東荆領葉，皆減戍士營農，水陸兼作。」硃筆旁批：「『減』字何說？」

「及彪之抗沖，沖謂彪曰：『爾如狗耳，爲人所嗾。』及沖劾彪，不至大罪，弁之力也。」硃筆眉批：「李彪傳云：弁不肯□彪門戶。」

「維見乂寵勢日隆，便至乾沒，乃告司染都尉韓文殊父子欲謀逆立懌。懌坐被錄禁中。」硃筆眉批：「宋維奴小人。」

卷六十四

「高祖曰：得非景行之謂？」硃筆旁批：「說甚？」

「祚奏曰：慎獄審刑，道煥先古，垂憲設禁，義纂惟今」云云。硃筆旁批：「往往戴可厭冒子。」

「祚持身潔清，重惜官位，至於銓授，假令得人，必徘徊久之，然後下筆，下筆卽云：此人便以貴矣。」末句旁硃筆批：「瑣屑口聲。」

「詔曰：考在上中者，得汎以前，有六年以上遷一階，三年以上遷半階，殘年悉除。考在上下者，得汎以前，六年以上遷半階，不滿者除。其得汎以後考在上下者，三年遷一階。散官從盧昶所奏。」硃筆眉批：「得汎，高陽王雍傳亦有此語，前云之。」

「昔韋顧跋扈，殷后起昆吾之師；玁狁孔熾，周王興六月之伐。」硃筆旁批：「動輒掉老大書袋，可恨！」

「自是積二十餘年，位秩隆重，而進趨之心更復不息。」硃筆旁批：「耄㲉了。」

「世宗親政，罷六輔，彝與兼尚書邢巒聞處分非常，出京奔走。」末二句旁硃筆批：「是何言？」

「上表曰：臣聞元天高朗，尚假列星以助明；洞庭淵湛，猶藉衆流以增大。莫不以孤照不詣其幽，獨深未盡其廣。」硃筆眉批：「又一頂老大鬆沓之帽。」〔一〕

〔一〕「沓」字，傅山全書初版本脫，據手稿補。

卷六十五

「懸等進師討之，法靜奔潰，乘勝追奔至關城之下。」硃筆眉批：「『懸等』何說？」

「世宗勞遣巒於東堂曰」云云，「自古忠臣亦非無孝也。」硃筆眉批：「『亦非無孝』四字掉脫。」

「巒表曰：奉彼詔旨，令臣濟淮與征南掎角，乘勝長驅，實是其會。」硃筆改「彼」爲「被」。

「世宗臨東堂，勞遣巒曰：司馬悅不慎重門之戒，智不足以謀身，匪直喪元隸賢，乃大虧王略。」硃筆眉批：「『隸賢』何說？」

「子遜，字子言。貌雖陋短，頗有風氣。」墨筆眉批：「北史斛律光傳中云：邢遜爲李庶所卿，因詣庶，謂庶曰：『暫來見卿，還辭卿去。』庶父諧杖庶而謝焉。」

「李平字曇定，頓丘人也，彭城王疑之長子。」墨筆眉批：「高齊李構傳中，言李庶訟魏書云：李平爲陳留人，其家貧賤。」

卷六十六

「又有女巫楊氏，自云見鬼，說思安被害之苦，飢渴之意。」硃筆旁批：「從來巫是如此，可笑！」

「時欲送官，苦見求及，稱有兄慶賓，今住揚州相國城内，嫂姓徐，君脫矜愍，爲往報告，見申

委曲」云云。硃筆眉批：「求及，猶今之仰及也。」〔二〕

「崇表言其狀，世宗屢賜璽書慰勉之。賞賜珍異，歲至五三，親待無與爲比。」硃筆眉批：「『五三』語可厭！」

「時劉騰擅權，亮託妻劉氏，傾身事之，故頻年之中名位隆赫，有識者譏之。」硃筆眉批：「亮初不屑，就李沖而終乃傾事，劉騰耄矣，耄矣。」

「敬默弟隱處，青州州都。亮以其賤出，殊不經紀，論者譏焉。」「殊」字旁硃筆批：「俗。」

卷六十七

「崔光。」題下硃筆批：「者老崔一個大老嘽貨，教印也要細看，看了大埽興，瘮眼睛半日。」

「尋以本官兼侍中、使持節，爲陝西大使，巡方省察，所經述敘古事，因而賦詩三十八篇。」硃筆旁批：「此詩不知有傳者否?」

「時靈太后臨朝，每於後園親執弓矢，光乃表上中古婦人文章，因以致諫曰」云云。硃筆眉批：「者一段嘽佞厭人。」

「伏惟皇太后月靈炳曜，坤儀挺茂，誕育帝躬，維興魏道。德踰文母，仁邁和憙。」末二句旁硃筆批：「胡說！」

「孟子□實，匡張訓說。安世記篋於汾南，伯山抱卷於河右。元始孤論，充漢帝之坐，孟皇片字，懸魏王之帳。前哲之寶重墳籍，珍愛分篆，猶若此之至也」云云。硃筆眉批：「□句可了。而

〔二〕「也」字，傅山全書初版本脫，據手稿補。

古之人，古之人如此口吻，自是依附權佞人態。」

「光表諫曰：伏見親昇上級，佇蹕表刹之下，祇心圖構，誠爲福善。聖躬玉趾，非所踐陟，臣庶恇惶，竊謂未可」云云。硃筆眉批：「麻煩不得開交，可厭！」

「九月，靈太后幸嵩高，光上表諫曰：伏聞明后當親幸嵩高，往還累宿。鑾遊近旬，存省民物，誠足爲善」云云。硃筆眉批：「老胡婆子高興，往往殺者厭物圪嗒。不要説老胡婆子不聽，我先不耐煩，者一頓毛兜介四兩之軟嘴不喙。」

「靈太后不從。」硃筆旁批：「妙，妙！就是該從來者一頓虛嘴也，白氣要走一遭。」

「今春夏陽旱，谷糴稍貴，窮窘之家，時有菜色。陛下爲民父母，撫之如傷」云云。硃筆旁批：「又來了。」

「衞侯好鶴，曹伯愛雁，身死國滅，可爲寒心。」硃筆旁批：「者此事敢引，又似硬漢。」

「光寬和慈善，不逆於物，進退沈浮，自得而已。常慕胡廣、黄瓊之爲人。「胡廣」旁硃筆批：「極像。」

「鴻乃撰爲十六國春秋，勒成百卷，因其舊記，時有增損褒貶焉。」硃筆眉批：「此書惜不全傳。」

「鴻二世仕江左，故不錄僭晉、劉、蕭之書。」硃筆旁批：「敢是。」

卷六十八

「甄少敏悟，閨門之内，兄弟戲狎，不以禮法自居。」硃筆旁批：「得無橋頭王先生家風。」

「手下蒼頭常令秉燭，或時睡頓，大加其杖，如此非一。」硃筆旁批：「此何必令人秉燭？」「昔亶父以棄寶得民，碩鼠以受財失衆。」「碩鼠」旁硃筆批：「此何指？」「琛曾拜官，諸賓悉集，巒乃晚至，琛謂巒曰：卿何處放蛆來，今晚始顧？」硃筆眉批：『放蛆』何語？」

「始，琛以父母年老，常求解官扶侍，故高祖授以本州長史。及貴達，不復請歸。」硃筆旁批：「忘了。」

「數年，遭母憂。母鉅鹿曹氏，有孝性，夫氏去家，路踰百里，每得魚肉菜果珍美口實者，必令僮僕走奉其母，乃後食焉。」「每得魚肉」句旁硃筆批：「此是女孝娘家，與孝姑嫜者有間。」

「纉子晰，爲朐山戍主，晰死，家屬入洛。有女年未二十，琛已六十餘矣，乃納晰女爲妻。婚日，詔給厨費，琛深所好悦，世宗時調戲之。」「乃納晰女爲妻」旁硃筆批：「老無耻，可恨！」「深所好悦」旁硃筆批：「是何語？該打。」

「所著文章，鄙碎無大體，時有理詣，磔四聲、姓族廢興、會通緇素三論」云云。「磔四聲」旁硃筆批：「『磔』字何義？」

「聽託肅願以偏裨自効」，「及與賊交，望風退敗。」末句旁硃筆批：「好偏裨自效？」

「聰有妓十餘人，有子無子皆注籍爲妾，以悦其情。及病，不欲他人得之，幷令燒指吞炭，出家爲尼。」硃筆旁批：「無賴！」

「史臣曰：甄琛以學尚刀筆，早樹聲名，受遇三朝，終至崇重。高聰才尚見知，名位顯著。」硃筆尾批：「一對也，阿附趙脩，茹皓極相似。」

卷六十九

「休少而謙退，事母孝謹。及爲尚書，子仲文納丞相雍第二女，女妻領軍元叉長庶子、祕書郎稚舒，挾恃二家，志氣微改，内有自得之心，外則陵藉同列。」硃筆旁批：「者有何足自得而頓失常概？世間不長進人，無如以婚媾凌侮人之鄙委。」又硃筆眉批：「世有與胥吏結親而便以爲扳援勢要用凌宗族者矣，何況崔生之婚媾于兩虜王乎！」

「汾州之治西河，自良始也。」硃筆眉批：「汾州始治西河。」〔一〕

「史臣曰：崔休立身有本，當官著聞，朝之良也。裴儁器業位望，有可稱乎！袁翻文高價重，其當時之才秀歟？」硃筆尾批：「不知說甚！」

卷七十

「辭於洛水之南，高祖曰：與卿石頭相見。」硃筆旁批：「想得來。」

「傅永字脩期，清河人也。幼隨叔父洪仲與張幸自青州入國，尋復南奔。有氣幹，拳勇過人，能手執鞍橋，倒立馳騁。年二十餘，有友人與之書而不能答，請於洪仲，洪仲深讓之而不爲報。永乃發憤讀書，涉獵經史，兼有才筆。」「尋復南奔」旁硃筆批：「正經。」又硃筆眉批：「脩期大得叔洪仲不爲報書之力，奈何哉！奈何哉！子弟少脩期者一種憤氣。」

〔一〕此條，傅山全書初版本脱，據手稿補。

「高祖每歎曰：上馬能擊賊，下馬作露布，唯傅脩期耳。」硃筆旁批：「好是好，只是不大可找之。」

「遂與諸軍追之，極夜而返，時年七十餘矣。三軍莫不壯之。」硃筆旁批：「老傅可已矣！」

「時年踰八十。常諱言老，每自稱六十九。」硃筆旁批：「可笑！」

「傅豎眼，本清河人。七世祖伷。伷子遘，石虎太常。」末句旁硃筆批：「混帳事！」

「靈越意恆欲爲兄復讎，〔二〕而乾愛初不疑防，知乾愛嗜雞肉葵菜食，乃爲作之，下以毒藥，乾愛飯還而卒。」硃筆旁批：「此卻誤報。」

「子勛敗，靈越軍衆散亡，爲劉彧將王廣之軍人所擒，厲聲曰：我傅靈越也，汝得賊，何不卽殺」云云。硃筆眉批：「靈越直腸漢，好的。」

「敬紹頗覽書傳，微有膽力，而奢淫倜儻，輕爲殘害。又見天下多事，陰懷異圖，欲杜絕四方，擅據南鄭，令其妾兄唐崐崘扇攪於外，聚衆圍城，敬紹謀爲內應」云云。硃筆眉批：「敬紹到是有志氣人，只是做不來。」

卷七十一

「世宗之末，衍稍以出山，干祿執事。」末句旁硃筆批：「又來了。」

「子諧，頗有文學。善鼓琴，以新聲手勢，京師士子翕然從學。除著作佐郎。」「新聲手勢」旁硃筆批：「俗。」又硃筆眉批：「惡有新聲，此道不古久矣。」

〔二〕「復」，傅山全書初版本誤作「報」，據批點底本改。

「夏侯道遷，譙國人。少有志操。年十七，父母爲結婚韋氏，道遷云欲懷四方之志，不願取婦。家人咸謂戲言。及至婚日，求覓不知所在。於後訪問，乃云逃入益州。仕蕭鸞，以軍勳稍遷至前軍將軍、輔國將軍。」「逃入益州」旁硃筆批：「眞似有志意人。」又硃筆眉批：「道遷逃婚入益，逕似不可限量人，而反覆無端，亦無甚大績過人，論來還是沒正經貨。」

「隨裴叔業至壽春，爲南譙太守。兩家雖爲姻好，而親情不協，遂單騎歸國。」末句旁硃筆批：「來了。」

「肅薨，道遷棄戍南叛。」硃筆旁批：「又去了。」

「會黑死，衍以王鎮國爲刺史，未至，而道遷陰圖歸順。」末句旁硃筆批：「又來了。」

「臣頃亡蟻賊，匹馬歸闕。」「亡」字旁硃筆批：「胡。」

「於京城之西水次市地，大起園池，殖列蔬果，延致秀彥，時往遊適」云云。硃筆旁批：「者漢也解爾受用。」

「謂左右曰：吾嘗以方伯簿伍至青州，士女屬目。若喪過東陽，不可不好設儀衞，哭泣盡哀，令觀者改容也。」硃筆旁批：「俗漢。」

「子和，武定末，司空司馬。和弟亮，儀曹郎中。」硃筆眉批：「此北齊書所謂和不如亮者。」〔二〕

卷七十二

「時世宗廣訪得失，固上讜言表曰：臣聞爲治不在多方，在於力行而已。」硃筆眉批：「一片

〔二〕「齊」，傅山全書初版本誤作「齋」，據手稿改。

籠統大幘。」

「固對曰：晏嬰湫隘，流稱于今；豐屋生災，著於周易。」硃筆旁批：「夽寬饒而爲言。」

「著演蹟賦，以明幽微通塞之事，其詞曰：紹有周之遐軌兮，初錫世於河陽」云云。硃筆眉批：「濫觴之末，而格調殆欲牛毛矣！老子於此中別有振起關竅。」

「以患蹇爲福兮，痛比干之殘軀。」硃筆改「患」爲「忠」。

「以進爲無益兮，見鄂秋之專城。」「進」字旁硃筆批：「有脱文。」

「伊五嶽之塠塠兮，何四海之涓涓。」墨筆眉批：「『塠塠』、『涓涓』亦妄言。」

「練禫之後，猶酒肉不進。時固年踰五十而喪過於哀。」硃筆眉批：「五十不致毀，聖人制禮，俯而就之之章如此，豈得不可爲援？」

「長休之，武定末，黄門郎。」硃筆尾批：「北齊有傳。」〔二〕

「休之弟詮之，字子衡，少著才名，辟司徒行參軍，早爲門生所害。」硃筆眉批：「爲門生所害，奇。然不著其事，何也？」

「清河崔光韶先爲治中，自恃資地，恥居其下，聞思同還鄉，遂便去職。」硃筆旁批：「者數句如何叙？」

「世表時患背腫，乃輿病出外，呼統軍是云寶。」硃筆眉批：「姓『是』者。」

〔二〕「齊」，傅山全書初版本誤作「齋」，據手稿改。

卷七十三

「吐京胡反，自號辛支王。」硃筆眉批：「辛支王是何名義？」

「辛支輕騎退走，去康生百餘步，彎弓射之，應弦而死。」硃筆於「彎弓」上加「康生」二字。

硃筆眉批：「字有必不可少者，後世浪操觚者那得知，試看史記便了。」

「以彊弓大箭，望樓射窗，扉開卽入，應箭而斃。」硃筆旁批：「好射！」

「觀者以爲希世絕倫，弓卽表送，置之武庫。」「弓卽」旁硃筆批：「弓卽，不得文。」

「出爲撫軍將軍、相州刺史。在州以天旱，令人鞭石虎畫像。復就西門豹祠祈雨，不獲，令吏取豹舌。」墨筆眉批：「石虎之像鞭之可也。然石虎豈能爲雨？至取西門之舌，則胡人妄作，便許死矣！」

「大眼曰：『尚書不見知，聽下官出一技。』便出長繩三丈許，繫髻而走，繩直如矢，馬馳不及。」墨筆眉批：「此亦難說。」

「大眼怒，幽潘而殺之。」硃筆旁批：「正經。」又墨筆眉批：「潘失行，大眼殺之。」〔一〕

「荆人畏甑生等饒勇，不敢苦追，奔於襄陽，遂歸蕭衍。」墨筆旁批：「不知終置大眼之尸何處。」

「延伯遂取車輪去輞，削鋭其輻，兩兩接對，揉竹爲絙，貫連相屬。」硃筆旁批：「寫得不爽快明白。」

〔一〕 此條，傅山全書初版本脫，據手稿補。

「延伯不與其戰，身自殿後。」硃筆旁批：「不與其戰，自可笑。」又墨筆眉批：「不與其戰是何語？」

「延伯馳見寶夤曰：此賊非老奴敵。」硃筆旁批：「何自稱如是？」

傳末硃筆批：「戰將寫得無頓挫生氣，也令人看不起。」

卷七十四

「所居之處，曾有狗舐地，因而穿之，得甘泉焉，至今名狗舐泉。」硃筆眉批：「狗舐泉名大不嘉。」

「高祖賜爵梁郡公」，「年九十一，卒。」硃筆旁批：「老達子。」

「外兵參軍司馬子如等切諫，陳不可之理。榮曰：慫誤若是惟當以死謝朝廷。」硃筆眉批：「也還不癡。」

「又以人馬逼戰，刀不如棒。」硃筆眉批：「用捧，眞是一法。」

「榮將戰之夜，夢一人從葛榮索千牛刀」云云。硃筆眉批：「眞一大好夢。」

「榮便攘肘謂天穆曰：太后女主，不能自正，推奉天子者，此是人臣常節，葛榮之徒本是奴才，乘時作亂。」硃筆於「本是奴才」旁批：「是。」硃筆眉批：「其實好聽，也像些豪傑之言。」

「徑渡數千騎便往縛取。」硃筆旁批：「略難些了。」

「榮聞大怒，即遣其所補者，往奪其任。」硃筆旁批：「村了。」

卷七十五

「忽失其所在。兆遂策馬涉渡。」墨筆眉批：「黄河竟可策馬渡之。」

「騎叩宫門，宿衛乃覺，彎弓欲射，袍撥弦，矢不得發。」墨筆眉批：「袍撥弦，難説宿衛者人人爾耶！」

「以避步蕃之鋭，步蕃至於樂平郡，王與兆還討破之。斬步蕃於秀容之石鼓山。」硃筆眉批：「高歡本欲除兆，而又與兆共破步蕃，其事勢不得不然耶！」

「兆將數十騎詣王，通夜宴飲。」墨筆旁批：「何不即殺？」

「而仲遠摹寫榮書，又刻榮印。」硃筆眉批：「假書假印。」〔一〕

「將軍出東掖門，始覺車上無褥。」硃筆於「軍」字旁批：「車。」〔二〕

卷七十六

「盧同字叔倫，范陽涿人。」墨筆眉批：「北齊李構傳中，〔三〕盧裴訟魏收魏書云，盧同但附盧玄傳。此自有傳，非附見。」

「還轉尚書右丞，進號輔國將軍，以父諱不拜，改授龍驤。」硃筆眉批：「父名輔，而不爲輔國

〔一〕此條，傅山全書初版本脱，據手稿補。
〔二〕此條，傅山全書初版本脱，據手稿補。
〔三〕「齊」，傅山全書初版本誤作「齋」，據手稿改。

將軍。」〔一〕

「容貌魁偉，善於處世。」硃筆旁批：「是如何行事？」

卷七十七

卷七十七至八十之册封面墨筆批：「張普惠傳，議二王爲所生祖母服朞與三年。七十八卷。〔二〕侯淵頓挫疑恫韓樓于薊城事甚好筭計，不可以反覆廢也。八十卷。」

「及爲洛陽，迄於爲尹，畏憚權勢，更相承接。」硃筆旁批：「只虧了一楊小駒耳！可笑！」

「謚曰貞烈。」硃筆旁批：「此取何義？」

「太后顧謂左右曰：羊深眞忠臣也。」硃筆旁批：「扯淡死人。」

「深第七弟侃，爲太山太守，性麤武。」硃筆旁批：「侃不麤。」

「居家僮隸，對其兒不箠其父母。」硃筆旁批：「是。」〔三〕

「幼孤，事兄如父母。」硃筆改「兄」爲「兄嫂」。

卷七十八

「普惠以爲矯時太甚，與整書論之。事在刁雍傳。」硃筆旁批：「此卻在刁沖傳，也及之邵雍

〔一〕此條，傅山全書初版本脱，據手稿補。

〔二〕自「張普惠傳」至此，傅山全書初版本脱，據手稿補。

〔三〕此條，傅山全書初版本脱，據手稿補。

傳。」〔二〕

「廣陵王恭、北海王顥疑爲所生祖母服朞與三年，博士執意不同，詔羣寮會議。普惠議曰」云云。硃筆眉批：「此議亦當收之禮志。」

卷七十九

「彪行人不被主人之命。復何容獨以素服間衣冠之中」云云。硃筆眉批：「好辭令，虧他，虧他！」

「子胥，字景鸞，亦學涉，好爲文詠，但詞彩不倫，率多鄙俗。」硃筆眉批：「成胥當是山巾水靸之才。」

「劉桃符，中山盧奴人。」硃筆眉批：「侯淵傳中又有一劉桃符。」

「領寮孝廉，對策高第。」硃筆眉批：「『領寮』是何語？」

「元興世寒，因元乂之勢，託其交道，相用爲州主簿。」硃筆旁批：「是何語？該打！」又硃筆眉批：「元興後，突係以曹道、曹昇、曹昂三人，何義？何所連絡？」

「時蕭衍遣其豫章王綜據徐州，綜密信通彧，云欲歸欵」云云。硃筆眉批：「此段亦寫得委曲盡情景。」

「于時事同夜光，能不按劍。」硃筆旁批：「句其實也欠亨。」

「文欣黨重以購之。」硃筆旁批：「句有缺文。」

〔二〕此條，傅山全書初版本脫，據手稿補。

卷八十

「明日，自將百餘騎，隔水與賊相見，並且東行」云云。硃筆眉批：「此戰也好，有些擺調。」「行二十里許，便至淺可濟。」硃筆旁批：「要他來濟。」〔一〕「賊謂岳走，乃棄步兵，南渡渭水，輕騎追岳。」硃筆於「乃棄步兵」旁批：「中了。」〔二〕「去薊百餘里，值賊帥陳周馬步萬餘，淵遂潛伏以乘其背，大破之，虜其卒五千餘人。尋還其馬仗，縱令入城。」硃筆眉批：「也得此閃挫惑亂之計。」「民劉桃符等潛引暹入據西城。」硃筆眉批：「此又一劉桃符。」「時青州城人餽糧者首尾相繼。」硃筆旁批：「如是，與平貴平餽糧。」〔三〕「破胡器小謀大，終於顛蹶。」硃筆於「破胡」旁批：「勝。」〔四〕

卷八十一

卷八十一至八十六之册封面墨筆批：「李琰之小字默蠡，何義？嵎字，常景傳。常景亦可謂北方之才。平恆無佳子弟之苦，似不達者，然而達正難。徐遵明以儒學聚斂，不過刮刻受業學生耶！」

〔一〕此條，傅山全書初版本脱，據手稿補。
〔二〕此條，傅山全書初版本脱，據手稿補。
〔三〕此條，傅山全書初版本脱，據手稿補。
〔四〕此條，傅山全書初版本脱，據手稿補。

「綦儁字擲顯，河南洛陽人。」硃筆旁批：「一傳四人皆洛陽人。」

「儁故見敗氊敝被，勝更遺之錢物。」〔一〕硃筆旁批：「乞兒行逕。」

「偉司神武門，其妻從叔爲羽林隊主」云云。硃筆旁批：「『其』字指誰？」又硃筆眉批：「『其』字是偉耶？是匡耶？」

「路逢一尼，望之歎曰」云云。硃筆眉批：「一尼是何如人？」

「性好文字」云云，「而愛好文史。」硃筆旁批：「既曰好文字，又曰愛好文史。」

「與齋帥馮元興交款，元興死後積年，仁之營視其家，常出隆厚。」硃筆旁批：「者難。」

卷八十二

「李琰之字景珍，小字默蠡。」硃筆眉批：「默蠡是何取義？」

「每曰：與吾宗者，其此兒乎！」硃筆旁批：「再沒别樣話頭。」

「每休閑之際，恆閉門讀書。」硃筆旁批：「者個許你。」

「友人刁整每謂曰：卿清德自居，不事家業，雖儉約可尚，將何以自濟也？吾恐摯太常方餧於柏谷耳！」墨筆旁批：「晉書摯虞傳：從惠帝幸長安，流離鄠杜之間，轉入南山中，拾橡實食之。後得還洛，歷光祿勳、太常卿。懷帝時洛京荒亂，人饑相食，虞清貧，遂以餧卒。」

「見直道可以脩己，欲專道以邀聲。夫去聲然後聲可立，豈矜道之所宣？慮危然後安可固，豈假道之所全？是以君子鑒恃道不可以流聲，故去聲而懷道；鑒專道不可以守勢，故去勢以崇道。

〔一〕「遺」，傅山全書初版本誤作「遺」，據批點底本改。

何者？履道雖高，不得無亢；求聲雖道，不得無悔。」硃筆眉批：「句都不爽。」墨筆眉批：「求聲本不可謂道。好名之人，畢竟名耳，去道大遠。」

卷八十三

「閻毗。」題下硃筆批：「附見常氏一族。」〔一〕

「遷居大寧，行其恩信，衆多歸之。」硃筆於「其」字旁批：「其字，可能乃爾。」〔二〕

「又密爲太祖祈禱天神，請成大業。」硃筆旁批：「可笑！」

「洛陽雖經破亂，而舊三字石經宛然猶在，至熙與常伯夫相繼爲州，廢毁分用，大至頽落。」硃筆旁批：「分用做甚？」

「蓋妻與氏，以是而出。」墨筆眉批：「與氏，有姓與者。」〔三〕

「雍州廳事，有燕爭巢，鬬已累日。」硃筆眉批：「二燕爭巢。」〔四〕

卷八十四

「恆三子，竝不率父業，好酒自棄。恆常忿其世衰，植杖巡舍側崗而哭。」硃筆眉批：「人無佳

〔一〕此條，傅山全書初版本脫，據手稿補。
〔二〕此條，傅山全書初版本脫，據手稿補。
〔三〕此條，傅山全書初版本脫，據手稿補。
〔四〕此條，傅山全書初版本脫，據手稿補。

子弟之情，其中軫如此。」

「至於易訟卦天與水違行，雅曰：自葱嶺以西，水皆西流，推此而言，易之所及，自葱嶺以東耳。」硃筆旁批：「恁地講經！」

「曾謂其所親曰：觀屈原離騷之作，自是狂人，死其宜矣，何足惜也！」硃筆旁批：「狗屁！」

「注涅盤經，未就而卒。」硃筆旁批：「卻又敢於注釋經。」

「遵明每臨講坐，必持經執疏，〔一〕然後敷陳，其學徒至今浸以成俗。」墨筆旁批：「不成句！」

「李業興，上黨長子人也。」墨筆眉批：「北史傳中有邢才問業興之婦癲疾語。」

卷八十五

「衍稱之曰：曹植、陸機復生於北土。」硃筆旁批：「當不然。」〔二〕

「太尉長史宋游道收葬之，又爲集其文筆爲三十五卷。」墨筆眉批：「宋游道被邢昕之嘲，似當有芥蒂於文士者，而又能收葬子昇，集其文筆，可謂不遷怒矣！」

「事故之際，好預其間。」硃筆旁批：「無識人爾爾。」

卷八十六

「時禁制甚嚴，不聽越闕葬於舊兆。琰積三十餘年，不得葬二親。」硃筆眉批：「三十餘年不

〔一〕「執」，傅山全書初版本脫，據批點底本補。

〔二〕此條，傅山全書初版本脫，據手稿補。

葬，何必舊兆也？」

「又河東郡人楊風等七百五十人，列稱樂戶皇甫奴兄弟，雖沈屈兵伍而操尚彌高，奉養繼親甚著恭孝之稱。」硃筆眉批：「皇甫奴樂戶如何人？」

卷八十七

「門文愛，汲郡山陽人也。早孤，供養伯父母以孝謹聞。」硃筆眉批：「門文愛何不入孝友傳，而置之此。」

卷八十八

「昔楚康王欲殺令尹子南，其子棄疾爲王御士」云云，「王遂殺子南。」墨筆眉批：「棄疾聞命，卽當自殺代父豈不善？」

卷九十

「求之於情，未可喻其所以必須。」硃筆旁批：「是何語？」

卷九十一

「張淵，不知何許人。」硃筆眉批：「北史作張深，不列觀象賦。」

「乃有欽明光被，塡逆水府。」注：「昔堯遭洪水，塡星逆行，入水府。」墨筆眉批：「路史唐堯紀引此。」

「趙氏從之，果如其言，乃是鄭氏五男父也。」硃筆眉批：「奇。」〔一〕

「劉靈助，燕郡人」，「每云三月末，我必入定州，爾朱亦必滅。」墨筆眉批：「能知入定州，而不知被擒。」

「江式字法安，陳留濟陽人。」硃筆眉批：「書法。」

「又北平侯張蒼獻春秋左氏傳，書體與孔氏相類，即前代之古文矣。」硃筆旁批：「可恨不得見此等書。」

「又建三字石經於漢碑之西。」硃筆眉批：「三字石經，再不明指是何等三字。如此，則是篆書、古文、隸書三樣也。」

「高祖疾勢遂甚，戚戚不怡，每加切誚，又欲加之鞭捶。」硃筆旁批：「都是自己惹出來底。」

「顯云：案三部脈非有心疾，將是懷孕生男之象。」硃筆眉批：「王顯診法，又當勝于徐謇矣！」

卷九十二

「顧當以身少，相感長往之恨。」硃筆於末句旁批：「句不成。」〔二〕

〔一〕此條，傅山全書初版本脫，據手稿補。

〔二〕此條，傅山全書初版本脫，據手稿補。

「親姻皆求利潤，唯楊獨不欲。」硃筆眉批：「楊家癡姨。」〔一〕

「苟金龍妻劉氏，平原人也」云云。硃筆眉批：「好婆姨。」

「思遵亡，其家矜其少寡，許嫁已定，魯聞之，以死自誓。父母不達其志」云云。末句旁硃筆批：「者一對老俗狗！」

「魯乃與老姑徒步詣司徒府，自告情狀。」硃筆旁批：「金獅子。」

卷九十三

「茹皓字禽奇，舊吳人也。」硃筆眉批：「今大同有姓茹者。此與普陋茹氏別本。」

「皓性微工巧，多所興立。」硃筆眉批：「鑾子長仗。」〔二〕

「侯剛，字乾之，河南洛陽人」，「少以善於鼎俎，進餁出入。」硃筆眉批：「侯厨子。」〔三〕

「儷見其妻，唯得言家事而已。」硃筆旁批：「可笑！」

卷九十九

卷九十九至一百四之册封面墨筆批：「自序自魏無知序來，至魏子建凡七代，至收八代，〔四〕遂

〔一〕此條，傅山全書初版本脫，據手稿補。

〔二〕此條，傅山全書初版本脫，據手稿補。

〔三〕此條，傅山全書初版本脫，據手稿補。

〔四〕「八代」上，傅山全書初版本衍一「凡」字，據手稿删。

歷西東兩漢、三國、晉五百年耶？歆明明爲漢鉅鹿守，而『家』下再不叙某某，如悅爲三百餘年人，何也？」

「神麚中，遣尚書郎宗舒、左常侍高猛朝貢，上表曰」云云。硃筆眉批：「者老胡慅地麻煩圪喃，不知說了個甚。」

「李與牧犍姊共毒公主，上遣解毒醫乘傳救公主得愈。」硃筆於末句旁批：「多少遠近，如何得救？」〔一〕

卷一百

「其母以物裹之，置於暖處，有一男破殼而出。」硃筆眉批：「人有卵生，此一證也。」

卷一百一

「遣將舉兵襲梁州，破白馬，遂有漢中之地。」硃筆眉批：「前已云遂有漢中之地，而此又云遂有，云之何？」

「初公主勤保宗反」云云。硃筆眉批：「者公主不俗。」

「今以葉延付汝，竭股肱之力以輔之。」硃筆旁批：「吐延那得知『竭股肱之力』五字文句！」

「吾爲公孫之子，案禮，公孫之子得以王父字爲氏。」硃筆旁批：「那裏醒得此！」

〔一〕此條，傅山全書初版本脫，據手稿補。

「詔陽平王新成、〔二〕建安王穆六頭等出南道。〔三〕」硃筆眉批：「穆六頭是甚名字？」

「遣其侍郎時眞貢方物，提上表稱嗣事。」硃筆旁批：「『提』字何？」

「亦云其地有漢時高昌壘，故以爲國號。」硃筆旁批：「此近似。」

「又遣使奉表自以邊遐，不習典誥，求借五經諸史。」硃筆旁批：「高興。」

卷一百三

「長孫肥輕騎追之，至上郡跋那山。」硃筆旁批：「此山與前跋那是二。」

卷一百四

「漢初，魏無知封高良侯。子均。均子恢。恢子彥。彥子歆，字子胡，幼孤，有志操，博洽經史，成帝世位終鉅鹿太守，仍家焉。歆子悅，字處德」，「悅子子建，字敬忠。」墨筆眉批：「自漢初魏無知至成帝時之魏歆共五世，猶可也。而自歆子悅以來，歷東漢、三國、晉，當多少年代耶？悅遂爲魏之湯陰太守，不知魏悅之年□□四百歲耶？何疎漏？豈或書有訛脫？」

「二子：收、祚。」墨筆眉批：「此傳後再不言祚始末。」

〔二〕「王」，傅山全書初版本脫，據批點底本補。

〔三〕「出」，傅山全書初版本脫，據批點底本補。

卷一百五之四

「是時梁武帝年已七十矣，怠於聽政，專以講學爲業，故皇天殷勤著戒。」墨筆眉批：「梁專以講學爲業，此句惱殺道學先生。」

卷一百六上

「鉅鹿郡，領縣三：曲陽、槀城、鄡。」硃筆眉批：「『鄡』字不成字，本『鄡』字也。」

「太原郡：晉陽，有晉王祠、梗陽城。同過水，出木瓜嶺。」硃筆眉批：「同過今作洞渦。」

「中都，壽陽城、平譚城。」硃筆眉批：「平譚卽今在平定州界者。」

「沾，有夾山。豫水出得車嶺，西北入汾。」硃筆改「沾」爲「沾」。硃筆眉批：「以今考之，沾之豫水出得車嶺，西北入汾者，須是今之所謂小河川者乃得入汾，餘不可入汾也。」

「受陽，眞君九年罷樂平，屬。有大陵城。」硃筆旁批：「今之文水云是大陵。」

「永安郡：陽曲，二漢、晉屬太原，永安中屬。有羅陰城。」硃筆眉批：「洛陰訛作羅陰久矣！」

「梁城郡：參合。」墨筆眉批：「參合，桓帝立碑參合陂西。」

卷一百七上

卷一百七上至一百八之一之册封面墨筆批：「律曆，此志亦詳。簽錯帖『後漢』字。」

「推正四卦術曰：因冬至大小餘，即坎卦用事日」，「秋分，即兑卦用事日。」墨筆眉批：「易卦坎、震、離、兑，爲二至二分用事。」

卷一百八之四

「延昌二年春，偏將軍乙龍虎喪父，給假二十七月」云云，「三公郎中崔鴻駁曰：三年之喪，二十五月大祥。」硃筆眉批：「崔鴻但當云龍虎粗人，不諳禮教，如未云云則得。若硬與元珍駁辯，則龍虎不足較，而鴻亦爲人子者，何得遽違凶事，尚遠日之情？護前遂非，辨論之下往往爾。」「龍虎欲宿衞皇宫，豈欲合刑五歲。」硃筆於前句旁批：「着急拉題目護前。」〔一〕

卷一百一十

「有其京邑二市，天下州鎮郡縣之市，各置二稱，懸於市門。」硃筆眉批：「懸稱市門亦瑣碎多羅。」

卷一百一十一

「回轉賣於鄃縣民梁定之而不言良狀。」硃筆旁批：「自是回有罪。」

「此女雖父賣爲婢，體本是良」云云。硃筆眉批：「本自明白易見一事，而亂嚷。」

〔一〕此條，傅山全書初版本脱，據手稿補。

「前人謂眞奴婢，更或轉賣。」硃筆於「前人」旁批：「後買之。」〔一〕

「若羊皮下云賣，則回無買心。」硃筆改「下」爲「不」。〔二〕

「既一爲婢。賣與不賣，俱非良人。何必以不賣爲可原，轉買爲難恕？」硃筆旁批：「此亦有些分別。」〔三〕

「賣子葬親，孝誠可美。」硃筆旁批：「是了！是了！」

卷一百一十二上

「正光元年九月，沃野鎭官馬爲蟲入耳，死者十四五。」硃筆眉批：「馬爲蟲，是何等蟲？」〔四〕

卷一百一十三

「普陋茹氏，後改爲茹氏。」硃筆尾批：「今雲中有茹姓。」

「太和十九年詔曰」：「其穆、陸、賀、劉、樓、于、嵇、尉八姓。皆太祖已降，動著當世，位盡王公。」硃筆眉批：「咸陽王禧傳曰：于時王國舍人應取八族及清脩之門。八族不知何指。」

〔一〕此條，傅山全書初版本脫，據手稿補。

〔二〕此條，傅山全書初版本脫，據手稿補。

〔三〕「分別」上，傅山全書初版本衍一「不」字，據手稿删。

〔四〕此條，傅山全書初版本脫，據手稿補。

卷一百一十四

「弟子積薪焚其屍，骸骨灰燼，唯舌獨全，色狀不變。」墨筆眉批：「舌不壞。」〔二〕

「開殯儼然，初不傾壞。」硃筆旁批：「此不足異。」

「後四年，浩誅，備五刑，時年七十。」墨筆眉批：「僧之事道者，亦爭滅佛法。」

「佛法之滅，沙門多以餘能自效，還俗求見。」墨筆眉批：「求見何義？」「見」旁墨筆批：「免。」

「歷覩先世靈瑞，乃有禽獸易色，草木移性。」硃筆旁批：「此何引語？」

「北藥治慎喪，未容即赴，便準師義，哭諸門外，績素之。」首句旁硃筆批：「此何說？」末句旁硃筆批：「三字何義？」墨筆眉批：「北藥治不知其説。」

「三日已後，稍縮，至歛量之，長六寸。」硃筆旁批：「奇。」〔三〕

〔二〕此條，傅山全書初版本脱，據手稿補。

〔三〕此條，傅山全書初版本脱，據手稿補。

卷一百二 北齊書批注〔一〕

目錄

卷一：「神武上。」墨筆下批：「歡。十四年，年五十二。」
卷三：「文襄。」墨筆下批：「澄。李密見紀。」
卷四：「文宣。」墨筆下批：「洋。」
卷五：「廢帝。」墨筆下批：「殷。」
卷六：「孝昭。」墨筆下批：「演。」
卷七：「武成。」墨筆下批：「湛。」
卷八：「後主。」墨筆下批：「緯。」
「幼主。」墨筆下批：「恆。」
卷二十二：「盧文偉。」硃筆下批：「詢祖。」
卷三十一：「王昕。」墨筆下批：「昕字元景。」

〔一〕此篇據山西博物院藏批點手稿整理。批點底本爲明萬曆二十四年刊本。由王小蓉釋文，谷錦秋校補。重複書中詞句的批語未錄。

卷三十五：「李構。」硃筆下批：「李庶。」〔一〕

卷四十六：「孟業。」硃筆下批：「姓名同漢人。」

卷一

「又蒼鷹嘗夜欲入，有青衣人拔刀叱曰」云云。「青衣人」旁墨筆批：「所謂涎臉鬼也。」

「兆奔荆州。仲遠奔梁州。」墨筆改「荆」爲「幷」。

「尒朱兆大掠晉陽，北保秀容。幷州平」。硃筆旁批：「前云兆奔荆州，此何又在幷州？」又墨筆旁批：〔二〕「前荆州當差。」

「時司空高乾密啓神武，言魏帝之貳，神武封呈」云云。硃筆旁批：「此節險詐。」

卷二

「陛下一旦賜疑，令猖狂之罪，尒朱時計。」〔三〕硃筆旁批：「句有欠缺。」

「西人鼓譟而進，軍大亂，棄器甲十有八萬。神武跨橐駝，候船以歸。」硃筆旁批：「賀六渾亦有此狼狽。」

「西師盡銳來攻，衆潰，神武失馬，赫連陽順下馬以授神武，與蒼頭馮文洛扶上俱走，從者步騎

〔一〕此條，傅山全書初版本脱，據手稿補。

〔二〕此句，傅山全書初版本脱，據手稿補。

〔三〕「計」，傅山全書初版本作「討」。此處依批點底本。

六七人。」硃筆旁批：「又一遭。」
「追騎至，親信都督尉興慶曰：王去矣，興慶腰邊百箭，足殺百人。」硃筆眉批：「尉興慶，好漢！」
「有星墜於神武營，衆驢并鳴，士皆讋懼。」墨筆眉批：「衆驢并鳴，難説營中全無馬耶，如何但説驢？」
「侯景素輕世子，嘗謂司馬子如曰：王在，吾不敢有異；王無，吾不能與鮮卑小兒共事。」硃筆旁批：「賊也是話。」
「五年正月朔，日蝕，神武曰：日蝕其爲我耶，死亦何恨！」墨筆眉批：「豈有日蝕爲高歡之理？」
卷末硃筆尾批：「短行事，在呈高乾啓一節。老鮮卑亦大歹漢。」

卷三

「每山園游燕，必見招攜，執射賦詩，各盡其所長，以爲娱適。」硃筆旁批：「鮮卑兒解此。」
「乃遣景書曰」云云。墨筆眉批：「書逕款曲。」
「景報書曰」云云。墨筆眉批：「侯景報書更好。」
「去危就安，今歸正朔；轉禍爲福，已脱網羅。」硃筆旁批：「反覆兇奴，亦知援此。」
「王怒曰：『朕！朕！狗脚朕！』使崔季舒毆之三拳，奮衣而出。」硃筆旁批：「是甚模樣！」

「東魏主不堪憂辱，詠謝靈運詩曰：韓亡子房奮，秦帝魯連恥，本自江海人，忠義感君子。」硃筆眉批：「胡王都恁地解誦讀。」

「數日前，崔季舒無故於北宮門外諸貴之前誦鮑明遠詩曰：〔一〕『將軍既下世，部曲亦罕存。』聲甚凄斷，淚不能已，見者莫不怪之。」硃筆眉批：「崔季舒也記得鮑詩。」

卷四

「世宗每嗤之，云：此人亦得富貴，相法亦何由可解？」硃筆旁批：「獃話。」

「武定七年八月，世宗遇害，事出倉卒，内外震駭。帝神色不變，指麾部分，自臠斬羣賊而漆其頭，徐宣言曰：『奴反，大將軍被傷，無大苦也。』當時内外莫不驚異焉。」末句旁硃筆批：「可笑語往往作塡絮。」

「遯矣炎方，逋違正朔，懷文曜武，授略申規，淮楚連城，灌然桑落，此又王之功也。」硃筆眉批：「『桑落』又如此用，逕似杜撰。」

「有樂淳風，相儁叩款。」硃筆改「儁」爲「攜」。〔二〕

「故百僚師師，朝無秕政，綱疏澤洽，率主歸心。」硃筆改「主」爲「土」。〔三〕

「是日，京師獲赤雀，獻於南郊。」硃筆旁批：「可笑！」

〔一〕「北」，傅山全書初版本誤作「此」，據批點底本改。

〔二〕此條，傅山全書初版本脱，據手稿補。

〔三〕此條，傅山全書初版本脱，據手稿補。

「又詔封崇聖侯邑一百戶，以奉孔子之祀，幷下魯郡以時修治廟宇，務盡褒崇之至。」硃筆眉批：「道學先生手額。」

「又詔封宗室高岳爲清河王」云云。硃筆眉批：「宗室凡十王。」

「又詔封功臣厙狄干爲章武王」云云。硃筆眉批：「功臣七王。」

「癸未，詔封諸弟青州刺史浚爲永安王」云云。硃筆眉批：「諸弟十三王。」

「八月，詔郡國修立黌序，廣延髦儁，敦述儒風。」硃筆旁批：「哄老教一著。」

「石樓絕險，自魏世所不能至。」硃筆眉批：「石樓有何不能至？」

「銅馬、鐵脛之徒，黑山、青犢之侶，梟張晉、趙，豕突燕、秦，綱紀從兹而頽，彝章因此而紊。」硃筆旁批：「眞正妄掉書袋！」

「且五嶺内賓，三江迴化，拓土開疆，利窮南海。」硃筆旁批：「搗鬼！」

「是月，帝在城東馬射，勑京師婦女悉赴觀，不赴者罪以軍法，七日乃止。」硃筆旁批：「是甚法？」

「冬十月乙亥，陳霸先弑其主方智自立，是爲陳武帝，遣使稱藩朝貢。」末句旁硃筆批：「又何必？」

「親戚貴臣，左右近習，侍從錯雜，無復差寺。」硃筆改「寺」爲「等」。又硃筆旁批：「次。」

「徵集淫嫗，分付從官，朝夕臨視，以爲娛樂。」硃筆旁批：「胡兒。」又硃筆眉批：「何故忽於甘露寺禪居深觀時鋪眉苫眼？」

「窮理殘虐，盡性荒淫。」墨筆眉批：「窮理盡性如此用！」

卷五

「文宣每言太子得漢家性質」云云。硃筆旁批：「是何説？」

「七年冬，文宣召朝臣文學者及禮學官於宫宴會，令以經義相質，親自臨聽。」硃筆旁批：「又何須此耶？」

「後文宣登鳳壹，召太子使手刃囚。」硃筆旁批：「真胡幹！」

「以常山王地親望重」云云。墨筆旁批：「即孝昭演。」

「仍白孝昭，以王當晷。」硃筆改「晷」爲「咎」。

卷六

「順成后本魏朝宗室，文宣欲帝離之，陰爲帝廣求淑媛，望移其寵。」「文宣欲帝離之」旁硃筆批：「何也？」

「諸郡國老人各授版職，賜黄帽鳩杖。」硃筆旁批：「是如何制度？」

「癸丑，有司奏太祖獻武皇帝廟宜奏武德之樂，舞昭烈之舞」云云。硃筆眉批：「禮樂有甚，正經如此？」

「故太師高乾」云云，「十三人配饗太祖廟庭。」「高乾」旁硃筆批：「此難爲。」〔二〕

〔二〕「爲」，傅山全書初版本誤作「得」，據手稿改。

「二年春正月辛亥，祀圓丘。壬子，禘於太廟。」硃筆旁批：「禮也，無可奈何。」

「孝昭早居臺閣，故事通明，人吏之間，無所不委。」硃筆改「委」爲「悉」。

卷八

「後主諱緯，字仁綱，武成皇帝之長子也。母曰胡皇后。夢於海上坐玉盆，日入裙下，遂有娠。」〔一〕墨筆眉批：「如此貨也有斯夢。」

「戊午，延宗從衆議卽皇帝位於晉陽。」硃筆旁批：「如何便帝？」

「性懦，不堪人視，乃有卽忿責。」硃筆旁批：「是何句？」

「文宣因累世之資，膺樂推之會，地居當璧，遂遷魏鼎，懷譎詭非常之才，運屈奇不測之智。」末句旁硃筆批：「不知指何。」

「然其太行、長城之固自若也，江淮、汾晉之險不移也，帑藏輸稅之賦未虧也，士庶甲兵之衆不缺也。」硃筆眉批：「老套。」

卷九

「濟南卽位，尊爲太皇太后。尚書令楊愔等受遺詔輔政，疎忌諸王。太皇太后密與孝昭及諸大將定策誅之，下令廢立。」硃筆旁批：「據此，則常山、長廣之舉似先有處分。」

〔一〕「娠」，傅山全書初版本誤作「孕」，據批點底本改。

「及天保六年，文宣漸至昏狂，乃移居於高陽之宅，而取其府庫，曰：『吾兄昔姦我婦，我今須報。』乃淫於后。」硃筆旁批：「狗婢。」

「以葛爲絙，令魏安德主騎上，使人推引之，又命胡人苦辱之。」硃筆旁批：「此何等戲？」

「武成踐祚，逼后淫亂。」硃筆旁批：「天理！」

「帝橫刀詬曰：『爾殺我女，我何不殺爾兒！』對后前築殺紹德。后大哭，帝愈怒，裸后亂撾撻之，號天不已。」硃筆旁批：「早知殺兒，何不當初？」

「武成寵幸和士開，每與后握槊，因此與后姦通。」硃筆旁批：「天理又一變。」

「齊亡入周，恣行姦穢。」硃筆旁批：「有志竟成。」

「又遣商胡賫錦綵三萬疋與弔使同往，欲市眞珠爲皇后造七寶車，周人不與交易，然而竟造焉。」末句旁硃筆批：「此句如何說？」

「后既以陸爲母，提婆爲家，更不採輕霄。輕霄後自療面，欲求見太后。」硃筆眉批：「『療面』何義？」

卷十

「李盛列左右，引文洛立於階下，數之曰：遭難流離，以至大辱，志操寡薄，不能自盡，幸蒙恩詔，得反藩闈。汝是誰家孰奴，猶欲見侮！」硃筆眉批：「駡也遲了。」

「周師入鄴，亮於啟夏門拒守。諸軍皆不戰而敗，周軍於諸城門皆入，亮軍方退走。」「周軍」句旁硃筆批：「句法如此隹。」

「任城王湝，神武第十子也。」墨筆眉批：「熊安生傳中有任城王鞭宗道暉事，不知何緣鞭也。」

「天統三年，拜太保、并州刺史，別封平正郡公。」硃筆眉批：「任城王又別封平正郡公。」〔一〕

「時有婦人臨汾水浣衣，有乘馬人換其新靴馳而去者，婦人持故靴，詣州言之」云云。硃筆旁批：「當時男女皆着靴，且女靴而男子逕着去，其脚可知。」

「其妃父護軍長史張晏之，嘗要道拜湜，湜不禮焉。」硃筆眉批：「婦翁道拜不禮。」〔二〕

「凝諸王中最爲孱弱，妃王氏，太子洗馬王洽女也，〔三〕與蒼頭姦，凝知而不能限禁。」硃筆旁批：「賢王。」

「馮翊王潤，字子澤，神武第十四子也。」硃筆眉批：「馮翊王別封文成郡公。」〔四〕

卷十一

「孝瑜容貌魁偉，精彩雄毅，謙慎寬厚，兼愛文學，讀書敏速，十行俱下，覆棊不失一道。」硃筆眉批：「鮮卑兒恁聰敏。」

「又作朝士圖，亦當時之妙絕。」硃筆旁批：「當時之妙絕，不成話。」

「乃求出拒西軍，謂阿那肱、韓長鸞、陳德信等云：朝廷不賜遣繫賊，豈不畏孝珩反耶？孝瑜

〔一〕此條，傅山全書初版本脫，據手稿補。

〔二〕此條，傅山全書初版本脫，據手稿補。

〔三〕「也」，傅山全書初版本誤作「女」，據批點底本改。

〔四〕此條，傅山全書初版本脫，據手稿補。

破宇文邕，遂至長安，反時何與國家事？」墨筆眉批：「前孝瑜傳中無破宇文邕。」

「爲定州刺史，於樓上大便，使人在下張口承之。」硃筆旁批：「縠奴！」

「武成覆臥延宗於地，馬鞭撾之二百，幾死。」硃筆旁批：「不殺，也還有骨肉恩義。」

「後主謂近臣曰：我寧使周得并州，不欲安德得之。」硃筆旁批：「人情自有此。」

「周武誣後主及延宗等，云遥應穆提婆反，使并賜死。皆自陳無之，廷宗攘袂，泣而不言。皆以椒塞口而死。」硃筆旁批：「一般死訖。」

卷十二

「紹義聞范陽城陷，素服舉哀，迴軍入突厥。周人購之於他鉢，又使賀若誼往說之。他鉢猶不忍，遂僞與紹義獵於南境，使誼執之。」硃筆旁批：「達子也要爾轉彎賣人。」

「是夜四更，帝召儼，儼疑之。陸令萱曰：兄兄喚兒，何不去？」墨筆眉批：「兄兄，前云云父兄兄。」

「桃枝以袖塞其口，〔二〕反袍蒙頭負出，至大明宮，鼻血滿面，立殺之，時年十四。」硃筆旁批：「十四歲卽能殺和士開，原是好鮮卑兒子也。」

「有遺腹四男，生數月皆幽死。」硃筆旁批：「十四歲卽有四遺腹男，也怪事！」

〔二〕「袖」，傅山全書初版本誤作「袂」，此處依批點底本。

卷十三

「尋亂高祖後庭」云云。硃筆旁批：「是何舉動？」

「高祖責罰之，因杖而斃。」硃筆旁批：「該死。」

「贈使持節、侍中、都督冀定滄瀛幽殷幷肆雲朔十州諸軍事、驃騎大將軍、冀州刺史、太尉、尚書令，謚曰貞平。」硃筆旁批：「又何必？」

「出至永巷，遇兵被執，送華林園，於雀離佛院令劉桃枝拉而殺之，時年三十六。」硃筆眉批：「此實死於婁定遠之賣。此事在婁昭傳。」

「怪其神異，詣卜者筮之，遇乾之大有，占之曰吉，易稱『飛龍在天，大人造也』，飛龍九五大人之卦，貴不可言。」墨筆眉批：「此爻高歡亦當不得。」

「岳自討寒山、長社及出隨、陸，幷有功績，威名彌重。而性華侈，尤悅酒色，歌姬舞女，陳鼎擊鐘，諸王皆不及也。」硃筆改「績」爲「績」。又硃筆眉批：「功名人何妨爾！」

「顯祖聞而惡之，漸以疎岳。仍屬顯祖召鄴下婦人薛氏入宮。」硃筆旁批：「『仍屬』二字何爲？」

「勱，字敬德，夙智早成，爲顯祖所愛。年七歲，遣侍皇太子，後除青州刺史。」硃筆旁批：「如此孩子，便令作刺史，是何法？」又硃筆眉批：「七歲刺史。」〔二〕

〔二〕 硃筆眉批文字，傅山全書初版本脫，據手稿補。

卷十四

殺。「上樂王思宗。子元海。」硃筆改「樂」爲「洛」。又題下硃筆批：「元海爲武成畫三策也不可抹殺。若武成用第三策，豈可量，豈可量！」

「永樂守河陽南城，昂走趣城，西軍追者將至，永樂不開門，昂遂爲西軍所擒。」硃筆旁批：「害殺了。」

「先是童謠云：『中興寺内白梟翁，四方側聽聲雍雍，道人聞之夜打鐘。』時丞相府在北城中，〔一〕卽舊中興寺也。梟翁，謂雄雞，蓋指武成小字步落稽也。」硃筆眉批：「『梟翁』如此解，實難爲人。」

「元海達旦不眠，唯遶牀徐步。夜漏未曙，武成遽出」云云。硃筆眉批：「莫謂高元海無才智。」

「思好本浩氏子也，思宗養以爲弟，遇之甚薄」云云。硃筆眉批：「思好舉動不差，只是做不成了。」

「後主時，斫胥光弁奉使至州」云云。硃筆眉批：「斫胥光弁是何等名字？」

「思好軍敗，與行思投水而死。其麾下二千人，桃枝圍之，且殺且招，終不降以至盡。」末句旁硃筆批：「又何也？」

「初濟南自晉陽之鄴，楊愔宣勅，留從駕五千兵於西中，陰備非常。至鄴數日，歸彥乃知之，由

〔一〕「北」，傅山全書初版本誤作「此」，據批點底本改。

是陰怨楊、燕。」硃筆旁批：「有何可怨？」

「伏護，字臣援。」硃筆眉批：「伏護，忽律羨子亦名伏護。」

卷十五

「初，泰母夢風雷暴起」云云。硃筆眉批：「如此一虜，得也有爾吉兆？」

「子世辯嗣。周師將入鄴，令辯出千餘騎覘候」云云。硃筆眉批：「尉世辯逕似一蠻子。」

「魏孝武將貳於神武，昭以疾辭還晉陽。從神武入洛，兗州刺史樊子鵠反，以昭爲東道大都督，討之。子鵠既死，諸將勸昭盡捕誅其黨。」墨筆眉批：「樊子鵠事見魏書。魏孝武東避高歡而西死于宇文泰。樊子鵠閉城應孝武，似于魏爲忠，然不知孝武既西于兗州，勢遙遠不接，且孝武亦是混帳人，如三從妹不嫁事。亦不足爲之應。」

「初定遠弟季略，穆提婆求其伎妾，定遠不許。」硃筆旁批：「此句何句？」

「還爲定州刺史，不閑吏事，事多擾煩，然清約自居，不爲吏人所患。」硃筆旁批：「既云事多擾煩，又云不爲吏人所患。」

「晉明有俠氣」云云，「告人云：廢人飲美酒，對名勝，安能作刀筆吏返披故紙乎！」硃筆眉批：「韓晉明逕解人。」

卷十六

「時攻鄴未克，所須軍資，榮轉輸無闕。」「轉輸」旁硃筆批：「功。」

「六月，詔遣辯士喻白額禍福，白額於是開門請盟。詔與行臺辛術等議，且爲受盟。盟訖，度白額終不爲用，因執而斬之。」末句旁硃筆批：「詐毒之著，豈是常法？」

「突厥從北結陣而前，〔二〕東距汾河，西被風谷。」硃筆眉批：「風谷今在太原縣西，俗曰風峪口。」

「孝言雖黷貨無厭，恣情酒色，然舉止風流，招致名士，美景良辰，〔三〕未嘗虚棄，賦詩奏伎，畢盡歡洽。」硃筆旁批：「此老夫所謂俗雅人也，殊勝雅俗人。」

卷十七

「高祖起義」云云，「尋進爲侯，行律州刺史。」硃筆改「律」爲「肆」。

「光以上將之子，有沈毅之姿，戰術兵權，暗同韜略，臨敵制勝，變化無方。」「變化」旁硃筆批：「何指？」

卷十八

「時魏京兆王愉女平原公主寡居，騰欲尚之，公主不許。」硃筆旁批：「婦人不願意，則索罷焉耳。」

〔二〕「北」，傅山全書初版誤作「此」，據批點底本改。
〔三〕「辰」，傅山全書初版誤作「長」，據批點底本改。

「高隆之字延興」云云。墨筆眉批：「北史：『高隆之以貲升爲事。』『貲升』不知爲何事。」

「及世宗崩，隆之啓顯祖，并欲害之。」硃筆旁批：「何也？」

「初，隆之見信高祖，性多陰毒，睚眦之忿，無不報焉。」硃筆眉批：「陰毒終自受之。」

司馬子如傳上硃筆眉批：「此著不可以人廢。」

「時世雲母弟在鄴，便傾心附景。」硃筆旁批：「眞賊。」

「世宗猶以子如恩舊，免其諸弟死罪。」硃筆旁批：「自應爾。」

「好讀太玄經，注楊雄蜀都賦。每云：『我欲與楊子雲周旋。』齊亡，遂以利疾終，時年七十一。」墨筆眉批：「司馬膺之之痢定是勞利，〔二〕看注蜀都賦一部可知。」

卷十九

「賀拔允，字可泥。」硃筆眉批：「可泥是甚？」

「天平元年，乃賜死，時年四十八，高祖親臨哭之。」硃筆旁批：「誰賜死？謂允？謂勝？」

又硃筆旁批：「不知哭勝耶？哭誰耶？句不明白。」

「昔漢明帝時，西域以白馬負佛經送洛，因立白馬寺，其經函傳在此寺，形制淳朴，世以爲古物，歷代藏寶。賢無故斫破之，未幾而死，論者或謂賢因此致禍。」硃筆眉批：「壞白馬寺經函，有何趣？」又墨筆尾批：「且莫說藏經，卽一多年舊物，必欲破之，何風裁之是竊？」

「勑令其二子孔雀承襲。」墨筆眉批：「高孔雀可對麗蒼鷹。」

〔二〕「定」，傅山全書初版本脫，據手稿補。

「高祖班師，延殿後，且戰且行，一日斫折刀十五口。」硃筆旁批：「也是賴刀。」

「牒舍樂，武成初開府儀同三司」云云。〔一〕硃筆眉批：「牒舍樂又見慕容儼傳。」

「賀拔允以昆季乖離，處猜嫌之地，初以舊望矜護，而竟不護令終，此於吳、蜀之安瑾、亮，方知器識之淺深也。」硃筆旁批：「胡比。」

卷二十

「今揣其情，已同困獸，若不與其戰，而逕趣咸陽，咸陽虛空，可不戰而剋。拔其根本，彼無所歸，則黑獺之首懸於軍門矣。」硃筆眉批：「斛律羨逕趣咸陽有計。」

「孝卿便詣鄴城，〔二〕歸於周武帝。」硃筆旁批：「好賁亹人。」

「梁以元慶和爲魏王，侵擾南境。」硃筆旁批：「也應如此打諢。」

「贈青，齊二州軍事，司空，青州刺史，謚曰烈懿。」「烈懿」旁硃筆批：「何取？」

「丞相府記室孫搴屬紹宗以兄爲州主簿，紹宗不用。搴譖之於高祖」云云。硃筆眉批：「孫搴請屬不行而譖慕容紹宗，胸棘一斑。」

「梁武帝遣其兄子貞陽侯淵明等率衆十萬」云云。〔三〕「淵明」上硃筆加「蕭」字。

「長廣王暉立。」硃筆旁批：「又作曄。」

〔一〕「初」，傅山全書初版本脱，據批點底本補。
〔二〕「孝」，傅山全書初版本誤作「少」，據批點底本改。
〔三〕「兄」，傅山全書初版本脱，據批點底本補。

「父叱頭，魏南頓太守，身長一丈，腰帶九尺。」硃筆旁批：「好漢。」

「築郭默、若邪二城。」硃筆眉批：「晉書：郭默爲北中郎將，監淮北諸軍事。蘇峻之亂，郄鑒議於曲阿北大業里作壘，以分賊勢，使默守之。此城不知在何所。」

「鄙吝愚狠，無治民政術。及居州任，專事聚斂。性又嚴酷，不識士流。開府參軍多是衣冠士族，伏連加以捶撻，逼遣築牆。」硃筆眉批：「武漢自來如此。」

卷二十一

「孝昌末，葛榮作亂於燕、趙，朝廷以翼山東豪右，卽家拜渤海太守。」硃筆旁批：「如此起家亦大容易。」

「尒朱兄弟，性甚猜忌，忌則多害，汝等宜早圖之。先人有奪人之心，時不可失也。」硃筆旁批：「憑空爾說，修書者恁地酘塗。」

「於是招納驍勇，以射獵自娛。」硃筆旁批：「此等舉動，正難罷手。」

「旣去内侍，朝廷罕所關知，居常怏怏。」硃筆旁批：「便眼裏火了。」

「高祖便取乾前後數啓論時事者，遣使封送武帝。」硃筆旁批：「害殺了，害殺了！」

「兄乾被殺，乃將十余騎奔晉陽，歸於高祖。」硃筆旁批：「若論乾見殺之由歡，其仇也，又何歸？」

「白魏帝賜消難美酒數石，珍羞十輿，並令朝士與季式親狎者，就季式宅讌集。」硃筆眉批：「幫襯得大韻致。」

「少粗獷無賴，結輕險之徒共爲賊盜，鄉里患之。」硃筆改「鄉」爲「鄉」。
「于時朝議以爾朱榮佐命前朝，宜配食明帝廟庭。」硃筆旁批：「不知説甚。」
「子繪字仲藻，小名搔。」硃筆眉批：「封搔，北齊小名搔者三人。」又墨筆眉批：「小名搔，後李元忠子名搔。」
「露其啓疏，假手天誅，枉濫之極，莫過於此。」硃筆眉批：「『枉濫』兩字不當。」「露其啓疏」旁墨筆批：「謂高乾事。」「枉濫之極」旁硃筆批：「險毒。」

卷二十二

「初元忠以母老多患，乃專心醫藥，研習積年，遂善於方技。」硃筆眉批：「元忠解醫，書多不載。」
「元忠宗人愍，字魔憐，形兒魁傑。」硃筆改「兒」爲「皃」。
「天平二年，卒。贈使持節、定殷二州軍軍。」硃筆改「軍軍」爲「軍事」。
「父敞，出後伯假」硃筆眉批：「『盧假，以『假』爲名。」
「靈助克瀛州，留文偉行事，自率兵赴定州。」「自率兵」上硃筆加「靈助」二字。
「爲爾朱榮將侯深所敗。」硃筆旁批：「何必又云爾朱榮將侯深云云？」
「詢祖初襲爵封大夏男，有宿德，朝士謂之曰：大夏初成。」硃筆眉批：「可見此『夏』字當讀爲『厦』。」
「既有口辯，好臧否人物，嘗語人曰：『我昨東方未明，過和氏門外，已見二陸兩源，森然與槐柳齊列。』蓋謂彥師、仁惠與文宗、那延也。」墨筆眉批：「陸彥師，見陸俟傳。仁惠，名寬，見北史陸俟傳。源文宗，名彪，四十三卷有傳。那延，名楷，見彪傳中。」

「中書舍人馬士達目其彈箜篌女妓云：『手甚纖素。』宗道即以此婢遺士達」云云。硃筆旁批：「眞豪舉。」又硃筆眉批：「宗道以箜篌女妓遺馬士達。」〔一〕

「勇進觀形勢，於是率百騎，各籠一匹馬，至大隗山。」墨筆眉批：「中次七經有大騩之山。中次十一經又有大騩之山。」

「義深見爾朱兆兵盛，遂叛高祖奔之。」「爾朱兆」旁硃筆批：「俗人。」

「兆平，高祖恕其罪。」硃筆旁批：「難遇。」

卷二十三

卷二十三至三十二之册封面墨筆批：「崔暹爲子連挐作名頭，可笑。」

「將葬常山郡境，先有董卓祠，祠有栢樹」云云。硃筆眉批：「董卓亦有祠。」

「以美女十人嘗蘭根。」硃筆改「嘗」爲「賞」。

「蘭根聞其計，遂密告爾朱世隆。」硃筆旁批：「何也？」

「㥄曰：〔二〕『若其明聖，自可待我高王，徐登九五。旣爲逆胡所立，何得猶作天子。若從儁言，王師何名義舉？」硃筆旁批：「名爲逆胡所立，誠不得作天子。然此言殊私意。」

〔一〕硃筆眉批文字，傅山全書初版本脫，據手稿補。

〔二〕「㥄」，傅山全書初版本誤作「悛」，據批點底本改。

「尋以貪汙爲御史糾劾，因逃還鄉里。」硃筆旁批：「甚行逕？」

「悛曰：收輕薄徒耳。」硃筆改「悛」爲「㥄」。

「㥄每以籍地自矜，謂盧元明曰」云云。硃筆眉批：「盧元明帷簿大難過。」

「瞻字彥通，聰朗强學，有文情，善容止，神采嶷然，言不妄發。年十五，刺史高昂召署主簿，清河公岳辟爲開府西閤祭酒。崔暹爲中尉，啓除御史、以才望見收，非其好也。」硃筆眉批：「暹旣恨㥄，而能啓㥄之子爲御史。」

「明日，裴自攜匕筯，恣情飲噉。」硃筆旁批：「也是好大老臉人。」

「瞻方謂裴云：我初不喚君食，亦不共君語，君遂能不拘小節。昔劉毅在京口，冒請鵝炙，豈亦異於是乎？君定名士。」末句旁硃筆批：「亦未可知。」

卷二十四

「嘗服棘刺丸，李諧等調之曰：『卿棘刺應自足，何假外求？』坐者皆笑。」硃筆眉批：「北史：搴使溫子昇發誓事可笑，此不載。」

「世宗家蒼頭奴蘭固成先掌廚膳，甚被寵昵。」硃筆眉批：「蘭固成，澄傳作蘭京。」

「相府法曹辛子炎諮事，云須取署，子炎讀『署』爲『樹』。高祖大怒曰：『小人都不知避人家諱』，杖之於前。」墨筆旁批：「歡父名樹。」

「邢云：鷹化爲鳩，鼠變爲鴽，黄母爲鼈，皆是生子類也。類化而相生，猶光去此燭，復燃彼燭。」硃筆眉批：「鷹鳩不得喻此。」「類化而相生」旁硃筆批：「邢說自反。」

「物各有心，馬首欲東，其誰能禦？」朱筆旁批：「用典如此，亦復爲雋。」
「或重於太山，或輕於鴻毛。斯其義也。」朱筆旁批：「此句何與？」
「禪代之際，先起異圖。王怒未息，卒蒙顯戮。」朱筆旁批：「此謂弼在平都城之言，見高德政傳。」

卷二十五

「張纂。」題下朱筆批：「以下七人皆平常漢，無足觀覽。」
「張耀。」題下朱筆批：「月讀左氏春秋一篇。」
「王紘。」朱筆改「紘」爲「紘」。又題下朱筆批：「十三歲以孝經譏郭元貞，而竟無他異。」
「纂性便僻。」朱筆旁批：「始終在此。」
「輒令開門内之，分寄民家，給其火食，多所全濟。」朱筆旁批：「是。」
「然少風格，好財利」云云。朱筆旁批：「若□何足貴？」
「往節儉率素，車服飲食，取給而已。」朱筆改「往」字爲「性」字。〔一〕
「好讀春秋，月一遍。」朱筆旁批：「也是怪事。」
「帝泣曰：豈失我良臣也！」朱筆旁批：「可厭語。」
「紘進曰：國家龍飛朔野，雄步中原」云云。朱筆旁批：「便是漢語。」
「思堯、舜之風，慕禹、湯之德。」朱筆旁批：「可厭！」

〔一〕此條，傅山全書初版本脱，據手稿補。

「紘好著述，作鑒誡二十四篇，頗有文義。」硃筆眉批：「鑒戒不知何如書。」

卷二十六

「薛琡。」題下硃筆批：「先姦後娶元臣之妻。」
「平鑒。」題下硃筆批：「被和士開霸去愛妾劉氏。」
「鑒性巧，夜則胡畫，以供衣食。」硃筆旁批：「胡畫是做甚？」
「鑒乃具衣冠俯井而祝，至旦有井泉涌溢。」硃筆旁批：「也怪。」

卷二十七

「韋子粲。」題下硃筆批：「粲待其弟道諧大非情事，天生無恩義人也。」
「愚謂於彼選形勝之處」云云。硃筆旁批：「是，是。」
「粲富貴之後，遂特棄道諧，令其異居。」硃筆旁批：「便是忍賊。」

卷二十八

「元孝友。」題下硃筆批：「建議娶妾制。」
「元坦，祖魏獻文皇帝」云云。墨筆眉批：「坦卽魏之驢王也。」
「孝武初，其兄樹見禽。坦見樹旣長且賢，慮其代己，密勸朝廷以法除之。」「密勸朝廷」旁硃筆批：「賢弟。」

「又云：階下許賜臣能。」硃筆改「階」云「陛」。

「其妻無子而不娶妾，斯則自絕無以血食祖父，請科不孝之罪」云云。硃筆旁批：「無子而不娶妾，此類豈止當免官，便該殺訖。」又硃筆眉批：「但是無子不敢娶妾者，不但是怕，其心實實以其妻爲賢淑無比之人，中心誠服也。絕父母之嗣自小事耳。」

「齊神武帝以孝武帝后配之。」硃筆旁批：「胡說。」

「魏室奇寶，多隨后入韶家。有二玉鉢相盛，可轉而不可出；馬瑙榼容三升，〔二〕玉縫之。」「玉縫之」旁硃筆批：「奇。」

「好儒學，禮致才彥，愛林泉，修第宅，華而不侈。」硃筆眉批：「『華而不侈』何說？」

「文宣帝剃韶鬚髯，加以粉黛」云云。硃筆旁批：「混殺。」

「十年，太史奏云：『今年當除舊布新。』文宣謂韶曰：『漢光武何故中興？』韶曰：『爲誅諸劉不盡。』於是乃誅諸元以厭之。」硃筆眉批：「高德政傳又云德政教我誅諸元。」

卷二十九

「渾妾郭氏在州干政納貨，坐免官。」硃筆旁批：「是甚家政？」

「魏收又昂之妹夫。嘗持元禮數篇詩示盧思道」云云。「嘗持」上硃筆加一「昂」字。

「答云：未覺元禮賢於魏收，但知妹夫疏於婦弟。」硃筆旁批：「嘲私愛妻舅。」

〔二〕「容」，傅山全書初版本誤作「各」，據批點底本改。

卷三十

崔暹傳上硃筆眉批：「北史載暹以手版拍高洋背事，得不死。」

「趙郡睦仲讓陽屈服之。」硃筆改「睦」爲「眭」，又硃筆旁批：「頑皮。」

「暹喜，擢奏爲司徒中郎。」「奏」下硃筆旁批：「仲讓。」

「顯祖召達拏母入内，殺之，投屍漳水。齊滅，達拏殺主以復讎。」硃筆眉批：「好達拏。」

「德政又披心固請。」「又」字旁硃筆批：「詣。」〔一〕

「時杜弼爲長史，密啓顯祖云：關西是國家勁敵，若今受魏禪，恐其稱義兵，挾天子而東向，王將何以待之？」「若今受魏禪」旁硃筆批：「此又何意？」

「德政亦敦勸不已。」硃筆旁批：「又勸。」

「愔以禪代之際，因德政言情切至」云云。硃筆旁批：「遵彦不堪了。」

「又教我誅諸元，我今殺之，爲諸元報讎也。」硃筆旁批：「天理。」

卷三十一

「昕少篤學讀書，太尉汝南王悦辟騎兵參軍。」墨筆眉批：「汝南王悦，北史十九卷孝文七男傳。」

〔一〕此條，傅山全書初版本脱，據手稿補。

「昕舍轡高拱，任馬所之。」硃筆旁批：「撒白左來。」

「孝昭崩，哀慕始不自勝。」硃筆改「始」爲「殆」。

「良辰美景，嘯咏遨遊」云云。硃筆旁批：「也自解人。」

「常詣晉祠，賦詩曰：日落應歸去，魚鳥見留連。」硃筆眉批：「晉祠詩二句。」

卷三十二

「陸法和、〔一〕王琳。」題下硃筆批：「陸居士奇人。王子珩乃心于梁，亦復間關矣。兩人列之北齊無謂。自是梁書中位，以其終事皆在齊國，聞見之際故爾耶？」

「召諸蠻弟子八百人在江津。」硃筆旁批：「可見當時也有便意手足。」

「謂將士曰：聊觀彼龍睡不動，吾軍之龍甚自踴躍，卽改之。」硃筆旁批：「『軍龍』字亦奇。」

「此城旁有其理弩箭鏃一斛許。」硃筆改「理」爲「埋」。

「所泊江湖，必於峯側結表，云此處放生。」墨筆旁批：「華嚴七地，果。」

「梁人入魏，果見餡餅焉。」墨筆旁批：「此處寫得胡塗。」又墨筆眉批：「梁人入魏，似當云魏人入梁。」

「文宣令開棺視之，空棺而已。」硃筆旁批：「奇。」

「法和在荊郢，有少姫，年可二十餘，自稱越姥，身披法服，不嫁，恆隨法和東西。」硃筆旁

〔一〕「和」，傅山全書初版本誤作「機」，據批點底本改。

批：「不知是何因緣？是何等人？」〔一〕

〔一〕　此下批本缺佚。

卷一百三　周書批注〔一〕

序

安　熹　王安國　林　希

「周書本紀八，列傳四十二，合五十篇。唐令狐德棻請撰次，而詔德棻與陳叔達、唐儉成之。」

硃筆眉批：「詔陳叔達、令狐德棻共成周書。」〔二〕

「人有其質，推之爲天下國家之用者，以其粗爾；然非致其精於己，則其粗亦不能以爲人。」

硃筆旁批：「義儘精至，而文章多欠缺未到。」

硃筆序尾批：「宋人文章不無精義，但少摯耳。」

目錄

卷一：「文帝上。姓宇文氏，諱泰。」硃筆上批：「太祖。」

卷三：「孝閔帝。諱覺。」硃筆下批：「一年，泰之第三子。」

卷四：「明帝。諱毓。」硃筆上批：「世宗。」硃筆下批：「四年，太祖長子。」

〔一〕此篇據山西博物院藏批點手稿整理。批點底本爲明萬曆三十二年刊本。由白春娥釋文，谷錦秋校補。重複書中詞句的批語未錄。

〔二〕此條，傅山全書初版本脫，據手稿補。

卷五：「武帝上。諱邕。」硃筆上批：「高祖。」硃筆下批：「十八年，太祖第四子。」

卷七：「宣帝。諱贇。」硃筆下批：「二年，高祖長子。」

卷八：「靜帝。諱衍。」硃筆下批：「一年，宣帝長子。」

卷一

「故將軍降遷高之志，篤彙征之理」云云。硃筆旁批：「忽掉。」

「時南秦州刺史李弼亦在悦軍，乃間道遣使請爲内應」云云。硃筆眉批：「黑獺必于斬侯莫陳悦而報賀拔岳之恨。」

卷二

「至潼關，太祖乃誓於師曰：與爾有衆，奉天威，誅暴亂」云云。硃筆旁批：「誓可厭！」

「兵將交，太祖鳴鼓，士皆奮起。于謹等六軍與之合戰，李弼等率鐵騎横擊之，絶其軍爲二隊，大破之，斬六千餘級，臨陣降者二萬餘人。」硃筆眉批：「此戰，黑獺亦自不凡。」

卷三

「孝閔帝。」題下硃筆批：「一年。」

卷四

「明帝。」題下硃筆批：「共四年，前二年不見年號。」

「丁未，幸同州。過故宅，賦詩曰：玉燭調秋氣，金輿歷舊宮。還如過白水，更似入新豐。霜潭漬晚菊，寒井落疎桐。舉杯延故老，令聞歌大風。」墨筆眉批：「故宅賦詩，詩逕好。」

「幼而好學，博覽羣書，善屬文，詞彩溫麗。」硃筆眉批：「者虜好文。」

卷五

「武帝上。」題下硃筆批：「保定五，天和六，建德六，宣政一，共十八年。」

「太祖異之，曰：成吾志者，必此兒也。」硃筆旁批：「看搗！」

卷七

「宣帝。」題下硃筆批：「大象二年。」

卷八

「靜帝。」題下硃筆批：「大定一年。」

卷九

卷九至十四之册封面墨筆批：「静帝詔改大象三年爲大定元年。寧人丈以爲紀厲王傳中之『大定』誤，失之。蔡澤姓名全同昔人，見代奰王達傳。」

「天元皇帝臣諱，奉璽綬册，諸上天皇太后尊號曰天元聖皇太后。」硃筆改「諸」爲「謹」。〔一〕

「隋開皇元年，出俗爲尼，以法淨。」硃筆改「以」爲「名」。〔二〕

卷十

「冑少而孤貧，頗有幹略。景公之見害也，以年幼下蠶室。」硃筆眉批：「以年幼下蠶室矣，而有子乾仁，當在下蠶室之先有子。」

卷十一

「護諫曰：天下至親，不過兄弟。若兄弟自搆嫌隙，他人何易可親？」硃筆眉批：「此語不差。」

「因罷散宿衞兵，遣祥逼帝，幽於舊邸。」硃筆眉批：「差了。」

〔一〕　此條，傅山全書初版本脱，據手稿補。
〔二〕　此條，傅山全書初版本脱，據手稿補。

「以略陽公既居正嫡，與公等立而奉之，革魏興周。」硃筆眉批：「略陽公，孝閔帝也。」

「寧都公年德兼茂，仁孝聖慈。」硃筆旁批：「世宗明帝也。」

「於是斬鳳等於門外，并誅植、恆等，尋亦弒帝。」硃筆眉批：「大差了。」

「護乃密令安因進食於帝，加以毒藥。帝遂寢疾而崩。」硃筆旁批：「又一個。」硃筆眉批：「差，差！」

「仍令人爲閻作書報護曰：天地隔塞，子母異所，三十餘年，存亡斷絕，肝腸之痛，不能自勝」云云。硃筆眉批：「此書委曲可讀，不知誰氏爲之。」

「博士姓成，爲人嚴惡，凌等四人，謀欲加害。吾汝共叔母等聞之，各捉其兒打之。」硃筆改「凌」爲「汝」，改「吾汝共叔母」爲「吾共汝叔母。」又硃筆眉批：「十二歲學生謀殺嚴惡先生。」〔二〕

「盛洛小於汝，汝等三人并呼吾作『阿摩敦』。」硃筆眉批：「『阿摩敦』是何語？」

「受形稟氣，皆知母子，誰同薩保，如此不孝！」硃筆眉批：「薩寶自稱小名。」

「宿殃積戾，唯應賜鐘。」硃筆眉批：「『賜鐘』何說？」

「齊朝不卽發遣。」硃筆旁批：「胡了！」

「朝議以其失信，令有司移齊曰」云云。硃筆眉批：「移書亦好。」

「移書未送而母至，舉朝慶悅，大赦天下。」硃筆眉批：「喜，喜。」

「協形貌瘦小，舉措褊急。既以得志，每自矜高。朝士有來請事者，輒云汝不解，吾今教汝。」

〔二〕硃筆眉批文字，傅山全書初版本脫，據手稿補。

墨筆眉批：「眞可笑！」

「協既受護重委，冀得婚連帝室，乃求復舊姓叱羅氏。」墨筆眉批：「叱羅姓還要復？」〔一〕

卷十二

「齊煬王憲。」題下硃筆批：「可恨被宣帝枉殺了！」

「蜀人懷之，共立碑頌德。」硃筆旁批：「此憑不得。」

「憲親自督勵，衆心乃安。」硃筆旁批：「脱了。」

「帝悦曰：如汝所言，吾無憂矣。」硃筆旁批：「可厭！」

「戰非上計，無待卜疑；守乃下策，或未相許。已勒諸軍，分道幷進」云云。硃筆眉批：「寫得風韻。」

「貴字乾福，少聰敏。」墨筆眉批：「十九卷自有一宇文貴，與此同姓名矣。」

卷十三

「尋而更有異志，遂誅之，及其子賀、貢、塞、響」云云。硃筆眉批：「齊王子有貢，此復有名貢者。」

「趙僭王招，字豆盧突。」墨筆眉批：「陳書謝貞傳，貞爲趙王侍讀，當卽此王招也。賢王，賢

〔一〕此條，傅山全書初版本脱，據手稿補。

王。」

「招屢以佩刀割瓜啖隋文帝。」硃筆旁批：「就該下手。」

「代㬍王達，字度斤突。」墨筆眉批：「此突逕宇文賢王，號『㬍王』，何謂？」

卷十四

「魏初爲大莫弗。」硃筆旁批：「是甚？」

「俄而仲遠兵至，與戰不利，乃降之。」硃筆眉批：「又降爾朱仲遠。」

「勝以其攜貳，遂率麾下，降于齊神武。」硃筆眉批：「又降高齊。」

「自居重位，始愛墳籍。乃招引文儒，討論義理。」墨筆眉批：「賀拔破胡乃好書籍、儒士。」

「岳密於渭南傍水，分精騎數十爲一處，隨地形便置之。明日，自將百餘騎，隔水與賊相見」云云。墨筆眉批：「者一小戰也可觀。」

「岳率軍下隴赴雍，擒天光弟顯壽以應齊神武。」硃筆眉批：「初勸殺高歡，何忽然又應之？」

卷十五

卷十五至二十一之册封面墨筆批：「于謹爲三老一節，也正經，也唱戲。」

「㯻跨馬運矛，衝鋒陷陣，隱身鞍甲之中。敵人見之，皆曰：避此小兒。」墨筆眉批：「避此小兒，卽不盈五尺，亦不應便隱身鞍甲之中。」

「初，梁元帝平侯景之後，於江陵嗣位，密與齊氏通使，將謀侵軼。其兄子岳陽王詧時爲雍州刺史，以梁元帝殺兄譽，遂結讎隙。據襄陽來附，仍請王師」云云。硃筆眉批：「梁元本不長進物，而喫督此大虧，柰何，柰何！」

「有司進饌，皇帝跪設醬豆，親自袒割。三老食訖，皇帝又親跪授爵以酳。」墨筆眉批：「者一著劇做得道學先生垂涎。」

「三年，薨于位，年七十六」，「謚曰文」。硃筆眉批：「思敬如何謚文？」

「禮弟智，初爲開府，以受宣帝旨，告齊王憲反」云云。末二句旁硃筆批：「不宜有此。」

卷十七

「太祖嘗造射堂新成，與諸將宴射。惠竊歎曰：『親老矣，何時辦此乎？』太祖聞之，即日徙堂於惠宅。」「親老矣」二句旁硃筆批：「此欲以堂事親。」墨筆眉批：「黑獺能爾爲人子成志，難說非賢者事。痛心，痛心！」

「怡峯字景阜，遼西人也。本姓默台，因避難改焉。」墨筆眉批：「路史炎帝後姜姓國有怡，一曰默怡令營三柳城，亦作台，即墨台。禹師墨如，或云墨台也。按此，則自有怡姓，非改也。」

卷十八

「令羆領羽林五千鎮梁州，許平諸賊。」硃筆改「許」爲「討」。

「及瓜皮落地，乃引手就地，取而食之。」墨筆根批：「北史此句快。」

卷十九

「武從三騎，皆衣敵人衣服。至日暮，去營百步，下馬潛聽，得其軍號。因上馬歷營，若警夜者，有不如法者，往往撻之。」硃筆眉批：「此實狡膽過人。」

「吾今屯兵陽翟，便是入其數内。」硃筆眉批：「是。」

「貴好音樂，耽弈碁，留連不倦。」墨筆眉批：「宇文之奕不知何品。以其行軍考之，潁州之役，决進與賀若統合勢，亦可知其識略。」

「梁元帝密報太祖，太祖乃遣忠督衆討之。」硃筆旁批：「蕭鑾恁地。」

「而武協規太祖，得儁小間」云云。硃筆眉批：「『得儁小間』何指？」墨筆旁批：「大概謂沙苑之迫耳。」

卷二十一

「侯景之渡江，梁元帝時鎮江陵，既以内難方殷，請脩鄰好。」墨筆眉批：「梁元帝齷齪舉動，着着可恨。」

「以開府、小御正崔達拏爲長史。」硃筆眉批：「達拏是何名字？」

卷二十二

「尚書蘇綽謂慶曰：近代以來，文章華靡，逮于江左，彌復輕薄，洛陽後進」云云。墨筆眉批：「老蘇乃留意于此。」

「檜次子雄亮白日手刃寶於長安城。」墨筆眉批：「雄亮扳父仇手刃黃寶。」〔二〕

卷二十三

「自有晉之季，文章競爲浮華，遂成風俗。太祖欲革其弊。」硃筆旁批：「黑獺何爲志此？」

「民之不率於孝慈，則骨肉之恩薄；弗惇於禮讓，則爭奪之萌生。」硃筆旁批：「老蘇看着看着又排了。」

「以海内未平，常以天下爲己任。」硃筆旁批：「早些。」

卷尾硃筆批：「老蘇大誥一篇，其實可笑。」

卷二十四

「戶一萬以上郡守，大呼藥。」硃筆眉批：「『呼藥』是何語？」

卷二十五

「曾祖富，魏太武時，以子都督討兩山屠各，歿於陣。」硃筆眉批：「子都督是何官？」

「大統二年，州民豆盧狼害都督大野樹兒等，據州城反。賢乃招集豪傑」云云，「分爲兩道，乘

〔二〕此條，傅山全書初版本脫，據手稿補。

夜鼓噪而出。」墨筆眉批：「既云據州矣，而又曰賢鼓噪而出，是從何出也？」

「衆兒懼而散走，遠持杖叱之，復爲向勢。」墨筆旁批：「此原老臉。」

卷二十六

「太祖又與儉書曰：近行路傳公以部内縣令有罪，遂自杖三十」云云。墨筆眉批：「先蘇世長而爲此。」〔二〕

「儉容貌魁偉，音聲如鐘，大爲鮮卑語，遣人傳譯以問客。」後二句旁墨筆批：「何也？到底不肯舍卻虜語。」

「獄卒張元哀之，乃以佩刀穿獄牆，遂出之。」硃筆尾批：「孝義傳有張元，此出斛斯徵之獄卒同姓名。」

卷二十七

「子明嗣。大象末，位至上大將軍，黎州刺史。」墨筆旁批：「乃是知大義人。」

「或有獲其爲寇者，多縛送之。測皆命解縛，置之賓館，然後引與相見，如客禮焉」云云。墨筆眉批：「宇文測乃知此。」

〔二〕「而」，傅山全書初版本脫，據手稿補。

卷二十八

卷二十八至三十三之册封面墨筆批：「劉雄以廿許人戰渾洮王七百餘騎，斬首七十餘級，而亡其三騎，可爲善戰。孝寬使人假作牛道恆手書，而爲落燼之跡以給段琛。琛粗人耳，遂疑道恆，並爲所擒。韋孝寬厚置驛地供給以緩梁子康之追，亦用東漢寇恂、賈復之意。」

「敦軍數有叛人乘馬投墳者，輒納之。敦又别取一馬，牽以趣船，令船中逆以鞭鞭之。如是者再三，馬便畏船不上。」墨筆眉批：「平常馬要上船，此卻要馬不上船。」

卷二十九

「豪謂所部曰：大丈夫見賊，須右手拔刀，左手把矟，直刺直斫，慎莫皺眉畏死。」墨筆眉批：「者粗人好話。」

「紹又遣人罵辱之，循怒，果出兵。紹率衆僞退，城降。」硃筆旁批：「如何便降？寫的只等胡塗。」

卷三十

「毅抗言正色，以大義責之，累旬乃定，卒以皇后歸。」硃筆旁批：「此等去處，往往寥落。」

「然皆陛下骨肉，猶謂疎不間親。」硃筆旁批：「是，是。」

「及尉遲迥據湘州舉兵」云云。硃筆改「湘」爲「相」。

「及尉遲迥舉兵，穆子榮欲應之。」硃筆眉批：「李榮還是知義人。」

「榮及才竝儀同大將軍。」墨筆眉批：「榮欲應迥事如何彌縫不曾令楊堅知？」

「叶契岷峨，約從漳滏，北挖沙漠，西指崤函，則成敗之數，未可量也。」墨筆尾批：「岷峨不必叶，漳滏不必約，但有致命之志，晉陽、幽薊儘足用也。」

卷三十一

「孝寬深患之，乃遣諜人訪獲道恆手迹，令善學書者僞作道恆與孝寬書，論歸款意，又爲落燼燒迹，若火下書者。」墨筆旁批：「此等做作，若智者自可識破。」

「以玉壁衝要，先命攻之」，「又於城北起土山，攻具晝夜不息。」墨筆眉批：「玉壁之守，儘有文章，而作者才力不及，寫得寥落，亦且胡塗，不大明快。着急了，一個『又』字。」

「明帝卽位，禮敬逾厚，乃爲詩以貽之曰：六爻貞遯出，三辰光少微」云云。硃筆眉批：「怪事，虜王好幹者事。」

「復欲於蒲州起事，略取河北，捉黎陽關，塞河陽路。」硃筆眉批：「『捉』字何解？」

卷末墨筆尾批：「無史臣之論，何也？韋孝寬卻是隋功臣耳。」

卷三十二

「遭母憂，喪畢，乃歸於魏。」硃筆旁批：「何也？」墨筆眉批：「申徽無故歸元魏，不解何見？」

「父政，性至孝。其母吴人，好食魚，北土魚少，政求之常苦難。後宅側忽有泉出而有魚，遂得以供膳。」墨筆眉批：「陸政孝魚泉，又一姜詩矣。」

「魏文帝常從容謂之曰：〔二〕爾既温裕，何因乃字世雄？且爲世之雄，非所宜也。」末二句硃筆旁批：「何説？」

卷三十三

「非直下民離心，抑亦上玄所乘。」硃筆改「乘」爲「棄」。

卷三十四

「齊伊川郡守梁鲊常在境首抄掠。」硃筆眉批：「以鲊字爲名，大俚。」

「自寬没後，遂斷絶游從，不聽琴瑟，歲時伏臘哀慟。」墨筆旁批：「此實自然之情。」

卷三十五

「普泰初，除征虜將軍，司徒從事中郎。既遭家難，遂間行入關。」末二句旁硃筆批：「此不得不爾矣。」

「薛善字仲良，淮東汾陰人也。」硃筆改「淮」爲「河」。

〔二〕「容」，傅山全書初版本誤作「客」，據批點底本改。

卷三十六

「贈使持節、柱國大將軍、同華等五州刺史，謚曰基。」硃筆眉批：「基字謚法何義？」

「保定四年，晉公護東伐，權景宣以山南兵圍豫州，士良舉城降。」硃筆眉批：「孝子了矣。」

「但一日千里，必基武步，寡人當委以庶務，書諾而已。」硃筆旁批：「虜知此掉。」

「保納其計，具以整父兄等竝在城中，弗之疑也，遂令整行。」硃筆眉批：「父兄奈何？」

「整遠祖漢建威將軍邁，不爲王莽屈。」硃筆眉批：「今漢書不見令狐邁名字。」

卷三十七

「又有安定寮允，本性牛氏，亦有器幹。」硃筆改「性」爲「姓」。

卷三十八

「曾祖弘敞，值赫連之亂，率宗人避地襄陽。」墨筆眉批：「薛弘敞其實可。」

「憕曰：世胄鑷高位，英俊沉下僚。」墨筆眉批：「此二句實俗詩。」

「自以流離世故，不聽音樂。」墨筆旁批：「此處還該云網及意。」

卷三十九

「蜀平，以功授輔國將軍、魏都督。」硃筆改「魏」爲「衛」。

卷四十一

「昔桓君山之志事，杜元顗之生平，竝有著書，咸能自序。」硃筆改「顗」爲「凱」。

「將軍一去，大樹飄零。」墨筆旁批：「馮異。」

「壯士不還，寒風蕭瑟。」墨筆旁批：「荆軻。」

「荆璧睨柱，受連城而見欺。」墨筆旁批：「藺相如。」

「載書横階，捧珠盤而不定。」墨筆旁批：「毛遂。」

「季孫行人，留守西河之館。」墨筆旁批：「平丘之會。」

「華亭唳鶴，豈河橋之可聞！」墨筆旁批：「陸機。」

「既而魴魚頳尾，四郊多壘。」墨筆旁批：「詩汝墳篇。」

「白虹貫日，蒼鷹擊殿。」墨筆旁批：「聶政、荆軻。要離。」

「三世爲將，終於此滅。」墨筆旁批：「李陵、王離。」

「狄人歸元，三軍悽愴。」墨筆旁批：「先軫，僖三十三年。」〔一〕

「或以隼翼鷃披，虎威狐假。」下句旁墨筆批：「江乙語。」

「過漂渚而寄食，託蘆中而度水。」墨筆旁批：「淮陰。」

「然腹爲燈，飲頭爲器。」墨筆旁批：「董卓。智伯、月氏。」

「上蔡逐臘，知之何晚。」墨筆旁批：「李斯。」

〔一〕「三」，傅山全書初版本誤作「二」，據手稿改。

「惜天下之一家，遭東南之反氣。」墨筆旁批：「吳王濞。」
「幕府大將軍之愛客。」墨筆旁批：「衛青。」〔二〕
「丞相平津侯之待士。」墨筆旁批：「公孫弘。」〔三〕
「然則子山之文，發源於宋末，盛行於梁季」云云。墨筆眉批：「平生蕭瑟，詞賦江關，悲哉子山，誰知心者！」

卷四十二

「庚辰有七尺之厚，甲子有一丈之深。」墨筆眉批：「七尺之厚，一丈之深，大俚矣。」
「徒云雪之可賦，竟何賦之能雪。」墨筆眉批：「『徒云雪之可賦』二句，逕直實有義。」

卷四十四

「梁人果於道左設伏以邀遷哲」云云。墨筆旁批：「『世荷梁恩』之語何在？」

卷四十五

「後除國子博士，賜姓萬紐于氏。」硃筆眉批：「萬紐于氏說甚？」

〔二〕此條，傅山全書初版本脫，據手稿補。
〔三〕此條，傅山全書初版本脫，據手稿補。

「及高祖入鄴，安生遽令掃門。家人怪而問之」云云。硃筆旁批：「儒生期皇如此。」

「昔武王克商，散鹿臺之財，發鉅橋之粟。陛下此詔，異代同美。」硃筆旁批：「可恨！」

「武王伐紂，縣首白旗。陛下平齊，兵不血刃。」硃筆眉批：「武王當行安生買賣。」

「愚謂聖略爲擾。」硃筆旁批：「胡說！」

「高祖大悅，賜帛三百匹，米三百石，宅一區」云云。硃筆旁批：「好騙。大停當。」

卷四十六

「孔墨荀孟稟聖賢之資，弘正道以勵其俗。」下句旁硃筆批：「可厭！」

「若乃縉銀黃，列鐘鼎，立於朝廷之間」云云。硃筆旁批：「所從來矣。」

「荆可，河東猗氏人也」云云，「及母喪，水漿不入口三日。」硃筆旁批：「傷哉！」〔一〕

卷四十七

「文深之書，遂被遐棄。文深慙恨，形於言色。」墨筆旁批：「何恨？」

卷四十八

「至江陵，收慥殺之。」墨筆旁批：「枉哉！」

〔一〕　此條，傅山全書初版本脱，據手稿補。

「軍民之政，猶歸於詧。」墨筆旁批：「如此小人，殺之亦不害義。」

「纘懼不免，因請爲沙門。」墨筆眉批：「張纘請爲沙門，可笑！此等事勢，是爲沙門便少了者？」

「盡誅諸杜宗族親者，其幼稚疎屬下蠶室。」墨筆旁批：〔二〕「太慘了。」

「詧既與江陵搆隙，恐不能自固，大統十五年，乃遣使稱藩，請爲附庸。」墨筆旁批：「奴了！」

「詧懼，乃遣其妻王氏及世子嶚爲質以請救。」墨筆旁批：「是何等舉動？」

「其襄陽所統，盡歸於我。」墨筆旁批：「『我』字可笑。」

「今魏虜貪惏，罔顧弔民伐罪之義。」下句旁硃筆批：「此句還多了。」

「然魏人待我甚厚，未可背德。」硃筆旁批：「死毛。」

「又不好聲色，尤惡見婦人，雖相去數步，遙聞其臭。」硃筆旁批：「此因亦不凡。」

「又惡見人髮」云云。硃筆旁批：「此何說？」又硃筆眉批：「『惡見人髮』是何義？」

「每誦老馬伏櫪，志在千里，烈士暮年，壯心不已。」硃筆旁批：「亦徒誦此耳。」

「巋曰：陛下既親撫五絃，臣何敢不同百獸？」硃筆旁批：「蕭巋狼狽至此。」

「巋舉哀於朝堂，流涕謂其羣臣曰：天不使吾平蕩江表，何奪吾賢相之速也？」墨筆眉批：「『何奪吾』云云，臭套，那裡也不肯不掉一句。」

「後以見疑賜死。」硃筆旁批：「可惜。」

〔二〕「墨」，傅山全書初版本誤作「硃」，據手稿改。

「蓋有英雄之志，霸王之畧焉。」硃筆旁批：「不然。」

卷四十九

「婦人服裙襦，裾袖皆爲襈。」硃筆眉批：「襈，玉篇仕願切，廣韻音同倦，皆云重繒也。」

「盗者流其贓，兩倍徵之。」硃筆改「流」爲「疏」。

「獠者，蓋南蠻之别種。」墨筆眉批：「杜詩之『獠奴』，即此類也。」

「三年一相聚，殺牛羊以祭天。」硃筆改「殺」爲「殺」。

「尋與其種人楊崇集、楊陳侳各擁其衆，遞相攻討。」墨筆眉批：「侳，子過反，安也。」

「每部置俟斥一人。」硃筆眉批：「俟斥，斥字不知是斤是斥。」

「生其地者，則仁義出焉。」硃筆旁批：「不盡然。」

「感其氣者，則凶德成焉。」硃筆旁批：「斷斷然。」

卷五十

「土門亦怒，殺其使者。遂與之絕，而求婚於我。太祖許之。」硃筆眉批：「『我』字可笑。」

「俟斤部衆既盛，乃遣使請誅鄧叔子等。太祖許之。」硃筆旁批：「此何說？」

「他鉢彌復驕傲，至乃率其徒屬曰：但使我在南兩箇兒孝順，何憂無物邪？」硃筆旁批：「好便意話！」

「又出細氈、麖皮、氍毹、鐃多、鹽綠、雌黄、胡粉及良馬、封牛等。」硃筆眉批：「『鐃多』

是物邪？」

「是知秩宗之雅旨，護軍之誠説，寔有會於當時，而未允於後代也。」硃筆旁批：「然。」

卷末硃筆批：「論有見。」

卷一百四　北史批注[一]（上）

目録

目録至卷二之册封面墨筆批：「共三十册，中少第五十七卷，周宗室邵惠公顥等一卷，汾仁巖村所失，加筆者不可問矣。此爲欒平趙氏家藏者，庚子十二月送來，不能復理之矣。張淵，路史第十卷陶唐堯紀注，有『詳後魏書張淵傳』。此書無後見，改曰張深，避淵字，李氏唐人也。」

内封頁墨筆批：「李庶天閹。仇洛齊生而非男。楊約傷于查而成閹。」[二]

卷十九：「孝文六王。」硃筆改「六」爲「四」，並墨筆旁批：「七男。」又墨筆眉批：「孝文七男。廢太子恂、宣武帝、皇子恌。此目云六王，訛。」

卷四十九：「侯深。」硃筆尾批：「魏書作淵。」

卷五十五：「張亮。」題上墨筆批：「與唐人同姓名。」

卷五十七。墨筆尾批：「書脱五十七一卷。」

卷八十三：「李廣。」墨筆尾批：「與漢將軍同名。」

〔一〕此篇據山西博物院藏批點手稿整理。批點底本爲明萬曆二十六年刊本。由高維德先生釋文，谷錦秋校補。重複書中詞句的批語未録。

〔二〕此條，傅山全書初版本脱，據手稿補。

卷八十九：「張深。」墨筆尾批：「魏書作淵。有觀象賦」〔二〕

卷九十二：「王琚。」墨筆尾批：「與唐人同姓名。」

卷一

「魏之先出自黄帝軒轅氏，黄帝子曰昌意，昌意之少子受封北國，有大鮮卑山，因以爲號」云云。墨筆眉批：「宋書索虜傳云是李陵之裔，何也？」

「聖武皇帝諱詰汾。嘗田於山澤，欻見輜軿自天而下。既至，見美婦人自稱天女，受命相偶。」墨筆眉批：「然乎？」

「神元尋崩，凡饗國五十八年，年一百四歲。」墨筆眉批：「異哉力微，年一百四歲，享國五十八年。」

「桓帝與騰盟於汾東而還，乃使輔相衞雄、段繁於參合陂西累石爲亭，樹碑以記行焉。」墨筆眉批：「參合縣屬恆州善無郡。」

「琨大喜，乃徙馬邑、陰館、樓煩、繁峙、崞五縣人於陘南，更立城邑，盡獻其地。」墨筆根批：「『獻』字失言。」墨筆於「更立城邑」下加「居之」二字。

〔二〕後四字，傅山全書初版本脱，據手稿補。

卷二

「世祖太武皇帝諱燾，明元皇帝之長子也。」墨筆眉批：「沈約宋書載：燾與宋兩書，有『可來平城居，我往揚州住』，觕獰無禮之甚。其實亦有氣勢。言固不文，而語氣大豪硬，不失北狄本色。」

「廷和元年春正月」云云。硃筆改「廷」爲「延」。

「靈丘南有山高四百餘丈，乃詔羣臣仰射山峯，無能踰者。帝彎弧發矢，出三十餘丈，過山南二百二十步。遂刊石勒銘。」墨筆眉批：「善射。」

卷三

卷三至五之册封面墨筆批：「魏孝武從妹不嫁者三。湮字，見齊孝武。」

「十一月乙卯，依古六寢權制二室，以安昌殿爲内寢，皇信堂爲中寢，四下爲外寢。」硃筆改「二室」爲「三室」，改「四下」爲「四合殿」。

卷四

「孝昌元年。」墨筆眉批：「魏書是年二月壬辰，莫折念生遣都督楊鮓、梁下辯等攻仇池。」

「辛未，曲政南北秦州。」硃筆改「政」爲「赦」。〔二〕

卷五

「秋七月戊辰，都督尒朱兆、賀拔勝從硤石夜濟破顥子冠受及安豐王廷明軍，元顥敗走。」硃筆改「廷明」爲「延明」。

「壬申，世隆停建興之高都，尒朱兆自晉賜來會之。」硃筆改「晉賜」爲「晉陽」。

「五月景子，尒朱仲遠使其都督魏僧勗等討崔袓螭於東陽，斬之。」硃筆改「袓」爲「祖」。

「蘭根忌帝雅德，還致毀謗，竟從崔陵議，廢帝於崇訓佛寺。」硃筆改「陵」爲「㥄」。

「帝既失位，乃賦詩曰：『朱門久可患，紫極非倩翫。』」硃筆改「倩」爲「情」。

「孝武皇帝諱修，字孝則，廣平武穆王懷之第三子也。」墨筆眉批：「孝武修，東怕高歡而西死於宇文泰。」

「冬十一月，叛羌梁仙定徒黨屯於赤水城，秦州刺史獨狐信擊平之。」〔三〕硃筆改「狐」爲「孤」。

「冬十二月，封梁雍州刺史岳陽王簫詧爲梁王。」硃筆改「簫」爲「蕭」。

「是歲，梁廣州刺史王琳、寇邊大將軍豆虜寧帥師討之。」硃筆改「虜」爲「盧」。

〔二〕此條，傅山全書初版本脱，據手稿補。

〔三〕「平」字，傅山全書初版本脱，據批點底本補。

卷六

「因諴兆曰：尒非其疋，終當爲其子穿鼻。」硃筆改「疋」爲「匹」。

「於是將士皆爲死志，四面赴擊之。」硃筆改「爲」爲「有」。

「神武揣其歲首賞宴會，遣竇泰以精騎馳之。」硃筆改「賞」爲「當」。

「陛下若垂信赤心，使干戈不動，佞臣一二人，願斟量廢出。」硃筆改「出」爲「黜」。

「唯有歸河東之兵，羅建興之戎」云云，硃筆改「戎」爲「戍」。

卷七

「太后聽許，方捨背杖，笞脚五十，莫不至到。」末句旁硃筆批：「是何語？」

「如祖珽以險薄多過，帝數罪之。」硃筆改「如」爲「始」。

「乃遣歸彥馳駟至晉陽害之。」硃筆改「駟」爲「馹」。

「太皇太后又爲皇太后誓，言帝無異志，唯云逼而已。」硃筆改「云」爲「去」。

「有司搜訪近親，〔二〕以名聞，當量爲主後。〔三〕」硃筆改「主」爲「立」。

〔二〕「親」，傅山全書初版本作「視」，據批點底本改。

〔三〕「當」，傅山全書初版本脱，據批點底本補。

卷八

「秋八月辛丑，詔以三臺官爲大興聖寺。」硃筆改「官」爲「宫」。

「周軍三道幷出，使其將尉廻寇洛陽。」「冬十一月甲午，廻等圍洛陽。」硃筆改二「廻」字爲「迥」。

「太尉婁叡大破周宣於軹關。」硃筆改「宣」爲「軍」。

「乃更增益宫苑，進偃武修文臺。」硃筆改「進」爲「造」。

「食物有十餘種，將各牝牡。」硃筆改「各」爲「合」。

「高思好書所謂參馱龍、逍遥者也。」硃筆改「馱」爲「駁」。

「會一夜索蝎，及旦，得三升。」硃筆改「會」爲「曾」。

「各分州郡，下逮鄉官，亦多隆中者。」硃筆改「隆中者」爲「降中旨」。

「過廷所聞，莫非不軌不物。」硃筆改「廷」爲「庭」。〔一〕

「孝昭地道身危，逆取順守。」硃筆改「道」爲「逼」。

卷九

「帝嘗從數騎於野，忽聞簫鼓之音，以問從者，皆莫之聞，意獨異之。」墨筆眉批：「獨聞簫鼓

〔一〕此條，傅山全書初版本脱，據手稿補。

之音遂爾，若獨見五彩鳳龍之雲，當何如？」

「賀拔雖據此衆，終無所成。當有一宇文家從東北來，後必大盛。言訖不見。至是方驗。」墨筆眉批：「太白李金星耳。」

「歡若相敦勉，令取京師。」墨筆改「若」爲「苦」。

「韓軌之徒擁衆蒲扳。」硃筆改「扳」爲「坂」。

「小宗伯魏安公尉遲廻并爲柱國。」硃筆改「廻」爲「迥」。

「冬十月，齊文皇帝殂。」硃筆改「皇」爲「宣」。

「至於渚官制勝，闔城孥戮」云云。硃筆改「官」爲「宮」。

卷十

「十二月辛卯，車駕至自同州，遣太保達奚武率騎三萬出平陽，以應陽忠。」硃筆改「陽」字爲「楊」字。〔二〕

卷十一

「閏月丁丑，頒木魚符於總管刺史雌一雄三。」硃筆改「三」爲「一」。

「以右衛大將軍虞慶則爲右武侯大將軍。」硃筆改「侯」爲「候」。

〔二〕此條，傅山全書初版本脱，據手稿補。

「庚寅，相州刺史豆盧通貢綾文布。」硃筆改「慮」爲「盧」。

「秋八月癸卯，上柱國、尚書左僕射齊公高熲坐事免。」硃筆改「熲」爲「熲」。

卷十二

「文名位卽殊，禮亦異等。」硃筆改「文」爲「又」。

卷十三

「太后不得意，遂害帝。」墨筆眉批：「老馮也利害哉！」

「孝文乃詔有司營建壽陵於方山，又起永固石室，將終爲清廟焉。太和五年起作，八年而成。」硃筆眉批：「也難爲。」

「帝怒，刺后母常入，示與后狀，常撻之百餘乃止。」硃筆旁批：「此刺字似刺探之刺。」

「時太后逼幸清河王懌，淫亂肆情，爲天下所惡。領軍元叉，長秋卿劉騰等奉明帝於顯陽殿，幽太后於北宮，於禁中殺懌。」墨筆眉批：「懌，孝文子。如此，清河王懌亦足死，元叉殺之，未爲不是。」墨筆旁批：「懌傳統無此事。懌，大賢王也。」

卷十四

「公主引角弓仰射翔鴟，應弦而落；妃引長弓斜射飛鳥，亦一發而中。」墨筆眉批：「婦人能射。」

「馮翊太妃鄭氏，名大車，嚴祖妹也。初爲魏廣平王妃，遷鄴後，神武納之，寵冠後庭，生馮翊王潤。神武之征劉蠡升，文襄蒸於大車」云云。墨筆眉批：「在高齊何不可！」

卷十五

「後六修來朝，穆帝又命拜比延，六修不從。穆帝乃坐比延於己所乘步輦，使人導從出遊。」墨筆眉批：「胡塗憨達子。」

「常山王遵，壽鳩之子也。」墨筆眉批：「元遵，闕婆、壽鳩，皆無其事。」

「順字敬叔，從孝武入關，封濮陽王，位侍中。及武帝崩，祕未發喪，諸人多舉廣平王爲嗣。順於別室垂涕謂周文曰：『廣平雖親，年德幷茂，不宜居大寶。』周文深然之，因宣國諱，上南陽王尊號。」墨筆眉批：「此廣似謂十七卷中廣平王洛侯無嗣以陽平王後之建。」墨筆旁批：「魏宗室又受孝武之寵而逕爲宇文泰作計。」

「順仍於箭孔處鑄一銀童，足蹈金蓮，手持劖炙，遂勒背上，序其射工。」墨筆眉批：「劖炙即炙劖，當是割肉小刀子，至今有其風。」

「虔引弓射之，一箭殺二三人，搖矟之徒，亡魂而散，徐乃令人取矟而去。」硃筆眉批：「一箭殺二三人，如何殺來？此等話也冒說。」

「追謚陳留桓王，配饗廟廷，封其子悅爲朱提王。」墨筆眉批：「元悅與汝南同名。」

「悅因背誘姦豪」云云。硃筆旁批：「何說？」

「子琛襲爵。」墨筆眉批：「同時又一元琛。」

卷十六

「有人告叉及其弟爪謀反。」硃筆眉批：「後元蠻之弟叉名爪。」

「蠻弟爪，字景邕。」硃筆眉批：「叉一元爪。」

「顥卒、封孚萬年鄉男。」硃筆改「卒」爲「平」。

「蠕蠕君臣見孚，莫不懼悦。」硃筆改「懼」爲「懽」。

卷十七

「季宋陵遲，斯典或廢。」硃筆改「宋」爲「末」。

「八爲中都大宜，察獄有稱。」硃筆改「宜」爲「官」。

「廣平王洛侯，和平二年封。薨，謚曰殤。無子，後以陽平幽王第五子匡後之。」墨筆眉批：「常山王傳中，元順謂周文曰：『廣平雖親，年德俱茂，不宜居大寶。』周文深然之。」

卷十八

卷十八至二十之册封面墨筆批：「蠅賦，任城王傳中順、彭城王勰皆云作之。劉盆子著矣，而魏南安王傳有長廣王拓跋盆子。」

「帝曰：朕昨夜夢一老公，拜立路左，云晉侍中嵇紹，故此奉迎，神爽卑懼，似有求焉。」墨筆眉批：「嵇紹只合求。」

「下車封孫叔敖之墓，毁蔣子文之廟。」下句旁硃筆批：「何也？」

「彝庶長兄順，字子和，年九歲，師事樂安陳豐，初書王羲之小學篇數千言，晝夜誦之，旬有五日，一皆通徹。」墨筆眉批：「元順，前常山王遵傳中有一元順，同卷有毗陵王順。」

「性謇愕，淡於榮利，好飲酒，解鼓琴。」硃筆改「愕」爲「諤」。

「時年二十五，便有白髮，免喪抽去，不復更生，世人以爲孝思所致。」末句旁硃筆批：「此句何爲？」

「順曰：卿是高門子弟，而爲北宫幸臣，僕射李思沖尚與王洛誠同傳」云云。「李思沖」旁墨筆批：「卽李沖也。」

卷十九

「禧愧而無言，遂賜死私第，絶其諸子屬籍。」墨筆眉批：「高涼王孤傳中，元鷙曰：斬反人元禧首。」

「詔乃爲勰造宅，務從簡素，以遂其心。勰因是作蠅賦以喻懷。」墨筆旁批：「此賦不知何以喻懷？」

「齊神武後以孝武帝后配之，魏室奇寶多隨后入韶家。」上句旁硃筆批：「此豈何從？」

「文宣謂韶曰：漢光武何故中興？韶曰：爲誅諸劉不盡。於是乃誅諸元以厭之」云云。硃筆眉批：「棗檝。」「誅諸劉不盡」旁硃筆批：「眞胡說！」

「京兆王愉，字宣德」，「孝武初爲護軍將軍。」硃筆改「孝武」爲「宣武」。

「於是孝武攝愉禁中。」硃筆改「孝」爲「宣」。

「孝武詔尚書李平討愉。」硃筆改「孝」爲「宣」。

「又言於孝武曰：「臣聞唯器與名」云云。硃筆改「孝」爲「宣」。

「孝武笑而不應。」硃筆改「孝」爲「宣」。

「靈太后以懌孝明懿叔，德先具瞻，委以朝政，事擬周、霍。」墨筆眉批：「胡靈太后傳云：『時太后逼幸清河王懌。』何也？」

「聞懌之喪，爲之劈面者數百人。」硃筆改「劈」爲「嫠」。

「又絕房中，而更好男色。輕忿妃妾，至加捶撻，同之婢使。悅之出也，妃住於別第，靈太后敕檢問之。引入，窮悅事故。妃病杖牀蓐，瘡尚未愈。」硃筆眉批：「男色。」墨筆眉批：「酈道元傳：汝南王悅嬖近左右丘念，道元殺之。」「妃病杖牀蓐」旁硃筆批：「妃被悅杖。」

卷二十

「衞操字德元，代人也。少通俠，有才略。晉征北將軍衞瓘以操爲牙門將。當魏神元時，頗自結附。」末二句旁墨筆批：「此處寫得疎略。」

「桓帝崩後，操立碑於大邗城南，以頌功德，云魏，軒轅之苗裔。言桓、穆二帝」云云。末句旁墨筆批：「此『言』字又何焉？」

「又少威儀，子德載，以蒲鞭責之，便自投井。」「以蒲鞭責之」旁硃筆批：「此句不明白。」

「羅結，代人也」，「朝廷每有大事，驛馬詢問焉。年一百二十，卒，謚曰貞。」硃筆眉批：「一百二十歲，是何稟賦？」

「閭大肥，蠕蠕人也。道武時歸魏，尚華陽公主」云云。「公主薨，復尚濩澤公主。」墨筆眉批：「再尚元家兩公主。」

「和跋，代人也。」墨筆眉批：「今山西平定州、絳州皆有和姓。」

卷二十一

卷二十一至二十三册封面墨筆批：「長孫儉自杖三十，事同蘇。」

「少好學，博綜經史，明習陰陽讖諱。」硃筆改「諱」爲「緯」。

「子洛陽襲爵，[一]明元追錄謙功，以洛陽爲雁門太守。洛陽家田三生嘉禾，[二]皆異畝同穎。」墨筆眉批：「異畝同穎，我不大解此是如何語。」

「浩又上五寅元曆」云云，「大誤四千，小誤甚多，不可言盡。」硃筆改「四千」爲「四十」。

「歷位祕書監，賜爵具丘侯。」硃筆改「具」爲「貝」。

「子紀，字道尚，襲爵。坐事除。純弟代，字定燕，陳留、北平二郡太守。」硃筆改「純」爲「紀」，并墨筆眉批：「張紀，紀、純二字混。」

[一]「爵」，傅山全書初版本誤作「封」，據批點底本改。

[二]「禾」，傅山全書初版本誤作「木」，據批點底本改。

卷二十二

「承業答曰：死而有已，敢不自力。」墨筆根批：「死而有已，何語？」

「紹遠曰：天者陽位，故其音平而濁，濁則君聲。地者陰位，故其音急而清，清則臣調。」墨筆眉批：「天陽位，平而濁。地陰位，急而清。此亦從其所祖强爲分配，然精于音者，陽亦清，陰亦濁。」

「據關城，連引下零，殺害長吏。」墨筆改「下」爲「丁」。

「翰清正嚴明，喜撫將士。」硃筆改「喜」爲「善」。

卷二十三

「諸將皆曰：非所及也。」硃筆旁批：「搗」。

卷二十四

「逞少好學，有文才。仕慕容暐」，「堅敗，仕晉，歷清河、平原二郡太守。」「仕晉」旁硃筆批：「又撞出來了。」

「道武攻中山，未剋，六軍乏糧，問計於逞。逞曰：飛鴞食葚而改音，詩稱其事，可取以助糧。」墨筆眉批：「引鴞食而改音，非。但食葚可援曹魏時事。」

「悽顧曰：何不答府君：下官家作賊，止捉一天子牽臂下殿，捉一天子推上殿，不作偷驢摸犢賊。」墨筆眉批：「可謂僕膽大言，然一不奴。」

「悛性暴慢，寵妾馮氏，長且姣，家人號曰成母，朝士邢子才等多姦之。」末句旁硃筆批：「何至爾？」又墨筆眉批：「邢子才也像個人，如何遂姦馮氏？」

「始模在南，妻張氏有二子，仲智、季柔。模至京師，賜妻金氏，生子幼度。仲智等以父隔遠，乃聚貨規贖歸之。其母張曰：『汝父志懷無決，必不能來。』行人以賄至都，〔二〕模果顧念幼度等，指謂行人曰：『何忍捨此輩，致爲刑辱。當爲爾取一人，使名位不減我。』乃授以申謨宋東郡太守也。神麚中被執，賜妻，生子靈度。申謨聞此，乃棄妻子走還江外。靈度刑爲閹人。」墨筆眉批：「此處寫得最不倫序。」「神麚中被執」旁墨筆批：「此執，執誰？魏書東郡太守下云：『與朱修之守滑臺，神麚中被執，入國，俱得賜妻，生子靈度。』較此少明。靈度是申子也，然都不及，張氏焉在？」

「一息爲娶隴西李士元女，大輸財聘。及將成禮，猶競懸違。述忽取所供養像，對士元打像爲誓。」墨筆眉批：「『打像』是何語？」

卷二十五

「娥清，代人也。」墨筆眉批：「北齊廢帝紀有武衛娥永樂，勇力絕人，爲孝昭高演殺之。」

「乃鴆其妻周氏，與合葬。」硃筆旁批：「何爲爾？」

〔二〕「以」，傅山全書初版本誤作「小」，據批點底本改。

卷二十六

「鸞弟瓊，字普賢，以孝稱，母曾病，季秋月思瓜，瓊夢想見之，求而遂獲，時人異之。」硃筆眉批：「瓜，秋季之瓜何足貴？」

卷二十七

「初，延之曾來往柏谷塢，省魯宗之墓，有終焉之志。」墨筆眉批：「魯宗之是魯軌之父，見宋書魯爽傳。」

「朱修之者，仕宋爲司徒從事中郎。守滑臺，爲安頡所禽。」墨筆眉批：「魏書崔模傳此處云申謨與朱修之共守滑臺。」

「韓秀字白武，〔二〕昌黎人也。」墨筆眉批：「韓氏從來爲昌黎人。」

「秀獨曰：此蹙國之事，非闢土之宜。愚謂敦煌之立，其來已久，雖隣强寇，而兵人素習，循常置戍，足以自全。」墨筆眉批：「議敦煌之鎮不可徙近。」硃筆眉批：「大是，大是。」

〔二〕「白武」，傅山全書初版本誤作「日武」，據批點底本改。

卷二十八

「而惡直醜正，實繁有徒，故訟臣無恩，稱孤之美。」硃筆旁批：〔一〕「如此等話，皆史家代爲文之，亦可厭！」

「暐字道暉，與弟恭之並有時譽。〔二〕洛陽令賈禎見其兄弟，嘆曰：僕以老年，更覩雙璧，又嘗兄弟共候黄門郎孫惠蔚。謂諸賓曰：不意二陸，復在坐隅」云云。硃筆旁批：「二陸有三矣，晉機、雲，此暐、恭之，齊二陸、兩源者。」

「弟寬，字仁惠，太子中舍人，待詔文林館。寬兄弟並有才品，議者稱爲三武。」「弟寬」上墨筆加「暈」字。墨筆旁批：「弟字，當云某弟，如下文曰『玄弟融』，最明白矣。」又墨筆眉批：「承暈來，是暈之弟，是恭之子。又似恭之弟。」又「三武」旁墨筆批：「『三武』何說？若以兄弟論，是恭之弟與暐、恭之爲三耶？是凱子矣。」

「珍子旭」云云。〔三〕墨筆眉批：「魏書有陸操。」墨筆尾批：「游道獮猴面，陸操科斗形。見宋游道傳。」

「騰字顯聖」云云，「大統九年，大軍東討陽城，被執。」墨筆旁批：「此大軍指誰之軍？以唐人作北史，如此混帳！」

〔一〕「旁批」，傅山全書初版本誤作「眉批」，據手稿改。
〔二〕「並」字，傅山全書初版本誤作「益」字，據批點底本改。
〔三〕「子」字上，傅山全書初版本衍一「之」字，據批點底本删。

「弟麗，少以忠謹，入侍左右」云云。墨筆眉批：「陸麗是俟之子，至此而曰弟麗，是何文字？始承敿來。」

「子彰字明遠，本名士沈」云云。硃筆眉批：「隋書孝友傳有陸彥師，卽此子彰之子。」

「摶弟彥師，字雲房，少以行檢稱。」墨筆根批：「彥師見隋書孝義傳。」

「每陳使至，必高選主客，彥師所接對者，前後六輩。歷中書、黄門侍郎。後以不阿宦者，遇讒，出爲中山太守。有惠政。」墨筆眉批：「盧詢祖二陸之誚，彥師其一也，此云不阿宦者。」

「彪字文宗，學涉機警，少有名譽。」墨筆眉批：「盧詢祖兩源之誚，彪其一也。」

卷二十九

「車駕征蠕蠕，楚之與濟陰公盧中山等督運以繼大軍。」墨筆眉批：「王慧龍傳中，到彥之曰『馬楚粗狂』，卽謂楚之也。」

「昶和平六年，遂委母妻，攜妾吳氏，〔二〕間行降魏。」硃筆旁批：「妻可也，母如何棄之？」

「皇興中，宋明帝使至，獻文詔昶與書，爲兄弟式。宋明帝不答，責昶，以母爲其國妾，宜如春秋荀罃對楚稱外臣之禮。」「以母爲其國妾」旁墨筆批：「此句何義？」

「太和初，轉内都坐大官。及齊初，詔昶與諸將南伐，路經徐州，哭拜其母舊堂，哀感從者。」「哭拜其母舊堂」旁墨筆批：「不如不棄。」

〔二〕「氏」，傅山全書初版本誤作「守」，據批點底本改。

「道元行達陰盤驛，〔二〕寶夤密遣其將郭子恢等攻殺之。」墨筆眉批：「酈道元作水經注者，乃爲寶夤所殺。」

「天平中，凱遣奴害公主。」墨筆旁批：「此公主是其母。」

「每臨時舒翅悲鳴，全似哀泣。家人則之，未嘗有闕。」硃筆改「則」爲「伺」。

卷三十

卷三十至三十二之册封面墨筆批：「文帳，遲傳，即今帳簿之帳。」

「盧玄字子眞，范陽涿人也。曾祖諶，晉司空劉琨從事中郎。」墨筆眉批：「盧諶不筭個甚。」

「浩當時雖無以異之，竟於不納，浩敗，頗亦由此。」硃筆旁批：「成何語？」

「伯源與李沖特相友善，沖重伯源門風，伯源私沖才官，故結爲婚姻，往來親密。」墨筆旁批：「『才官』是何語？」

「齊天保中，魏史成，思道多所非毀，由是前後再被笞辱，因而落泊不調。」硃筆眉批：「尚未出身，如何云不調？」

「若其雅步清音，遠心高韻，鵷鸞已降、罕見其儔。」墨筆眉批：「『雅步』加之雁上，亦雅。」

「盧郎有如此風神，唯須誦離騷，飲美酒，自爲佳器。」硃筆旁批：「此語在當時便監引之矣。」

「中書舍人馬士達目其彈箜篌女妓，云手甚孅素，宗道即以遺之。」硃筆改「孅」爲「纖」〔三〕。

〔二〕「行」，傅山全書初版本誤作「往」，據批點底本改。

〔三〕此條，傅山全書初版本脱，據手稿補。

「永熙二年，平等浮屠成，孝武會萬僧於寺。石佛低舉其頭，終日乃止。」墨筆眉批：「石佛舉頭，怪哉！」

「子剛使酒誕節，蓋亦明珠之類。」硃筆改「類」爲「纇」。

卷三十一

「爾朱榮以乾前罪，不應復居近要，莊帝聽乾解官歸鄉里。」「前罪」旁硃筆批：「謂受葛榮官爵也。」

「及爾朱氏既弑害，遣其監軍孫白雞率百餘騎至冀州。」上句旁硃筆批：「謂兆害莊帝。」

「神武聞其與帝盟，亦惡之。」硃筆旁批：「此歎負乾。」

「慎前妻，吏部郎中崔暹妹，爲慎棄。暹時爲文襄委任，乃爲暹高嫁其妹，禮夕，親臨之。慎後妻趙郡李徽伯女也，豔且慧，兼善書記，工騎乘。慎之爲滄州，甚重沙門顯公，夜常語，久不寢，李氏患之，構之於慎。遂被拉殺。」「高嫁其妹」旁硃筆批：「此何如作伐？」「遂被拉殺」旁硃筆批：「拉殺顯公。」硃筆眉批：「和尚喫了婆娘大虧。」〔一〕

「慎先入關，周文率衆東出，敗於芒山，慎妻子盡見禽。神武以其家勳，啓慎一房配沒而已。仲密妻逆口行中，文襄盛服見之，乃從焉。」硃筆旁批：「前挑不從，今遂爾爾。」

「神武從之。及戰，神武軍小起，兆等方乘之。」硃筆改「起」字爲「卻」字。〔二〕

〔一〕「大」字，傅山全書初版本脱，據手稿補。
〔二〕此條，傅山全書初版本脱，據手稿補。

「昂以兄乾薨此位，固辭不拜，轉司徒公。好著小帽，世因稱司徒帽。」墨筆眉批：「司徒帽。」

「昂與北豫州刺史鄭嚴祖握槊，貴召嚴祖，昂不時遣，枷其使。使者曰：『枷時易，脫時難。』昂使以刀就枷刎之，曰：『何難之有？』貴不敢較」云云。硃筆眉批：「乖崖用此。」

卷三十二

「暹字季倫。」硃筆眉批：「酷吏傳又有一崔暹，字元欽，本清河東武城人。」

「又彈太師司州牧咸陽王恆、幷州刺史尒朱渾道元、冀州刺史韓軌罪，與鄴下諸貴，極言褒美。」末二句旁硃筆批：「此二句何說？」

「暹憂國如家，以天下爲己任。」下句旁硃筆批：「厭！」

「嘗密令沙門明藏著佛論而署己名，傳諸江表。」硃筆旁批：「何必爾！」

「暹曰：嘗與二郎俱在行位，試以手板拍其背而不瞋，乃將犀手板換暹竹者，自揩拭而翫視之，以是知其實癡。不足慮也。」「試以手板」句旁硃筆批：「冒使上此一下。」

「初，文宣嘗問樂安公主：『達拏於汝何如？』[一]答云：[二]『甚相敬，唯阿家憎兒。』文宣令宮人召達拏母入而殺之，投漳水。」「文宣令宮人」句旁硃筆批：「眞高洋！」

「松柏既郡之豪帥，感恩奬喻，郡賊咸來歸款，且以過在前政，不復自疑，游乃因宴會，一時俱斬。」末二句旁硃筆批：「胡了。」

〔一〕「何如」，傅山全書初版本作「何似」，此處據批點底本。

〔二〕「云」，傅山全書初版本誤作「曰」，據批點底本改。

卷三十三

「葛榮曰：『我自中山至此，連爲趙李所破，則何以能成大事？』乃悉衆攻圍，執元忠以隨軍。賊平，就拜南趙郡太守。」墨筆眉批：「葛榮執元忠而不害，何也？」

「會齊神武東出，元忠便乘露車載素箏濁酒以奉迎。神武聞其酒客，未即見之。元忠下車獨坐，酌酒擘脯食之，謂門者曰：本言公招延儁傑，今聞國士到門，不能吐哺輟洗，其人可知。還吾刺，勿復通也。〔一〕門者以告，神武遽見之。」墨筆眉批：「北齊書少此一段，遂減精彩。」

「孫騰、司馬子如嘗詣元忠，逢其方坐樹下，葛巾擁被，對壺獨酌。」后三句旁硃筆批：「好襟懷！」

「搔妹曰法行，幼好道，截指自誓不嫁，遂爲尼。所居去鄴三百里，往來恒步，在路或不得食，飲水而已。」墨筆眉批：「眞比丘尼！」

「齊天保初，除太子少保。時太常邢邵爲少師，吏部尚書楊愔爲少傅，論者榮之。」末句旁硃筆批：「此處何說？」

「郡境舊有三猛獸，人常患之，繪欲脩檻，遂因鬪俱死於郡西。咸以爲化感所致，皆勸申上。」末二句旁硃筆批：「胡謅。」

「璨字世顯，靈弟趙郡太守均之子也。身長八尺五寸，容貌魁偉。」墨筆眉批：「胡叟傳中有譏誚璨衣服華麗語。」

〔一〕「復」，傅山全書初版本誤作「腹」，據批點底本改。

「初，浩弟娶順女，又以弟子娶順女，雖婚媾而浩頗輕順，順又不伏，由是潛相猜忌，故浩毁之。」硃筆眉批：「弟既娶順女，弟之子又娶順女，是以姊妹爲婆媳耶？當是誤。」

「孝伯少傳父業，博綜羣言，美風儀，動有法度。從兄順言之太武，徵爲中散，謂曰：〔一〕眞卿家千里駒也。」末句旁硃筆批：「厭！」

「士謙善談玄理」云云，「又嘗論刑罰，遺文不具。其略曰：帝王制法，沿革不同，自可損益，無爲頓改。今之贓重者死，是酷而不懲也。語曰：人不畏死，不可以死恐之。愚謂此罪，宜從肉刑，刖其一趾，再犯者繼其左腕。流刑刖去右手三指，又犯者下其腕」云云。硃筆眉批：「隋書列之隱逸最不倫。」

卷三十四

「謙廉不競，曾撰儒碁，以表其志。」墨筆眉批：「儒碁不知是何等名字。」

「閎以江南非中國，且三代之境，亦不能遠。」墨筆眉批：「以江南非中國，可笑！」

「太武至長安，人告暉欲南奔，云置金於馬韉中。帝密遣視之，果如告者言，斬之於市，暴尸數日。」墨筆眉批：「太山府君子何不一救同學？」

「以業無遠略，西奔梁武昭王。」硃筆改「梁」爲「涼」。

「沮渠蒙遜平酒泉，於繇室得書數千卷、鹽米數十斛而已。蒙遜歎曰：孤不喜克李氏，欣得宋繇耳。」末二句旁硃筆批：「搗鬼語。」

〔一〕「謂」字之下，傅山全書初版本還有一「順」字，此據批點底本。

「遊道剛直，疾惡如讎，見人犯罪，皆欲致之極法。彈糾見事，又好察陰私，問獄察情，捶撻嚴酷。」墨筆眉批：「畢義雲傳，遊道辱之以雄狐之詩。」

「與頓丘李獎一面便定死交。」墨筆眉批：「四十三卷李崇傳中有獎。」

「左中郎將陳留蔡邕採李斯、曹喜之法，爲古今雜形。詔於太學立石碑，〔二〕刊載五經，題書楷法，多是邕書也。」硃筆眉批：「楷法多是邕書，然乎？」

卷三十五

「崇儉而好以紙帖衣領，瓊哂而掣去之。崇小子青肫嘗盛服寵勢，亦不足恨。」末二句旁硃筆批：「此句何語？」

「後上夢欲上高山而不能得，崔彭捧脚，李盛扶肘，乃得上。因謂彭曰：『死生當與爾俱。』劭曰：『此夢大吉。上高山者，明高崇大安，永如山也。彭猶彭祖，李猶李老，二人扶持，實爲長壽之徵。』上聞之，喜見容色。其年，上崩，未幾，崔彭亦卒。」墨筆眉批：「妙哉，圓夢！」「彭猶彭祖，李猶李老」旁墨筆批：「如經學家。」

「刑蠻歌曰」云云，「遂命刑蠻總集叙記。」硃筆改兩「蠻」字爲「巒」。

「傲誕不自羈束，或有所之造，乘驢衣韉，破幣而往。」硃筆改「幣」爲「弊」。

「瓊兄雍睦，諸姊姒亦成相親愛。」硃筆改「姊」爲「娣」。

〔二〕「太」，傅山全書初版本誤作「大」，此據批點底本改。

卷三十六

「梁主蕭察曾獻瑪瑙鍾。」硃筆改「察」爲「詧」。

「穎忻然曰：君言成敗，理甚分明」云云。硃筆改「穎」爲「熲」。

卷三十七

「孟表字武達，濟北蛇丘人也，自云本屬北地，號索里諸孟。青、徐内屬。後表因事南度，仕齊爲馬頭太守。太和十八年，表據郡歸魏，除南兗州刺史，領馬頭太守。」墨筆眉批：「孟表逕可謂之兩頭馬。」

「楊大眼，武都氐難當之孫也。」墨筆眉批：「氐傳有楊小眼。」

卷三十九

「後丁繼母憂，勺飲不入口者五日。」墨筆旁批：「此獨不然。」

「遇朞功之戚，必蔬食終禮，宗從取則焉。」墨筆旁批：「禮教情性兼有之。」

「周武帝遣住國辛遵爲齊州刺史。」硃筆改「住」爲「柱」。〔二〕

〔二〕 此條，傅山全書初版本脱，據手稿補。

「宋明授衆敬兗州刺史，而以元賓有他罪，獨不捨之。」「獨不捨之」旁墨筆批「此句何謂？」〔一〕

「義雲性豪縱」云云，「爲郎時，與左丞宋游道因公事忿競。游道廷辱之，云：『雄狐之詩，千載爲汝。』義雲一無所答。」墨筆眉批：「辱面罵以雄狐之詩，游道亦失忠厚。」墨筆根批：「齊南山：『刺襄公也。鳥獸之行，淫乎其妹。大夫遇是惡，作詩而去之：南山崔崔，雄狐綏綏。魯道有蕩，齊子由歸。既曰歸止，〔二〕曷又懷止？葛屨五兩，冠緌雙止。魯道有蕩，齊子庸止。既曰庸止，曷又從止？〔三〕蓺麻如之何？衡從其畝。取妻如之何？必告父母。既曰告止，曷又鞠止？析薪如之何？匪斧不克。娶妻如之何？匪媒不得。既曰得止，曷又極止？』」

「羊祉字靈祐，太山鉅平人，晉太僕卿琇之六世孫也。父規之，宋任城令。太武南討，至鄒山，規之與魯郡太守崔邪利及其屬縣徐遜、愛猛之等俱降，賜爵鉅平子，拜雁門太守。祉性剛愎、好刑名。」「剛愎」旁硃筆批：「降人尚説剛愎耶？」

「正始二年，王師伐蜀，以祉假節龍驤將軍、益州刺史，出劍閣而還。」墨筆眉批：「李延壽以唐人修北史，而漫稱魏爲王師如此，喫糨糊人也。」

「後加平北將軍，未拜而卒，贈安東將軍、兗州刺史。太常少卿元端、〔四〕博士劉臺龍議謚曰：祉志存埋輪，不避强禦」云云。末二句旁硃筆批：「何據？」墨筆眉批：「南史説祉屬羊侃東朝

〔一〕此條，傅山全書初版本脱，據手稿補。
〔二〕「既曰」，傅山全書初版本誤作「即日」，據手稿改。
〔三〕「止」，傅山全書初版本誤作「之」，據手稿改。
〔四〕「少」，傅山全書初版本誤作「以」，據批點底本改。

事，甚好。」

「烈字信卿」，「除陽平太守，有能名。時頻有災蝗，大牙不入陽平境，敕書褒美焉。」「大牙」旁硃筆批：「何謂？」墨筆眉批：「『大牙』何說？當是『犬牙』耶？即爾，亦費解。」

「烈家傳素業，閨門修飭，爲世所稱。一門女不再醮。魏太和中，於兗州造一尼寺，女寡居無子者，並出家爲尼，咸存戒行。」墨筆眉批：「事非正經，然實佳。」

「烈弟脩，有才幹，卒於尚書左丞。子玄正。武平末，將作丞。隋開皇中，戶部侍郎。」「子玄正」旁墨筆批：「此子是烈之子耶？亦接脩，即脩之子耶？」

卷四十

卷四十至四十一之册封面墨筆批：「韓騏驎一家和穆，可喜。羊侃圖南而兄羊敦拒之。楊侃亦欲潛奔，而從兄楊愔固止之。兄弟之異乃爾。然羊侃畢竟南矣。」〔一〕

「韓麒麟，昌黎棘城人，自云漢大司馬增之後也。」墨筆眉批：「酉陽雜俎十二卷語資部，歷城縣魏明寺中有韓公碑，太和中所造也。魏公曾令人逼錄州界石碑，言此碑詞義最善。常藏一本于枕中，故家人名此枕爲麒麟函。」

「又曰：自南僞相承，竊有淮北，欲擅中華之稱」云云。硃筆旁批：「此等句皆欠分數。」

「顯宗曰：臣仰遭明時，直筆無懼，又不受金，安眠美食，此優於遷、固也。」末句旁硃筆批：「難說。」

〔一〕「然」，傅山全書初版本誤作「而」，據手稿改。

「彪尋歸本鄉，帝北幸鄴，彪野服稱草茅臣，拜迎鄴南。帝曰：朕以卿爲已死。彪對曰：子在，回何敢死。」末句旁硃筆批：「此亦急援。」

「琛曾拜官，〔二〕諸賓悉集，巒乃晚至。琛謂巒：何處放蛆來，今晚始顧？」墨筆眉批：「『放蛆』是何語？」

卷四十一

「梁豫州刺史裴邃規相掩襲。密購壽春人李瓜花、袁建等令爲内應」云云。硃筆眉批：「李瓜花是何名字？楊愔傳中云侃潛欲南奔，而愔諫止之。」

「尒朱世隆等將害椿家，誣其爲逆，奏請收之。節閔不許，世隆復苦執，不得已，乃下詔。世隆遂遣步騎夜圍其宅，天光亦同日收椿於華陰，東西兩處，無少長皆遇禍，籍沒其家，節閔惋悵久之。」硃筆眉批：「如此德行人，遂遭此異慘，何也？」「久之」旁硃筆批：「可厭！」

「元顥入洛時，愔從父兄侃爲北中郎將，鎮河梁。愔適至侃處，便屬乘輿失守，夜至河。侃雖奉迎車駕北度，而潛南奔，愔固諫止之，遂相與扈從達建州。」硃筆於「潛」、「南」之間加一「欲」字。又硃筆眉批：「楊愔之止楊侃，猶羊敦之拒羊侃，何兄弟之異性也？」

「素貪財貨，營求産業」，「時議以此鄙之。」硃筆旁批：「俗話。」

〔二〕「曾」，傅山全書初版本誤作「魯」，據批點底本改。

卷四十二

卷四十二至卷四十四之册封面墨筆批：「杜洛周事，常景傳叙之頗詳。常景遇新異之書，以必得爲期。李庶訟魏收書不平。崔道固之母賤。諸兄逼其母致酒炙于客前，事同晉裴秀之母事。崔和吝，埋錢數百斛，而母春思堇，不肯買。子崔軌盜錢百萬，背和逃走。自應有此快子。崔光韶家巨財而性儉吝。」〔二〕

「肅因言蕭氏危亡之兆，可以乘機，帝於是圖南之規轉銳。」硃筆旁批：「在蕭應尔，然眞當是有罪？」〔三〕

「子隲，字子昇，少有風氣，頗涉文史。位徐州開府從事中郎。父廞之死，隲率勒鄉部赴兗州，與刺史樊子鵠抗禦王師，每戰，流涕突陣。」硃筆眉批：「子道當爾。」「王師」旁硃筆批：「此『王』字下得不妥。」

「及武成崩，和士開欲改元，議者各異，遜請爲『武平』，私謂士開曰：『武平反爲明輔，遜作此爲公。』士開悅而從之。時士開爲衆口所排，婁定遠同輔政，遜遂回附之，使得西貨，悉以餉定遠。定遠外任，遜不自安，又陰結斛律明月、胡長仁以自固」云云。硃筆眉批：「一味要依傍人過日子，何也？」

「案如經禮，事無成文，卽之愚見，謂不應服。」硃筆眉批：「卽之愚見，『之』字當是女、以

〔二〕末句，傅山全書初版本脫，據手稿補。

〔三〕此條，傅山全書初版本脫，據手稿補。

之義。」

「夫如是，綺閣金門，可安其宅；錦衣玉食，可頤其形。」硃筆旁批：「此義有病。若一味遜順處此，鮮不爲素餐之人耳。」

「履道雖高，不得無亢；求聲雖道，不得無悔。」〔二〕「求聲雖道」旁硃筆批：「求聲非道。」

卷四十三

「始均字子衡，端潔好學，之幹有美於父。」墨筆旁批：「『之』字何語？」

「乾威字元敬，性聰敏，涉獵羣書，其世父鬲之謂人曰：吾家千里駒也。」末句旁墨筆批：「饒了罷！」

「天姿質素，特安異同，士無賢愚，皆能傾接，對客或解衣覓虱，且與劇談。」墨筆眉批：「特安異同，大是難事。」

「其高情達識，開遣滯累，東門吳以還，所未有也。」「東門吳以還」旁硃筆批：「此掉不勞。」

「世哲弟神軌，小名青肫，受父爵陳留侯。累出征伐，頗有將領之氣。孝昌中，靈太后淫縱，分遣腹心媼姬出外，陰求悅人。」墨筆眉批：「『悅人』何說？」

「魏使至梁，亦如梁使至魏，梁武親與談說，甚相愛重。」末二句旁硃筆批：「不成話！」

「諧弟邕，字脩穆，幼儁爽有逸才。位高陽王雍友。凡所交游，皆倍年儁秀。」硃筆旁批：「『倍年儁秀』四字何說？」

〔二〕「悔」，傅山全書初版本誤作「侮」，據批點底本改。

卷四十四

「鴻二世仕江左，故不錄僭晉、劉、蕭之書，又恐識者責之，未敢出行於外。」硃筆旁批：「此自北史中語，而尚云僭云云，李延壽爲誰顧忌耶？」

「時劉騰擅權，亮訖妻劉氏，傾身事之。」硃筆旁批：「何遽至？」

「河間邢子才曾貸錢數萬，後送還之。光韶曰：此亡弟相貸，僕不知也。」墨筆旁批：「此又非吝者所能。」

「宋明帝立，徐州刺史薛安都與道固等立廢帝子業弟子勛，敗乃歸魏。」墨筆旁批：「北了。」

「宋明帝遣説道固，以爲徐州刺史，復歸宋。」墨筆旁批：「又南了。」

「皇興初，獻文詔征南大將軍慕容白曜討道固，道固面縛請罪。」墨筆旁批：「又北了。」

「子軌，字啓則，盜錢百萬，背和亡走。」墨筆旁批：「自當有此快兒。」

卷四十五

卷四十五至卷四十七之册封面墨筆批：「蕭綜使人詐爲元略事，瑣細不詳。」

「後隨裴叔業於壽春，爲南譙太守。二家雖爲姻好，親情不協，遂單騎歸魏，拜驍騎將軍，隨王肅至壽春。」墨筆旁批：「忽而北。」

「肅薨，道遷棄戍南叛。」墨筆旁批：「又忽而南。」

「會梁以莊丘黑爲征虜將軍，梁、秦二州刺史，鎮南鄭。黑請道遷爲長史，帶漢中郡。會黑死，而道遷陰圖歸順。」墨筆旁批：「又想來北。」

「江悅之等推道遷爲梁、秦二州刺史。道遷遣表歸闕，詔璽書慰勉。」墨筆旁批：「又北來了。」

「道遷自南鄭來朝京師，引見於太極東堂，免冠徒跣謝曰：比在壽春，遭韋纘之酷，申控無所，致此猖狂。是改之來，希酬昔遇。」墨筆眉批：『是改之來』是何語？」

「夬性好酒，居喪不戚，醇醪肥鮮，不離於口，沽買飲噉，多所費用，父時田園，貨賣略盡，人間債猶數千餘匹。」墨筆眉批：「儍大官到也任情快活。」

「元護爲齊州，經拜舊墓，巡省故宅，饗賜村老，莫不欣暢。及將亡，謂左右曰：吾嘗以方伯簿伍至青州，仕女屬目。〔一〕若喪過東陽，不可不好設儀衛，哭泣盡哀，令觀者改容也。家人遵其誡。」「喪過東陽」旁硃筆批：「者俗漢！」

「會，頑騃好酒，其妻南陽太守、清河房伯玉女也，甚有姿色，會不答之。房乃通其弟機，因會醉，殺之。」墨筆眉批：「李機妻嫂殺兄。」「因會醉，殺之」旁墨筆批：「此事如何便不發覺了？」

「及帝幽崩，世隆入洛，主者追苗贈封，以白世隆。世隆曰：吾爾時羣議，更三日便欲大縱兵士，燒燔都邑，任其採掠。賴苗，京師獲全。天下之善一也，不宜追之。」墨筆眉批：「爾朱世隆乃爾公道。」

「藻對曰：臣雖闕才非古人，庶亦不留賊虜，而陛下輒當醞曲阿之酒以待百官。」墨筆旁批：「何容易言此？」

〔一〕「仕」，傅山全書初版本作「士」，此處依批點底本。

「義陽英使司馬陸希道爲露布，意謂不可，令永改之。」硃筆於「義陽」下加兩點，意爲闕二字。並硃筆眉批：「有脫文。」

「靈根差期，不得俱渡，臨齊人知到剉斬殺之。」硃筆旁批：「殺了靈根。」又硃筆眉批：「『知剉』是何語？」

「靈慶至家。遂與二弟匿山澤間。時靈慶從叔乾愛爲斌法曹參軍，斌遣乾愛誘呼之，以腰刀爲信，〔一〕密令壯健者隨之。而乾愛不知斌之欲圖靈慶。既至斌所，遣壯士執靈慶殺之」云云。「靈越意恆欲爲兄復讎，而乾愛初不疑防，知乾愛嗜鷄肉蒓菜食，乃爲作之，下以毒藥，乾愛飯還而卒。」墨筆眉批：「乾愛爲蕭斌賣而殺靈慶，然靈越但見爲乾愛殺之。」

「潘永基字紹業，長樂廣宗人也。父靈乾，中書侍郎。永基性通率，輕財好施。爲長樂太守。」墨筆眉批：「長樂廣宗人即爲長樂太守。」〔二〕

「朱元旭字君昇，本樂陵人也。頗涉子史，開解几案。」墨筆眉批：「『開解几案』是何語？」

卷四十六

「廷尉少卿袁翻曰：周官：上公九命，上大夫四命，命數雖殊，同名爲上，何必上者皆是極尊？」硃筆旁批：「以『上』字難，可謂圪喃不通。」

「時中山杜弼遺書普惠曰」云云。「普惠美其此書，每爲口實。」墨筆旁批：「『其』字可笑！」

〔一〕「爲」，傅山全書初版本誤作「要」，據批點底本改。
〔二〕「爲」，傅山全書初版本脫，據手稿補。

「何憲知淹昔從南入，以手掩目曰：『卿何不作于禁而作王肅？』淹言：『我捨逆効順。欲追蹤陳、韓，何于禁之有！』」「我捨逆効順」旁墨筆批：「無耻之言！」

「淹言：昔武王滅紂，悉居河洛，中因劉、石亂華，仍隨司馬東度。」墨筆旁批：「既是降人，又何必賣弄！」

「劉桃符，中山盧奴人也。」墨筆眉批：「侯深傳中又有一劉桃符。」

「元興世寒，因元叉之勢，託其交道，相用爲州主簿，論者以爲非倫。」「託其交道」旁墨筆批：「是何語？」

「時有濟郡曹昂，有學識，舉秀才，永安中，除太學博士，兼尚書郎」云云。墨筆眉批：「曹昂入得無甚味。」

卷四十七

「員外郎李琰之、太樂令公孫崇等並在議限。」硃筆眉批：「李琰之，魏書有特傳，而北史不列。」

「躍字景騰，博學儁才，性不矯俗，篤交友。翻每謂人曰：躍可謂我家千里駒也。」末句旁硃筆批：「惡心！」

「聿脩字叔德。七歲遭喪，居處禮若成人。九歲，州辟主簿。性深沉，有鑒識，清靖寡欲，與物無競。姨丈人尚書崔休深所知賞。年十八，領本州中正，兼尚書度支郎中。」硃筆眉批：「九歲州辟主簿，豈眞能受識耶？十八歲領中正，又一件怪事。」

「俊之位兼通直常侍，聘陳副、尚書郎。當文襄時，多作六言歌辭，淫蕩而拙，世俗流傳，名爲陽五伴侶。」墨筆眉批：「陽五伴侶，『伴侶』何説？」

卷一百五　北史批注（下）

卷四十八

卷四十八至五十一之册封面墨筆批：「侯深反覆人，諜軺韓樓于薊城事卻好。辛德源爲裴讓之龍陽之重，如此等事，何必載之！」

「尋明帝崩，事出倉卒。」硃筆旁批：「胡后酖之。」

「榮便攘肘謂天穆曰：太后女主，不能自正，推奉天子者，此是人臣常節。葛榮之徒，本是奴才，乘時作亂，譬奴走，[一]禽獲便休。頃來受國大寵」云云。硃筆眉批：「也好大段大話。」

「至十八日，召中書舍人溫子昇告以殺榮狀，幷問以殺董卓事，子昇具通本。」硃筆眉批：「『本』字下，似當有『末』字。」

卷四十九

「侯深、神武尖山人也。」墨筆眉批：「『深』，魏書作『淵』。」

「及尒朱榮死，太守盧文偉誘深出獵，閉門拒之。深率部曲，屯於郡南，爲榮舉哀，勒兵南

〔一〕「譬」字之下，傅山全書初版本還有「如」字，此據批點底本。

向。」硃筆於「屯於郡南」旁批：「范陽。」〔一〕又硃筆旁批：「爲尒朱榮。」「莊帝使東萊王貴平爲大使，慰勞燕、薊。乃詐降，貴平信之，遂執貴平自隨。進之中山」云云。硃筆旁批：「仍南向。」

「後隨尒朱兆拒齊神武於廣阿。」硃筆旁批：「爲魏。」

「深後從神武破尒朱氏於韓陵。」硃筆旁批：「又是高家人了。」

「孝武帝末，深與兖州刺史樊子鵠、青州刺史東萊王貴平使信往來，以相連結。」硃筆旁批：「樊是爲魏反高歡者。」〔二〕

「又遣使通誠於神武。」硃筆旁批：「又爲高。」

卷五十

「因榮陳其作監軍時，臨事能決，實可任用」云云。〔三〕墨筆改「因榮」爲「榮因」。

「至是，世哲弟神軌爲靈太后深所寵任。會謙之傢僮訴良，神軌左右之，入諷尚書，判禁謙之於廷尉。」墨筆眉批：「家僮訴良，『良』字北史中多見。」

〔一〕硃筆旁批文字，傅山全書初版本脱，據手稿補。
〔二〕「高歡」，傅山全書初版本誤作「高家」，據手稿改。
〔三〕「可」字，傅山全書初版本脱，據批點底本補。

卷五十一

「趙郡王琛字元寶，齊神武皇帝之弟」云云。「尋亂神武後廷，因杖而斃。」「尋亂」旁墨筆批：「胡了。」〔一〕

「岳母山氏嘗夜起，見神武室中無火而有光，移於別室，如前所見。怪之，詣卜者筮，遇乾卦大有。〔二〕占者曰：吉，易稱飛龍在天，大人造也，貴不可言。山氏歸報神武。神武後起岳於信都，山氏謂岳曰：赤光之瑞，今當驗矣，汝可從之。」墨筆改「起岳」爲「起兵。」墨筆眉批：「乾之大有，高歡亦爾飛龍在天耶？」

「元海好亂樂禍，然詐仁慈，不飲酒噉肉。」墨筆眉批：「好亂樂禍，誠然，然爲武成三策之下策亦好。」

「後主時，斫骨光弁奉使至州，思好迎之甚謹。」墨筆眉批：「斫骨光弁，骨又作胥。」

「帝曰：告爾何物事？乃得坐食！」硃筆旁批：「『爾』字，齊書作『告示』。」

「令內參謝其妃於宮內，仍火焚殺之。」硃筆改「謝」作「射」。

「事相擾動，不殺無以息，後乃斬之。」硃筆旁批：「斬前告人。」

「又有老母姓王，孤獨，種菜三畝，數被偷，澈乃令人密往書菜葉爲字，明日，市中看菜葉有字，獲賊。」墨筆旁批：「此亦不易爲字，或賣菜者一洗菜時當奈何？」

〔一〕此條，傅山全書初版本脫，據手稿補。

〔二〕「乾卦」，傅山全書初版本作「乾之」，此處依批點底本。

「以其妃李氏配馮文洛，是帝家舊奴，積勞位至刺史。帝令文洛等殺湙，故以其妻妻焉。」墨筆旁批：「李氏遂從之，亦不成李氏。」

「李盛列左右，引文洛立於階下，數之曰：遭難流離，以至大辱，志操寡薄，不能自盡。幸蒙恩詔，得反蕃闈。〔一〕汝是誰家執奴？猶欲見侮！於是杖之一百，流血灑地。」墨筆旁批：「豈但當杖！」

卷五十二

卷五十二至五十四之册封面墨筆批：「彭樂腸出，截之復戰，此不然。」

「後又言趙郡王父死非命，不可而親。」墨筆眉批：「『不可而親』是何語？」

「嘗於廳事壁自畫一蒼鷹，見者皆以爲眞。又作朝士圖，亦當時之妙絶。」硃筆旁批：「『當時之妙絶』是何語？」

「乃求出拒西軍，謂阿那肱、韓長鸞、陳德信等云：朝廷不賜遣擊賊，豈不畏孝珩反邪？破宇文邕遂至長安，反時何與國家事？」「破宇文邕」旁墨筆批：「北齊書云：孝瑜破宇文邕。前孝瑜傳無破宇文事。」

「爲定州刺史，於樓上大便，使人在下，張口承之。」墨筆旁批：「該死！」

「周軍攻東門，〔二〕際昏，遂入進兵，焚佛寺門屋，飛焰照天地。延宗與敬顯自門入，夾擊之，周

〔一〕「蕃」，傅山全書初版本作「藩」，此處依批點底本。

〔二〕「東門」，傅山全書初版本作「東明」，據批點底本改。

軍大亂。」「自門入」旁墨筆批：「此『門』字下得不明快。」

「爭門相填。」「爭」與「門」之間硃筆加「出」字。〔一〕

「他鉢聞寶寧得平州，亦招諸部，各舉兵南向，云共立范陽王作齊帝，爲其報讎。」「爲其報讎」旁墨筆批：「此等『其』字往往有之。」

「後主不忍顯戮，使寵胡何猥薩後園與綽相撲，搤殺之。瘞於興聖佛寺，經四百餘日乃大斂，顏色毛髮皆如生。」末句旁硃筆批：「不信。」

「陸令萱曰：兄兄嗅，兒何不去？」墨筆旁批：「此卻又是正稱兄弟之是也。」〔二〕

「高平王仁英，武成第六子也。舉止軒昂，精神無檢格。位定州刺史。」墨筆尾批：「既云舉止軒昂，而又云精神無檢格，不知是如何模樣。」

「論曰：〔三〕文襄諸子，咸有風骨。雖文雅之道，有謝間、平；然武藝英姿，多堪禦侮。」墨筆眉批：「間、平掉，河間、東平亦可笑。」

「廣寧請出後宮，竟不獲遂，非孝珩辭致有謝李同，自是後主心識去平原已遠。」墨筆旁批：「孝珩請出宮人寶物賞將士。」

〔一〕此條，傅山全書初版本脱，據手稿補。
〔二〕此條，傅山全書初版本脱，據手稿補。
〔三〕「曰」字，傅山全書初版本脱，據批點底本補。

卷五十三

「天平四年，從神武西討，與周文相拒。神武欲緩持之，樂氣奮請決戰，曰：我衆賊少，百人取一，差不可失也。神武從之。樂因醉入深，被刺腸出，内之不盡，截去，復戰。身被數割，〔一〕軍勢遂挫，不利而還。」墨筆眉批：「腸出，内之不盡，截去，此亦難説。」

卷五十四

「孫騰字龍雀，咸陽石安人也。」墨筆旁批：「佞幸孫小亦石安人。」

「見忌慮禍，奔晉陽。神武入討椿，〔二〕留騰行幷州事。」硃筆眉批：「幷州、晉陽是兩處。」

「賈有色，騰納之爲妾。其妻袁死，騰以賈有子，正以爲妻。」硃筆改「其」爲「騰」。

「復請以袁氏爵回授其女。」硃筆旁批：「此女是那個？」

「武定六年薨，贈太師、開府、録尚書事，謚曰文。」墨筆眉批：「孫騰謚文，有甚正經？」

「韶字孝先，〔三〕少工騎射，有將領才略。」墨筆眉批：「趙郡王叡傳，斛律光曰：段婆善爲送女客。」

「斑省事褚士達夢人倚戶授其詩曰：『九升八合粟，角斗定非眞，堰卻津中水，將留何處人。』

〔一〕「割」，傅山全書初版本作「創」，此處依批點底本。
〔二〕「討」，傅山全書初版本誤作「封」，據批點底本改。
〔三〕「先」，傅山全書初版本誤作「光」，據批點底本改。

以告斑。斑占之曰：『角斗、斛字，津卻水，何留人，合成律字；非眞者，解斛律於我不實。』硃筆眉批：「然則律字當作律。」〔一〕

「祖信少年時，父遜爲李庶所卿，因詣庶，謂庶曰：暫來見卿，還辭卿去。庶父諧杖庶而謝焉。」墨筆眉批：「此處入李庶所卿事，甚無義。」

卷五十五

卷五十五至五十六之册封面墨筆批：「陳元康風雪中于氈下作軍書，颯颯運筆，筆不及凍，此又作史者不想而妄傳傳之，大風雪中豈有不凍之理？筆除是一條火箸始得爾爾。〔二〕『必須隸書』，趙隱傳中語，是以楷爲隸也。魏收枕中篇可誦，五十六。」

「搴神色安然，援筆立就，其文甚美。神武大悦，卽署相府主簿，專典文筆。又能通鮮卑語，兼宣傳號令，當煩劇之任，大見賞重。」「其文甚美」旁硃筆批：「高歡好舌撇。」「通鮮卑語」旁硃筆批：「此討便宜。」

「搴學淺行薄」云云。墨筆旁批：「前云其文甚美，自可當高歡賞鑑耳。」

「神武謂季式曰：卿飲殺我孫主簿，魏收作文書，都不稱我意。司徒嘗道一人謹密，是誰？季式以元康對。」墨筆眉批：「崔㥄傳，㥄以孫女求納于元康子。」「司徒」旁硃筆批：「高昂。」〔三〕

〔一〕「律」，傅山全書初版本誤作「律」，據手稿改。
〔二〕「始得」二字，傅山全書初版本脫，據手稿補。
〔三〕硃筆旁批文字，傅山全書初版本脫，據手稿補。

「神武之伐劉蠡升，天寒雪深，使人舉氈，元康於氈下作軍書，颯颯運筆，筆不及凍，俄頃數紙。及出，神武目之曰：此何如孔子邪？神武嘗怒文襄，親加毆蹋，極口肆駡。以告元康，元康俯伏泣下霑地曰：『王教世子過矣！』神武曰：『我性急，瞋阿惠，常如此。』元康大啼曰：『一度爲甚，況常然邪！』神武自是爲之懲忿。時或恚撻，輒曰：勿使元康知。又謂左右曰：元康用心誠實，必與我兒相抱死。」墨筆眉批：「筆不及凍，又是冒說。」「此何如孔子」旁墨筆批：「眞杖貨！」「泣下霑地」旁硃筆批：「何爲此泣？」「元康大啼」旁硃筆批：「那里此急淚？」「必與我兒相抱死」旁墨筆批：「後竟驗。」

「從神武於芒山，將戰，遺失陣圖，元康冒險求得之。」墨筆眉批：「將前遺失陣圖，亦可笑，豈臨陣炤圖而營耶？」

「文襄乃親征潁川，益發衆軍，決既至而克之，賞元康金百鋌。」硃筆旁批：「『決』字何說？」

「固成因進食，置刀盤下，而殺文襄。元康抱文襄」云云。硃筆旁批：「果相抱死。」

「十年夏，上因飲酒，積其愆失，遣使就州斬之。尋悔，驛追不及。」硃筆旁批：「此是瞎話。」

「紘進曰：國家龍飛朔野，雄步中原，五帝異儀，三王殊制，掩衣左右，何足是非？」硃筆旁批：「本是左衽之種！」

「孝昌末，見天下將亂，乃之洛陽，與慕容儼以客騎馬爲業，兼習弓矢。鑒性巧，夜則胡畫，以供衣食。」硃筆旁批：「客騎一事。」硃筆眉批：「『胡畫』是何語？」

卷五十六

「收曰：往因中原喪亂，人士譜諜遺逸略盡，〔二〕是以具書其枝派。望公觀過知仁，以免尤責。」硃筆旁批：「說道此處，但須別作譜絮。」

「收少子才十歲，子才每曰：佛助，寮人之偉。」硃筆眉批：「『寮』何說？」

卷五十九

卷五十九至六十一之册封面墨筆批：「書内少五十七一卷。」

卷六十

「擲時跨馬運矛，衝堅陷陣，隱身鞍甲之中。」墨筆眉批：「卽不盈五尺，亦不能隱身鞍甲中也。」

「恒謂所親曰：自古名將，唯以韓、白、衞、霍爲美談，吾察其行事，未足多尚，使與僕並時，不令豎子獨擅高名。」硃筆眉批：「無知妄言亦至於此。」

〔二〕「譜牒」，傅山全書初版本誤作「牒譜」，據批點底本改。

卷六十二

卷六十二至六十五之册封面墨筆批：「土牛木馬，晉俗輒有此語，蘇綽傳中有之，是北人常言。韋世康戀戀仕宦，動以退住事商之子弟，大可笑。又恥其弟世約爲從事，在族人韋師主簿之下。恁地好做大官，而虛張恬退清遙公，難說爲佳兒。」

「時南秦數叛，以羆行南秦州事。羆至州，召其魁帥爲腹心，擊捕反者略盡。乃謂魁帥等曰：『汝黨皆死盡，何用活爲！』乃以次斬之。」硃筆旁批：「胡了。豈不負心？然既自負其黨矣！」

「岳又築土山以臨城，城中飛梯火車，盡攻擊之法。」「城中」旁墨筆批：「多此二字。」

「齊文襄更益兵，堰洧水以灌城。時雖有怪獸，每衝壞其堰」云云。墨筆旁批：「怪獸作何處來？寫得如此無倫脊。」

「迥通敏有幹能，雖任兼文武，頗允時望。」硃筆旁批：「是何文句？」〔一〕

「迥以爲紀既盡鋭東下，蜀必空虛，王師臨之，必有征無戰。周文以爲然，謂曰：伐蜀之事，一以委汝。」墨筆眉批：「蕭紀盡鋭東下，而尉遲迥遂加蜀。」

「迥前軍臨劍閣，紀安州刺史樂廣以州先降。」「樂廣」旁墨筆批：「姓名同晉人。」

〔一〕「句」，傅山全書初版本誤作「法」，據手稿改。

卷六十三

「又爲六條詔書，奏施行之。其一，先修心」云云。墨筆眉批：「此話蘿莎、鏖糟。」

「其三，盡地利，曰：人生天地之間，衣食爲命。食不足則饑，衣不足則寒。」末二句旁硃筆批：「隔千里兮共明月。」

「自有晉之季，文章競爲浮華，遂以成俗。周文欲革其弊，因魏帝祭廟，羣臣畢至，乃命綽爲大誥，奏行之。其詞曰」云云。墨筆眉批：「大誥。正堪一唾！」

「威又遮止帝，帝拂衣入。良久，乃召威謝曰：公能若是，吾無憂矣。」末二句旁墨筆批：「老楊再沒兩句話，必于塡此套何爲？」

「顧謂威曰：用之則行，捨之則藏，唯我與爾有是夫！」墨筆旁批：「何處拾得兩句論語？」

「時突厥都藍可汗屢爲患，復令威至可汗所。」「所」下墨筆旁批：「此處有闕。」

「帝令案其事，乃下詔曰：威立性朋黨，好異端，懷挾詭道，徼幸名利，詆訶律令，謗訕臺省」云云。墨筆眉批：「隋書李諤傳中有威欲廢路邊店舍事，可笑！」

卷六十四

「明帝卽位，禮敬愈厚。乃爲詩以貽之」云云。硃筆旁批：「統萬突遂能爾文。」

「尉遲迥之亂，隋文帝謂世康曰：汾、絳舊是周、齊分界，因此亂階，恐生搖動，令以委公，因授絳州刺史。」硃筆眉批：「世康戀戀仕進人，于夐可謂敗類。」

「世康性恬素好古，不以得喪干懷。在州有止足之志，與子弟書曰」云云，「諸弟報以事恐難遂，乃止。」硃筆眉批：「此事豈容商量？」前二句旁墨筆批：「看後來便知不恬素，不好古，亦不以得喪干懷。」後二句旁墨筆批：「令弟只要一個官哥。」

「以母憂去職。」硃筆旁批：「悔不及。」

「嘗因休暇，謂子弟曰：『吾聞功遂身退，古人常道。今年將耳順，志在懸車，汝輩以爲云何？』子福嗣答曰：『大人澡身浴德，名立官成。盈滿之戒，先哲所重，欲追蹤二疏，伏奉尊命。』」硃筆眉批：「又商量來了。」後二句旁墨筆批：「説個甚？老住乃翁了？」

「荆州委於世康，時論以此爲美。世康爲政簡靜，百姓愛悅。卒於州。」墨筆眉批：「此處好對郎福嗣説：我再辭，上不肯也。」硃筆旁批：「輒死於官。」

「其族人世康爲吏部尚書，與師素懷勝負」云云，「世康弟世約爲法曹從事。世康恚恨不能食，又恥世約在師之下，召世約數之曰：『汝何故爲從事！』遂杖之。」硃筆眉批：「世康如此心肝，遽能捨官？所以與子弟商量，可笑！」

「與豫州刺史裴諏業據州歸魏。」硃筆改「諏」爲「叔」。〔一〕

「慶辭氣不撓，抗聲曰：竊聞君有不達者爲不明，臣有不爭者爲不忠。」硃筆旁批：「何突爾迂掉？」

〔一〕此條，傅山全書初版本脱，據手稿補。

卷六十五

「齊神武趣沙苑，周文復遣武覘之。武從三騎，皆衣敵人衣，至暮，下馬潛聽其軍號，厤營若警夜者，有不如法者，往往撻之。具知敵情，以告周文，遂從破之。」墨筆眉批：「衣敵人衣，若警夜者，撻之，頗似李孚。」

「周文嘗造射堂，新成，與諸將宴射。惠竊歎曰：『親老矣，何時辨此！』周文聞之，即日徙堂於惠宅。」墨筆旁批：「射堂如何即日能徙？若可以徙者，似行帳之流。」

「而武叶規文后，得雋小關，周瑜赤壁之謀，賈詡烏巢之策〔二〕，何以能尚？」墨筆眉批：竇泰傳，泰至小關，爲周文帝所襲。」

卷六十六

「遷哲累葉雄豪，爲鄉里所服。性復華侈，能厚自奉養。妾媵至有百數，男女六十九人。」墨筆眉批：「男女六十九人，數日福報爾爾。」

「就拜使持節、驃騎大將軍、開府儀同三司、大都督、侍中、豐州刺史，封新豐縣公。」墨筆眉批：「令狐整傳云豐州不居民中。」

〔二〕「烏」，傅山全書初版本誤作「鳥」，據批點底本改。

卷六十七

「以熙爲汴州刺史。下車，禁游食，抑工商，人有向術開門者，杜之。」墨筆眉批：「向術開門是何義？」

卷六十九

「陸通字仲明，吴郡人也。曾祖載」云云。硃筆眉批：「豈不知接輿之名而故犯之耶？」

「四年，除京兆尹。郡界有豕生數子，經旬而死。其家又有豮，遂乳養之，諸豚賴之以活，時論以逞仁政所致。」末句旁硃筆批：「不然，不然。」硃筆眉批：「仁政豈特感及于猪？」

「時塞北盛興屯田，仲卿總統之。微有不理者，仲卿輒召主掌撻其胸背，或解衣倒曳於荆棘中，時人謂之於菟。」「於菟」旁硃筆批：「掉虎也。」

「今歡始死，〔二〕景便離貳，豈不知君臣之道有違，忠義之禮不足？」末句旁硃筆批：「是何等累贅語？」

「其長子康恃悦舊望，遂自驕縱。所部軍人將有婚禮，康乃非理陵辱。」硃筆旁批：「是如何陵辱來？」

〔二〕「始」，傅山全書初版本誤作「姑」，據批點底本改。

卷七十

「杜杲字子暉，京兆杜陵人也。」墨筆眉批：「杜杲凡七使于陳。」「及去官，居貧無食，唯有一老牛，其兄子賣之，擬供薪米。券契已訖，市法應知牛主住在所。信適從外來。見買牛人，方知其賣也。因告之曰：此牛先來有病，小用便發，君不須也。杖其兄子二十。買牛人嗟異良久，呼信曰：孟公，但見與牛，未必須其力也。苦請不得，乃罷。」墨筆眉批：「買牛不須其力，便是要殺之矣，不賣與更好。」

卷七十一

「蔡景王整，隋文帝之次弟也。〔一〕文帝四弟，唯整及滕穆王瓚與帝同生。」墨筆眉批：「隋文紀，堅母呂氏。」

「父母泣謂我曰：『爾二弟大劇，不能愛兄。』我因言：『一日有天下，當改其姓』」云云，「當改之爲悖。」墨筆眉批：「有天下後，當改二弟爲悖姓。」〔二〕

「每飛言入耳，竊云：復未邪？當時實不可耐，羨人無兄弟。」「竊云」旁墨筆批：「此謂病癲，言尚未癡耶！」「羨人無兄弟」旁硃筆批：「此亦不仁之言。」

〔一〕「弟」，傅山全書初版本誤作「子」，據批點底本改。

〔二〕此條，傅山全書初版本脱，據手稿補。

「文帝龍潛時，與景王不睦，太妃尉氏又與獨孤皇后不相諧。」墨筆眉批：「尉氏與獨狐爲妯娌。」

「開皇十一年，從幸栗園，坐樹下，方飲酒，鼻忽流血，暴薨。時年四十四。人皆以爲遇鴆。」墨筆眉批：「酖是堅干底事。」

「諒自以居天下精兵處，以太子讒廢，居常怏怏，陰有異圖。」硃筆眉批：「諒之起兵，實不可少，恨貨惡，負王頍耳。」「居常怏怏」旁硃筆批：「不太差。」

「倜怒曰：天下者高祖之天下，東都者世祖之東都，若隋德未衰，此言不可而發。」硃筆眉批：「『而』字訛。」

卷七十二

「至是，頲愛妾產男」云云，「頲心存愛妾，面欺陛下。」墨筆眉批：「不納室而愛妾產男。」〔二〕

「牛弘字里仁，安定鶉觚人也。其先嘗避難，改姓遼氏。祖熾，本郡中正。父元，魏侍中、工部尚書、臨涇公，復姓牛氏。」墨筆眉批：「遼元，『元』字又作『允』，路史又作『兀』。」

「煬帝之在東宮，數有詩書遺弘，弘亦有答。及嗣位，嘗賜弘詩曰：晉家山吏部，魏代盧尚書，莫言先哲異，奇才並佐余。學行敦時俗，道素乃沖虛，納言雲閣上，禮儀皇運初。彝倫欣有敍，垂拱事端居。」墨筆眉批：「以道論之，煬尚可事耶！」

〔二〕此條，傅山全書初版本脱，據手稿補。

卷七十三

「趙王令其二子進瓜，因將刺帝。及酒酣，趙王欲生變，以佩刀子刺瓜，連啗帝，將爲不利。胄進曰：相府有事，不可久留」云云。墨筆眉批：「頗似樊噲。」

「房陵王之廢也，胄預其謀。帝正窮東宮時，左衛大將軍元旻苦諫，楊素乃譖之。帝大怒，執旻於杖。胄時當下直，不去，用奏曰：臣向不下直者，爲防元旻耳。復以此言激怒帝，帝遂誅旻。」「胄預其謀」旁硃筆批：「該死！」「爲防元旻耳」旁硃筆批：「又該死！」

「胄與和有舊，因數從之遊，酒酣，謂和曰：『上官政誠壯士也，今徙嶺表，得無大事乎？』因自拊腹曰：『若是公者，不徒然矣！』和明日奏之，胄竟坐死。」墨筆旁批：〔一〕「奪適殺元旻之報。」

「楊素見上方怒，因曰：萬歲謁東宮矣。」墨筆眉批：「楊素誣史萬歲謁見東宮以殺之。」〔二〕

「上嘗言及恩舊，顧義臣嗟嘆久之，因下詔賜義臣姓楊氏，編之屬籍，爲皇從孫。」「姓楊氏」旁硃筆批：「可厭！」〔三〕

「時鍾葵亞將王拔驍勇，善用矟，射者不能中，每以數騎陷陣，義臣患之，募能當拔者。有車騎將軍楊思恩請當之。義臣見思恩氣貌雄勇，顧之曰：『壯士也！』賜以巵酒。思恩望見拔立於陣

〔一〕「旁批」，傅山全書初版本誤作「眉批」，據手稿改。
〔二〕此條，傅山全書初版本脫，據手稿補。
〔三〕此條，傅山全書初版本脫，據手稿補。

後，投觴於地，策馬赴之。再往不剋，所從騎士退，思恩爲拔所殺。」硃筆旁批：「未攻到也像個好漢，不想乾粗猛耳。」墨筆眉批：「楊思恩，莽漢耳！」

卷七十四

「王轉牧揚州，衡復爲掾。王甚親任之，衡亦竭慮盡誠。奪宗之計，多衡所建。」末二句旁硃筆批：「該死！」

「八年，帝自遼東還都，妄言衡怨望，謗訕朝政，帝賜死于家。」墨筆眉批：「只一謀奪嫡，自當有此報。」

卷七十五

卷七十五至七十九之册封面墨筆批：「榮毗、梁毗並不畏楊素，可謂有隋二毗。」

卷七十七

「楊素薦毗爲華州長史，世號爲能。素之田宅，多在華陰，左右放縱，毗以法繩之，無所寬貸。」墨筆眉批：「楊素舉，而敢繩素左右以法。」

「義明馳馬追和，將與協計。至城西門，爲渤海所殺，毗亦被執。」墨筆旁批：「此渤海是誰？」

「毗見左僕射楊素貴重擅權，百僚震慴，恐爲國患，因上封事」云云。墨筆眉批：「梁毗封事彈楊素。」

卷七十八

「文帝命升御坐宴之，謂曰：卿可爲朕兒，朕爲卿父，今日聚集，示無外也。」硃筆眉批：「雖是親愛之語，然志士不甘受也。」

「嘗倒投於井，未及泉，復躍而出，其拳捷如此。」硃筆旁批：「此等事皆史家不細想，以傳流之言爲眞。」

卷七十九

「符璽郎牛方裕。」墨筆旁批：「方裕是弘之次子，弘傳云爲人凶險，在弘爲不肖子矣，在天道則不爲罪。」

卷八十

卷八十至八十二之册封面墨筆批：「劉蘭非毀公羊及董仲舒，見葛巾單衣者召與正，蘭尋卒，事亦古怪。後世輕薄士儘有非毀先賢者，何獨蘭？李業興之婦有癩疾，邢子才問之，李答甚可笑。」

「初，太武妹武威長公主，故涼王沮渠牧犍之妻，太武平涼州，頗以公主通密計之助，故寵遇差隆，詔蓋尚焉。」墨筆眉批：「妹密計，眞正裏應外合。」

「古者，王侯各在封邑，故分野有災，當其君長。今吾等虛名，竟不之國。」硃筆改「吾」爲

「五」。

「先是，太白食昴，占者曰：昴爲趙分，不利胡王。長仁未幾死。」墨筆尾批：「太白食昴，趙分，不利胡王。長人遂以姓當星變耶！」

「從父道貴，性尤頑騃，言詞鄙陋。初自鄉里徵入長安，上見之悲泣。道貴略無慼容。但連呼帝名云：種未定不可偷，大似苦桃姊。」，墨筆眉批：「『種未定不可偷，大似苦桃姊』，語不解何說。」

卷八十一

「時祕書省遊雅素聞其名，始頗好之，引入祕省，欲授以史職。後與奇論典誥，至易訟卦天與水違行。雅曰：自葱嶺以西，水皆西流，推此而言，自葱嶺西，豈東向望天哉？」「推此而言」下墨筆補：「『易之所及，自葱嶺以東耳。』奇曰：易理綿廣，包含宇宙。若如公言。」墨筆眉批：「魏書全文如此。此書去『易之所及』以下，問答不全。文章有必不可删簡者如此。」

「奇曰：『祖，燕東部侯釐。』雅質奇曰：『侯釐何官也？』奇曰：『昔有雲師、火正、鳥師之名以斯而言，世革則官異，時易則禮變。公爲皇魏東宮内侍長，竟何職也？』墨筆眉批：「侯釐之官，『釐』字奇，何不授『保釐』？」

「奇初被召，夜夢星墜壓脚。明而告人曰：星則好風，星則好雨，夢星壓脚，必無善徵。」墨筆眉批：「星之風雨。豈其箕畢？自夢自解爾爾。」

「曾謂其所親曰：觀屈原離騷之作，自是狂人，死其宜矣。」硃筆旁批：「眞胡說！」

「孔子曰：無可無不可，寔獲我心。」墨筆眉批：「此無可否，非先聖之義。」

「儻不能然，雖復不立身之道，有何益乎？」墨筆旁批：「有訛脱。」

「蘭學徒前後數千，成業者衆。而排毁公羊，又非董仲舒，由是見譏於世。爲國子助教，静坐讀書，有人叩門，蘭命引入。葛巾單衣，入與蘭坐，謂曰：『君自是學士，何爲每見毁辱？理義長短，竟在誰？而過無禮見陵也！今欲相召，當與君正之。』言終而出，蘭少時患死。」墨筆眉批：「葛巾單衣者，公羊高耶？董仲舒耶？」

「三禮、三傳，皆通宗旨。然始就鮑季詳，熊安生質問疑滯。」硃筆圈去「然」字，並旁批：「『然』字何用？」

「張買奴，平原人也。」墨筆尾批：「買奴是何等名字？馬元熙傳中又有袁買奴。」

「曾以賦呈魏收而不拜。收忿之，謂曰：賦名六合，已是太愚，文又愚於六合。君四體又甘於文。」墨筆旁批：「『甘』字何説？」

卷八十二

「後除國子博士，賜姓萬紐于氏。」硃筆眉批：「萬紐于是何義？」

「熊安生字植之，長樂阜城人也。」墨筆旁批：「隋地理志信都郡有長樂、阜城。注曰：舊信都帶長樂郡，後齊廢扶柳縣入焉。在冀州。」

「後齊任城王湝鞭之，道暉徐呼安偉，安偉出，謂人曰：我受鞭，不漢體。」墨筆眉批：「者麏糟奴也得此一頓打。」「不漢體」旁硃筆批：「脱。」

「仲讓未幾告歸鄉里，著書十卷，自云：此書若奏，必爲宰相。」後二句旁墨筆批：「可矣！」

卷八十三

「李廣。」題下墨筆批：「漢將軍同名。」

「是以曲阜之多才多藝，監二代以正其源，闕里之性與天道，脩六經以維其末。」硃筆旁批：「曲阜、闕里事，而兩掉書袋。」

「及太和在運，銳情文學，固以頡頏漢徹，跨躡曹丕，氣韻高遠，豔藻獨構。」「頡頏漢徹，跨躡曹丕」旁硃筆批：「胡說。」

「遜少好學，其兄仲以造氈爲業，亦常優饒之。」末句旁硃筆批：「是何語？」

「人有譏其靜默不能趨時者。遊常服東方朔之言」云云。硃筆改「遊」爲「遜」。

「孝謙辭曰：門族寒陋，訪第必不成。」「訪第」旁硃筆批：「何語？」

「柳䛒字顧言，河東人也。」硃筆眉批：「『䛒』一作『䛒』，又作『䛒』。」

「禎明二年，加通直散騎常侍聘隋。遇文帝伐陳，禮成而不獲反命。累表請辭，上不許，留贄賓館。及陳亡，上遣使告之。善心素服號哭於西階下，藉草東向，經三日，敕書唁焉。明日，有詔就館拜通直散騎常侍，賜衣一襲。善心哭盡哀，入房改服，復出北面立，垂涕再拜詔。」「明日有詔」旁硃筆批：「當于此時委曲陳情以免。」硃筆眉批：「若論後主、煬帝皆不足死，後主死而不死，煬弒而死，何厚隋而薄陳也？」

「後數月，述贇善心曰：陳叔寶卒，善心共周羅㬋、虞世基、袁充、蔡徵等同往送葬。善心爲祭文，謂爲陛下，敢於今日加叔寶尊號。」「爲祭文」旁硃筆批：「虧有此譖。」「還鈦旦。」

「七年，從至涿郡。帝方自御戎以東討，善心上封事，忤旨免官。」「上封事」旁硃筆批：「杜詩：中原何墋黷。」

「屬陰戎入潁，羯胡侵洛；沸騰墋黷，三季之所未聞」云云。墨筆眉批：「杜詩：中原何墋黷。」

「善心母范氏，梁太子中舍人孝才之女也」云云。「及善心遇禍，范氏九十有二，臨喪不哭，撫柩曰：能死國難，我有兒矣。因臥不食，後十餘日亦終。」「能死國難」旁硃筆批：「陳亡時便該爾。」硃筆眉批：「者老婆兒半明半暗之人。」

「綽與人爭田相訟，因有識綽者而告之，竟爲吏所執，坐斬江都。」硃筆旁批：「何時而與人爭？」

卷八十五

「易稱：立人之道，曰仁與義。蓋士之成名，在斯二者。故古人以天下爲大，方身則輕；生爲重矣，比義則輕。然則死有重於太山，貴其理全也；生有輕於鴻毛，重其義全也。」硃筆眉批：「此處『理』字何說？」「貴其理全」之「理」旁硃筆批：「性。」

「魏書序」云云，「李凡、張安祖、王閭以爲節義傳。」硃筆眉批：「魏書作李几，非『凡』也。」

「益州刺史邴蚪遣長史和安固守小劍，文熾圍之。」墨筆眉批：「邴蚪，『蚪』當是『虯』。」

「又荆州被圍，行臺宗靈恩遣使宗女等四人入城曉喻，爲賊將所獲。」墨筆眉批：「宗女，女是名字，卽如今有命小厮爲女子者。」

「時永寧縣令李公孝，四歲喪母，九歲外繼。其後父更别娶後妻，至是而亡。河間劉炫以爲無撫育之恩，議不解任。子翊駁之」云云。墨筆旁批：「此若是所繼之父，『後』字上當加一『所』字，若無『所』字。似謂本生者，又娶繼妻，云其後本生父又娶。」

「事奏，竟從子翊之議。」墨筆眉批：「至此始知前所云『其後父』者，是本生之父，更别娶妻。于李公孝既出爲人後之後也，劉炫之議故爾。」

卷八十六

「業唯有一馬，瘦死，韶以業貧，令州府官人，同食馬肉，欲令原相酬償。業固辭不敢。」墨筆眉批：「馬死要人食肉取償，是何等行事？」

「業爲通名，忽於衆中抗聲奏云」云云。墨筆旁批：「此何謂？」

卷八十七

卷八十七至九十之册封面墨筆批：「隋書隱逸傳：李士謙無所不解，散儲振饑，見盗禾黍者避之，可謂仁矣，而又無官守言責，汲汲論用肉刑，去指斷腕，何不仁之甚？北史附之家傳末，不收隱逸傳，得之。皇甫玉傳中，趙瓊，『其婦叔寄弓，弓已轉在人處』，不解如何語。陸法和畢竟不解爲何如人，然亦奇矣。」

「百姓王隴客刺殺人王羌奴、王愈二人，依律罪死。而洛侯生，拔隴客舌，刺其本，并刺胸腹二十餘瘡。」硃筆眉批：「『刺其本』何說？」

「殿中尚書叔孫侯頭應内直而闕於一時，泥以法繩之。」上句旁硃筆批：「此句不解。」

「李洪之，本名文通，恒農人也，少爲沙門，晚乃還俗。」墨筆眉批：「做過僧衣人，鑽刺無所不至。」

卷八十九

「其所卜筮，十中八九。别有林占，時或傳之。」墨筆眉批：「林占似是易林一類。」

「後賀拔岳北征，順興與魏收書，上爲毛鴻賓等九人姓名者悉放貴還。」硃筆眉批：「『貴』字譌。」

「有人以三月十三日詣惡頭求卜，遇兑之履。惡頭占曰：君卜父，父已亡，當上天，聞哭聲，忽復蘇，而有言」云云。硃筆眉批：「如此筮法，亦自有别傳。」

「魏孝武帝之將即位，使之筮，遇否之萃，曰：先否後喜。」末句旁硃筆批：「不及四爻詞，何也？」

「後齊文襄列爲大將軍府墨曹參軍。從遊東山，有雲起，恐雨廢射，戲使筮。遇剝，李業興云：坤上艮下，剝」云云。墨筆改「坤上艮下」爲「坤下艮上」。

「有館客趙瓊，其婦叔奇弓，弓已轉在人處盡知之。」墨筆旁批：「此句何説？」

「其後目盲，以手摸書而知其字。」硃筆旁批：「此必不然。」

卷九十

「謇常有將餌及舌服道，年垂八十而鬢髮不白。」墨筆眉批：「『將餌及舌服』是何說？」

「又常與朝士出游，遙望羣犬競走，諸人試令目之。之才即應聲云：爲是宋鵲？爲是韓盧？爲逐李斯東走？爲負帝女南徂？」墨筆旁批：「此四句又見序傳，云是温子昇與李神儁之語，延壽漫不裁度，兩處皆存，何瞉哉！」

「時人言云：『并州赫赫唐與白。』之才茂之。」硃筆改「茂」爲「蔑」。

「又罷大輔之初，顯爲領軍於烈間通規策，頗有密功。」墨筆改「大輔」爲「六輔」，改「於烈」爲「于烈」。墨筆眉批：「六輔，誤作『大』字。」

「梁元帝嘗有心腹病，諸醫皆請用平藥。僧垣曰：脈洪實，宜用大黃。元帝從之，進湯訖，果下宿食，因而疾愈。時初鑄錢，一當十，乃賜十萬貫，實百萬也。及魏軍剋荆州，僧垣猶侍梁元，不離左右，爲軍人所止，方泣涕而去。」墨筆眉批：「太醫看見此賜，元帝當萬代爲帝王。」「泣涕而去」旁硃筆批：「少了一着。」

「燕公于謹固留不遣，謂使人曰：五年衰暮」云云。硃筆改「五」爲「吾」。

「會秦王俊有疾，上馳召之，俊夜夢其亡妃崔氏泣曰：『本來相迎，如聞許智藏將至，其人若到，當必相苦，[一]爲之奈何？[二]』明夜，俊又夢崔氏曰：『妾得計矣，當入靈府中以避之。』及智藏

[一]「苦」，傅山全書初版本誤作「若」，據批點底本改。

[二]「之」，傅山全書初版本誤作「了」，據批點底本改。

至，爲俊診脈曰：疾已入心，即當發癎，不可救也。果如言，俊數日而薨。」墨筆眉批：「套晉二竪矣。」

卷九十二

「叡出入帷幄，太后密賜珍玩繒綵，人莫能知。率常以夜帷載閹官防致，〔二〕前後鉅萬，不可勝數。」「閹官防致」旁硃筆批：「此處有錯。」

「脩道路嬉戲，殆無蹙容，或與賓客姦掠婦女裸觀，從者噂喈喧嘩，詬詈無節，莫不畏而惡之。」「殆無蹙容」旁硃筆批：「此尚足爾責耶？」

「皓性微工巧，多所興立，爲山於天泉池西，採掘北芒及南山佳石，徙竹汝、潁，羅蒔其間。經構樓觀，列於上下，樹草栽木，頗有野致。」墨筆眉批：「山人技藝亦不可廢。」

「趙邕字令和，自云南陽人也。潔白美鬚眉。司空李沖之貴寵也。」墨筆旁批：「自是龍陽了。」

「本出寒微。少以善於鼎俎，得進膳出入，積官至嘗食典御。」墨筆眉批：「侯厨子，善於鼎俎。」

「仇洛齊，中山人也，本姓侯氏。」墨筆眉批：「仇洛齊不曾害事。」

「孫小字茂翹，咸陽石安人也。」墨筆尾批：「孫騰亦石安人。」

「武成時，恆令士開與太后握槊，又出入臥內，遂與太后爲亂。及武成崩後，彌自放恣」云云。墨筆眉批：「和士開了了！」

〔二〕「帷」，傅山全書初版本誤作「惟」，據批點底本改。

「見孝言役官夫匠，自亦遣孝言分工匠，爲己造宅。」硃筆改「自」爲「鳯」，並旁批：「『自』字何爲？」

卷九十三

「昭成末，衞辰導苻堅寇魏南境，王師敗績。」墨筆改「未」爲「末」，硃筆改「王師」爲「魏師」。

「太武馳往擊之，昌退走入城，未閉門，軍士乘勝入其西宮，焚其西門，夜宿城北。明日分軍四出，徙萬餘家而還。」墨筆旁批：「如何既入城矣，但徙萬家而還？」

「昌將狄子玉來降，說使人追其弟定。」墨筆旁批：「此『說』字何謂？」

「會軍士負罪，亡入昌城，言官軍糧盡，士卒食菜，輜重在後，步兵未至，擊之爲便。」墨筆旁批：「此是牒耶？若非牒，後不當言『昌信其言』。」

卷九十四

卷九十四至九十七之册封面墨筆批：「吐谷渾有子六十人，夸呂在位百年，亦異事也。吐谷渾傳。」

「朱蒙雖一矢，殪獸甚多。」硃筆旁批：「『一矢殪多獸』句失簡點。」

「又拜世子安爲鎮東將軍。」墨筆眉批：「前有一安。」

卷九十六

「今以葉延付汝，竭股肱之力以輔之，孺子得立，吾無恨也。」「竭股肱之力」旁硃筆批：「此句不必爲之掉。」

「稽胡一曰步落稽，蓋匈奴別種，劉元海五部之苗裔也」云云。墨筆眉批：「全用宇文書傳。北齊高洋時有平石樓道一節，亦是其中大節目，逕不採入，失漏。」

卷九十七

「眞君九年，遣使朝獻。并送幻人，稱能割人喉脈令斷，擊人頭令骨陷，皆血出或數升或盈斗，以草藥内其口中，令嚼咽之，須臾血止，養瘡一月復常，又無痕瘢。」墨筆眉批：「靈草迷失者多矣！」

卷九十八

「給事黄門侍郎盧同等奏曰：竊聞漢立南北單于，晉有東西之稱，皆所以相維禦難，爲國藩籬」云云。硃筆眉批：「袁翻傳有議處蠕蠕事。」

「逐昵延見而方嚴，率衆逆擊戰」云云。硃筆眉批：「『見而』兩字何說？」

「薛干部常屯聚于三城之間，及滅衞辰後，其部帥太悉伏望軍歸順，道武撫安之。車駕還，衞辰子屈丐奔其部。道武聞之，使使詔太悉伏執送之。太悉伏出屈丐以示使者曰：『今窮而見投，寧與俱亡，何忍送之！』遂不遣。道武大怒，車駕親討之。」硃筆眉批：「太悉伏此舉豈不奇特？」又墨筆眉批：「夷狄尚知此義。」

「木易干將千騎棄國遁走，盡徙其人於京師，餘種分迸。其後，爲赫連屈丐所滅。」硃筆眉批：「赫連屈丐名同前衞辰之子屈丐。」

卷一百

「常與呂光太史令郭麐及其同母弟宋繇同宿。麐起謂繇曰：君當位極人臣，李君必有國士之分。家有騧黄馬生白額駒，此其時也。」墨筆旁批：「麐與宋繇想是隔山弟兄耶！傳云：繇五歲喪母，此處頗難想算。」

「璵意不願策名兩朝，雖以宿德耆舊被徵，過事卽絕朝請。」末句旁墨筆批：「此亦不必周旋。」

「靜弟孚，字仲安」云云。墨筆眉批：「李孚，名同種薤人。」

「比遷鄴，〔二〕於路見狗，温子昇戲曰：『爲是宋鵲？爲是韓盧？』神儁曰：『爲逐丞相東走？爲共帝女南徂？沙苑之敗，神儁策眇馬而走，曰：『丁掾力。』馬倒，曰：『丁掾誤我。』其不拘若此。既不能方重，識者以此爲譏。喪二妻，又欲娶鄭嚴祖妹，神儁之從甥也。」墨筆眉批：「宋鵲四句，又見徐之才傳，云是之才語。」「娶鄭嚴祖妹」旁墨筆批：「胡了！」

「沖爲文明太后所幸，恩寵日盛，賞賜月必數千萬，進爵隴西公，密致珍寶服御以充其第，外人莫得而知。」墨筆眉批：「任澄王傳中，元順謂鄭儼曰：卿是高門子弟，而爲北宮幸臣，僕射李思

〔二〕「比」，傅山全書初版本作「北」，此處依批點底本。

沖尚與王洛誠同傳，卿亦應繼卷下。」

「如僕射之言，便終無征理。」墨筆旁批：「此下未了，便接以『機敏』一段。」

「曉乃攜諸猶子，微服潛行，避難東郡。行至成皋，爲滎陽令天水閻信所疑，〔二〕辟易左右，謂曉曰：觀君儀貌，豈是常倫？古人相知，未必在早，必有急難，須悉心以告。天下豈獨北海孫賓碩乎？曉以信有長者之言，乃具告情實。信乃厚相資給以免。」墨筆眉批：「信何人者，能爲如此事？」

「仲舉正色曰：僕射高氏，恩德未深，公於皇家沒齒非答。」硃筆旁批：「『非答』亦不成語。」

「仲舉曰：世居山東，受恩高氏，今國維不張，遠勞師衆，不能死於臣道，豈敢干非其議？」硃筆眉批：「忽然轉口作好語，不知後來見侯子欽未？」

「仲舉笑曰：屈伸之事，非子所知。尋被敕追赴京，朝廷以仲舉婆娑州里，責黜左降爲隆州錄事參軍。尋以疾歸，以琴書自娛，優遊賞逸，視人世蔑如也。」「屈伸之事，非子所知」旁硃筆批：「只得爾圇囫打發。」「視人世蔑如也」旁硃筆批：「可厭！」

「寬當時位望，又與大師年事不侔，初見，言未及終，便改容加敬，曰：名下故無虛士，今者非以相勞，自望坐嘯有託耳。」末句旁硃筆批：「掉得也文。」

〔二〕「滎」，傅山全書初版本誤作「榮」，據批點底本改。

卷一百六　隋書批注〔一〕（上）

卷四〔二〕

「盧芳小盜，漢祖尚且親戎，隗囂餘燼，光武猶自登隴。」硃筆眉批：「盧芳下稱漢祖，當云世祖才是。」

「高元伏鑕泥首，送款軍門。」硃筆旁批：「幾時來？」

「己酉，幸太原，避暑汾陽宮。」硃筆旁批：「好且受用。」

「二月己未，眞臘國遣使貢方物。」硃筆旁批：「貢，只管貢。」

「壬午，上於景華宮徵求螢火，得數斛，夜出遊山，放之，光徧巖谷。」硃筆旁批：「也好頑耍。」

「奉信郎崔民象以盜賊充斥，於建國門上表，諫不宜巡幸。上大怒，先解其頤，乃斬之。」硃筆旁批：「該殺！」

「奉信郎王愛仁以盜賊日盛，諫上請還西京。上怒，斬之而行。」「王愛仁」旁硃筆批：「該

〔一〕此篇據山西博物院藏批點手稿整理。批點底本爲明萬曆二十六年刊本。由高維德先生釋文，谷錦秋校補。重複書中詞句的批語未錄。

〔二〕此前批本缺卷一至三。

殺！」

「戊戌，武賁郎將高毗敗濟北郡賊甄寶車於嵫山。」硃筆眉批：「嵫山尚有此捷。」

「東西遊幸，靡有定居，每以供費不給，逆收數年之賦。所至唯與後宮流連躭湎，惟日不足，招迎姥媪，朝夕共肆醜言，又引少年，令與宫人穢亂，不軌不遜，以爲娛樂。」硃筆眉批：「樂哉！」

卷八

「皇帝入便殿，更衣以出，驊騮令進御馬，有司進弓矢。帝射訖，還御坐，射懸侯，又畢，羣官乃射五埒。」「三品二十五發，一發調馬，五發射下，十發射麞，三發射帖，三發射獸頭。」硃筆根批：「小字不足二十五發數。」〔一〕

卷十二

「及大業元年，煬帝始詔吏部尚書牛弘、工部尚書宇文愷、兼内史侍郎虞世基、給事郎許善心、儀曹郎袁朗等，憲章古制，創造衣冠，自天子逮于胥皁，服章皆有等差。」硃筆眉批：「煬帝始有憲章之等差。」

「大裘之服，案周官注『羔裘也』。其制，準禮圖，以羔正黑者爲之，取同色繒以爲領褾。其裳用纁，而無章飾，絳韤，赤舄。」硃筆眉批：「大裘不言分寒暑。」

〔一〕「五」字，手稿脱，據文義補。

卷十三

「音樂上。」墨筆眉批：「六十六卷裴政傳曰：嘗與長孫紹遠論樂，語在音律志。」

「乃委一舊學，撰爲樂書，以起千載絕文，以定大梁之樂。使五英懷慚，六莖興愧。」硃筆旁批：「何必輒作此等語！」

「帝既素善鍾律，詳悉舊事，遂自制定禮樂。又立爲四器，名之爲通。通受聲廣九寸，宣聲長九尺，臨岳高一寸二分。每通皆施三絃。一曰玄英通：應鐘絃，用一百四十二絲，長四尺七寸四分差强；黄鐘絃，用二百七十絲，長九尺；大呂絃，用二百五十二絲，長八尺四寸三分差弱。二曰青陽通：太簇絃，用二百四十絲，長八尺；夾鐘絃，用二百二十四絲，長七尺五寸弱；姑洗絃，用一百四十二絲，長七尺一寸一分强。三曰朱明通：中呂絃，用一百九十九絲，長六尺六寸六分弱；蕤賓絃，用一百八十九絲，長六尺三寸二分强；林鐘絃，用一百八十絲，長六尺四寸。四曰白藏通：夷則絃，用一百六十八絲，長五尺六寸二分弱；南呂絃，用一百六十絲，長五尺三寸二分大强；無射絃，用一百二十九絲，〔二〕長四尺九寸九分强。〔三〕因以通聲，轉推月氣，悉無差違，而還相得中。」「應鐘」旁硃筆批：「十月。」「黄鐘」旁硃筆批：「十一月。」「大呂」旁硃筆批：「十二月。」「太簇」旁硃筆批：「正月。」「夾鐘」旁硃筆批：「二月。」「姑洗」旁硃筆批：「三月。」「中呂」旁硃筆批：「四月。」「蕤賓」旁硃筆批：「五月。」「林鐘」旁硃筆批：「六月。」「夷則」

〔二〕「二」，傅山全書初版本作「四」，此據批點底本。
〔三〕「九」字下，批點底本尚有一「二」字，明顯爲衍字，故删去未録。

旁硃筆批：「七月。」「南吕」旁硃筆批：「八月。」「無射」旁硃筆批：「九月。」

「相和五引：角引。」墨筆眉批：「木。」

「徵引。」墨筆眉批：「火。」

「宫引。」墨筆眉批：「土。」

「商引。」墨筆眉批：「金。」

「羽引。」墨筆眉批：「水。」

「一日元會，太樂奏鳳凰銜書伎，至乃舍人受書，升殿跪奏。誠復興乎前代，率由自遠，内省懷慚，彌與事篤。可罷之。」墨筆旁批：「此等事原可笑。」

卷十四

「皇帝飲福酒，奏皇夏之樂。」「護、武方知恥，韶、夏僅同聲。」硃筆旁批：「無知，無忌憚。」

「開皇二年，齊黄門侍郎顔之推上言：『禮崩樂壞，其來自久。今太常雅樂，并用胡聲，請憑梁國舊事，考尋古典。』高祖不從，曰：『梁樂亡國之音，奈何遣我用邪？』」硃筆旁批：「胡聲不亡耶？」

「高祖大怒曰：『我受天命七年，樂府猶歌前代功德邪？』命治書侍御史李諤，引弘等下，將罪之。」硃筆旁批：「者是怒得底。」

「七日俟利箑，華言斛牛聲，卽變宫聲也。」墨筆眉批：「箑，篇海音士洽切，與箑同。」

「譯因習而彈之，始得七聲之正。然其就此七調，又有五旦之名，旦作七調。以華言譯之，旦者則謂均也。〔二〕其聲亦應黃鐘、太簇、林鐘、南宮、姑洗五均，已外七律，更無調聲。譯遂因其所捻琵琶，絃柱相飲爲均，推演其聲，更立七均。合成十二，以應十二律。律有七音，音立一調，故成七調十二律，合八十四調，旋轉相交，盡皆和合。」墨筆眉批：「鄭譯。」又墨筆根批：「五旦，每旦七調，則當有三十五調。」「黃鐘」旁墨筆批：「子。」「太簇」旁墨筆批：「寅。」「林鐘」旁墨筆批：「未。」硃筆改「南宮」爲「南呂」，並墨筆旁批：「酉。」「姑洗」旁墨筆批：「辰。」「更立七均」旁墨筆批：「又添上四十九調。」

「妥恐樂成，善惡易見，乃調高祖張樂試之。遂先說曰：『黃鐘者，以象人君之德。』及奏黃鐘之調，高祖曰：『滔滔和雅，甚與我心會。』妥因陳用黃鐘一宮，不假餘律，高祖大悅，班賜妥等修樂者。自是譯等議寢。」墨筆旁批：「何處何事無此輩？齪齪妒忌。」

卷十五

「凡樂，圜鐘爲宮，黃鐘爲角，太簇爲徵，姑洗爲羽，舞雲門以祭天。」硃筆旁批：「無商聲。」

「初，後周故事，懸鍾磬法，七正七倍，合爲十四。」硃筆眉批：「『後周』二字甚僭，作史者並瞶瞶。」

「夕月奏誠夏辭：澄輝燭地域，流耀鏡天儀。曆草隨弦長，珠胎逐望虧。成形表蟾兔，竊藥資王母。西郊禮既成，幽壇福惟厚。」硃筆眉批：「蟾兔竊藥事逕入夕月詞中。」

「玉食惟后，膳必珍。芳菰既絜，重秬新。是能安體，又調神。」硃筆眉批：「『又』字俚。」

〔二〕「旦」，傅山全書初版本誤作「且」，據批點底本改。

「高祖病之，謂羣臣曰：聞公等皆好新變，所奏無復正聲，此不祥之大也。自家形國，化成人風，勿謂天下方然，公家家自有風俗矣。存亡善惡，莫不繫之。樂感人深，事資和雅，公等對親賓宴飲，宜奏正聲；聲不正，何可使兒女聞也！」硃筆眉批：「難爲堅有此議論。」

「又以繩繫兩柱，相去十丈，遣二倡女，對舞繩上，相逢切肩而過，歌舞不輟」云云。硃筆眉批：「傻大官兒也樂哉！」

卷二十七

卷二十七至三十之册封面墨筆批：「薩甫，官名，見二十七卷鴻臚寺下，不解其義。鞥谷縣，見義城下，鞥字不音，二十九卷。」

卷二十九

「東西九千三百里，南北萬四千八百一十五里，東南皆至於海，西至且末，北至五原，隋氏之盛，極於此也。」硃筆眉批：「且末見後。」

「京兆郡，統縣二十二，戶三十萬八千四百九十九。」硃筆眉批：「以下雍州。」

「雕陰郡」云云。硃筆眉批：「後云雕陰、延安、弘化，皆女淫而婦貞。」

「雕陰、延安、弘化、連接山胡，性多木强，皆女淫而婦貞，蓋俗然也。」硃筆眉批：「『女淫而婦貞』何說？」「女淫而婦貞」旁硃筆批：「可笑。」

「漢川郡，統縣八，戶一萬一千九百一十。」硃筆眉批：「以下梁州。」

「武都郡，統縣七，戶一萬七百八十。」墨筆眉批：「武都，兩漢但有下辯，西漢曰下辯道，東漢曰下辯縣。」

「義城郡，⿰𠦝系谷。」墨筆眉批：「『⿰𠦝系』何音？豈『緜』之訛？」

卷三十

「河南郡，統縣十八，戶二十萬二千二百三十。」硃筆眉批：「以下豫州屬。」

「東郡，統縣九，戶十二萬一千九百五。」硃筆眉批：「以下兗州屬。」

「信都郡，統縣十二，戶十六萬八千七百一十八。」硃筆眉批：「以下屬冀州。」

「太原郡」，「遼山」。墨筆眉批：「唐以遼州爲箕州，避玄宗諱，改遼山，有萁轑山。」

「自柳九度至張十六度，爲鶉火，屬三河，則河内、河東也。」硃筆眉批：「今言鶉火，爲參分野。」

「信都、清河、河間、博陵、恆山、趙郡、武安、襄國，其俗頗同。人性多敦厚，務在農桑」云云。「語曰：『魏郡、清河，天公無奈何！』斯皆輕狡所致。」硃筆旁批：「前既云清河性多敦厚矣！」

「北海郡，統縣十，戶十四萬七千八百四十五。」硃筆眉批：「以下屬青州。」

卷三十二

「煬帝卽位，祕閣之書，限寫五十副本，分爲三品：上品紅瑠璃軸，中品紺瑠璃軸，下品漆軸。

於東都觀文殿東西廂構屋以貯之，東屋藏甲乙，西屋藏丙丁。又聚魏已來古跡名畫，於殿後起二臺，東曰妙楷臺，藏古迹；西曰寶臺，藏古畫。」硃筆眉批：「用軸，當是卷子之類。古畫但曰寶臺，何也。」

「大唐武德五年，克平僞鄭，盡收其圖書及古跡焉。命司農少卿宋遵貴載之以船，泝河西上，將致京師。〔二〕行經底柱，多被漂沒，其所存者，十不一二。」硃筆旁批：「此路原不可冒險，當時何無人議，只從陸路車運也不難。」

「尚書九卷鄭玄注。尚書十一卷王肅注。尚書十五卷晉祠部郎謝沈撰。」「尚書九卷」旁硃筆批：「唐志，此古文。」「尚書十一卷」旁硃筆批：「唐志，十卷。」「尚書十五卷」旁硃筆批：「唐，十三。」

「急就章一卷漢黄門令史游撰。急就章二卷崔浩撰。急就章三卷豆盧氏撰。」硃筆眉批：「急就章凡三種。」

「千字文一卷梁給事郎周興嗣撰。千字文一卷梁國子祭酒蕭子雲注。千字文一卷胡肅注。」硃筆眉批：「千字文三種。」

卷三十七

卷三十七至四十一之册封面墨筆批：「虞慶則在諸功臣亦無甚大功。突厥之拜，是長孫晟左語誘之使拜耳。後來反狀亦未甚顯明。妻弟趙什柱既與其妾通，遂告其謀反而殺之。宇文述陷害李渾

〔二〕「致」，傅山全書初版本誤作「攻」，據批點底本改。

宗族卅二人。」〔二〕

「開皇初，周宣帝后封樂平公主，有女娥英，妙擇婚對，勑貴公子弟集弘聖宮者，曰以百數。公主親在帷中，並令自序，幷試技藝。選不中者，輒引出之。至敏而合意，竟爲姻媾。敏假一品羽儀，禮如尚帝之女。後將佳宴，公主謂敏曰：我以四海與至尊，唯一女夫，當爲汝求柱國。若授餘官，汝慎無謝。」墨筆眉批：「此主是楊堅之女，封爲樂平主也。周書云：主見堅禪代事不悦。此云『我以四海與至尊』，是復何言？」

「睿威惠兼著，民夷悦服，聲望逾重，高祖陰憚之。薛道衡從軍在蜀，因入接宴，說睿曰：『天下之望，已歸於隋。』密令勸進，高祖大悦。及受禪，顧待彌隆。」硃筆眉批：「忽然隋了。」

「睿退謂所親曰：『功遂身退，今其時也。』遂謝病於家，闔門自守，不交當代。」硃筆旁批：「明白人。」

卷三十八

「時宣帝弟漢王贊居禁中，每與高祖同帳而坐。昉飾美妓進於贊，贊甚悦之。昉因說贊曰：『大王，先帝之弟，時望所歸。孺子幼沖，豈堪大事！今先帝初崩，羣情尚擾，王且歸第，待事寧之後，入爲天子，此萬全之計也。』贊時年未弱冠，性識庸下，聞昉之說，以爲信然，遂從之。」硃筆眉批：「劉昉哄了宇文贊耳。卽贊不去，也不濟甚事。」

「臨刑，至朝堂，宇文忻見高熲，向之叩頭求哀。」硃筆旁批：「奴樣！」

〔二〕自「宇文述」至此，傅山全書初版本脫，據手稿補。

「韋謩者，京兆人也。仕周内史大夫。高祖以謩有定策之功，累遷上柱國，封普安郡公。」硃筆旁批：「傳末無因而生韋謩數句，不知與皇甫氏何干？」

「賁略涉書記，頗解鍾律。周武帝時，襲爵燕郡公，邑一千九百戶。後歷魯陽太守、太子小宮尹、儀同三司。平齊有功，增邑四百戶，轉司武上士。時高祖爲大司武，賁知高祖爲非常人，深自推結。」硃筆旁批：「此等事似是明眼人，然以爲周郡公之人，卻不許。」

「時高熲、蘇威共掌朝政，賁甚不平之。柱國劉昉時被疏忌，賁因諷昉及上柱國元諧、李詢、華州刺史張賓等，謀黜熲、威，五人相與輔政。」硃筆眉批：「小人往往要把權柄如此。」

「賁以古樂宮懸七八，損益不同，歷代通儒，議無定準。於是上表曰」云云。硃筆眉批：「七是宮之數，八是懸之數。」

「上曰：我抑屈之，全其命也。微劉昉、鄭譯及賁、柳裘、皇甫績等，則我不至此。然此等皆反覆子也。」「皆反覆子」旁硃筆批：「說甚？」

卷三十九

「時孝寬有疾，不能親總戎事，每臥帳中，遣婦人傳教命。」墨筆眉批：「孝寬軍中帶婦人。」

「與虜戰於高越原，兩軍相持，其地無水，士卒渴甚，至刺馬血而飲，死者十有二三。榮定仰天太息，俄而澍雨。軍乃復振。」墨筆旁批：「不信。」

「復封子憲爲安康郡公，賜縑五千匹。」墨筆眉批：「竇憲，竟用漢人之名。」

「王世積。」墨筆旁批：「世積之死，無甚明證。皇甫孝諧亡命不納，遂告變。世績之不能如狐熙，不待言矣。而皇甫急而泄恨誣告，亦非丈夫。」

「時稽胡數爲反叛。」硃筆眉批：「稽胡多在汾州離石。」

「上謂諸公曰：飲此酒，願我與諸公等子孫常如今日，世守富貴。」硃筆旁批：「獃話。」

「什柱至京，因告慶則謀反，上案驗之，慶則於是伏誅。拜什柱爲柱國。」墨筆眉批：「此是殺宇文氏之報。」又硃筆眉批：「傳中無殺宇文氏之事。」

「元胄。」墨筆旁批：「與謀奪適。」

「周趙王招知高祖將遷周鼎，乃要高祖就第。趙王引高祖入寢室，左右不得從，唯楊弘與胄兄弟坐於戶側。趙王謂其二子員、貫曰：『汝當進瓜，我因刺殺之。』及酒酣，趙王欲生變，以佩刀子刺瓜，連啗高祖，將爲不利。胄進曰：『相府有事，不可久留。』趙王訶之曰：『我與丞相言，汝何爲者！』叱之使卻。胄瞋目憤氣，扣刀入衛」云云。硃筆眉批：「一小樊噲。此段實大虧元胄。」

「房陵王之廢也，胄豫其謀。」硃筆旁批：「該死了。」

「上正窮治東宮事，左衛大將軍元旻苦諫，楊素乃譖之。上大怒，執旻於仗。胄時當下直，不去，因奏曰：『臣不下直者，爲防元旻耳。』復以此言激怒上，上遂誅旻，賜胄帛千匹。蜀王秀之得罪，胄坐與交通，〔一〕除名。」「和明日奏之，胄竟坐死。」硃筆眉批：「天理報太子勇、元旻之死

〔一〕「與」，傅山全書初版本誤作「於」，據批點底本改。

也。」

卷四十一

「高熲」，題下墨筆批：「周時賜姓獨孤氏。」〔一〕

「上以漢王年少，專委軍於熲。熲以任寄隆重，每懷至公，無自疑之意。諒所言多不用，甚銜之。及還，諒泣言於后曰：『兒幸免高熲所殺。』上聞之，彌不平。」硃筆旁批：「此等貨怎得不死！」

「良久，乃召威謝曰：公能若是，吾無憂矣。」硃筆旁批：「脫了。」

「尋歸長安，至朝堂請見，又不許。卒於家，時年八十二。」墨筆眉批：「威建議毀近道店舍，見李諤傳。」

卷四十二

卷四十二至四十七之册封面墨筆批：「李德林與魏收辯一年、元年，引鄭玄注易黃裳元吉，如舜試天子、周公攝政之語，以證元、一無異。元年之元、元吉之元，似稍有别也。吾意不爾。見本傳。楊雄，觀德王也。雖與子雲姓楊不同而同名。庶人勇傳中，隋文帝堅有『受其此語』、『爲其此事』二句，笑人。韋世康與韋師素懷勝負，世約爲從事，恥在師下，杖之。甚可笑。」

〔一〕此條，傅山全書初版本脫，據手稿補。

「德林復書曰：卽位之元，春秋常義。謹案魯君息姑不稱卽位，亦有元年，非獨卽位得稱元年也。議云受終之元，尚書之古典。謹按大傳，周公攝政，一年救亂，二年伐殷，三年踐奄，四年建侯衞，五年營成周，六年制禮作樂，七年致政成王〔二〕。論者或以舜、禹受終，是爲天子。然則周公以臣禮而死，此亦稱元，非獨受終爲帝也。」硃筆眉批：「一年、元年畢竟不同。」

「德林答曰：攝之與相，其義一也。故周公攝政，孔子曰『周公相成王』；魏武相漢，曹植曰『如虞翼唐』。或云高祖身未居攝，灼然非理。攝者專賞罰之名，古今事殊，不可以體爲斷。陸機見舜肆類上帝，班瑞羣后，便云舜有天下，須格於文祖也，欲使晉之三主異於舜攝。竊以爲舜若堯死獄訟不歸，便是夏朝之益，何得不須格於文祖也？若使用王者之禮，便曰卽眞，則周公負扆朝諸侯，霍光行周公之事，皆眞帝乎？斯不然矣。必知高祖與舜攝不殊，不得從士衡之謬。」硃筆眉批：「攝之與相，其義一也。晉之三王異于舜攝。此等事情，其實亦無定例，各訴其見，欲成其說耳。」墨筆眉批：「如孔子爲司寇，攝行相事，是別有爲相者。司寇署相事，非又有一相，司寇左右之爲攝也。此亦足以明攝、相不同。」又墨筆眉批：「此皆係儒生傅會之詞，畢竟攝與相不同。攝是巡行天子事，相是佐理，還要禀命天子。」「周公相成王，魏武相漢」旁墨筆批：「此皆因其字面對付以成我見者。」「高祖」旁硃筆批：「歡。」「攝者專賞罰之名」旁墨筆批：「此是。」

「案易『黃裳元吉』，鄭玄注云：『如舜試天子，周公攝政。』是以試、攝不殊。」墨筆眉批：「或云：俗稱周公元聖，不稱元公，不知此名出自何時何典？」〔三〕

〔二〕「政」，傅山全書初版本誤作「致」，據批點底本改。
〔三〕「不」，傅山全書初版本誤作「又」，據手稿改。

「漢獻帝死，劉備自尊崇。陳壽，蜀人，以魏爲漢賊。寧肯蜀主未立，已云魏武受命乎？」墨筆眉批：「陳壽不肯以魏爲漢賊也。」

「於是追贈其父恆州刺史。」「父」旁硃筆批：「敬族。」〔二〕

「大象末，高祖以逆人王謙宅賜之。文書已出，至地官府，忽復改賜崔謙」云云。「德林乃奏取逆人高阿那肱衞國縣市店八十塸爲王謙宅替。」硃筆眉批：「請店事也可笑。」

卷四十三

「觀德王雄。」硃筆旁批：「初封廣平王。」又硃筆眉批：「勇太子傳有廣平王雄。」

卷四十五

「房陵王勇字晛地伐，高祖長子也。」硃筆旁批：「是何等字？」

「上嘗從容謂羣臣曰：前世皇王，溺於嬖幸，廢立之所由生。朕傍無姬侍，五子同母，可謂眞兄弟也。」硃筆旁批：「不要誇得臆下了。」

「獻皇后意有他故，甚責望勇。」硃筆旁批：「『望』字不妥。」

「臨還揚州，入内辭皇后，因進言曰：『臣鎭守有限，方違顏色，臣子之戀，實結于心。一辭

〔二〕　此條，傅山全書初版本脱，據手稿補。

階闥，〔一〕無由侍奉，拜見之期，杳然末日。』因哽咽流涕，伏不能興。」硃筆眉批：「此賊子恁地做作。」

「乃作色奮厲，骨肉飛騰。」硃筆旁批：「何語？」

「勇昔從南兗州來，語衛王云：『阿孃不與我一好婦女，亦是可恨。』因指皇后侍兒曰：『是皆我物。』〔二〕」硃筆旁批：「到都是二官兒底。」

「又劉金驎，諂佞人也，呼定興作親家翁，定興愚人，受其此語。我前解金驎者，爲其此事。」墨筆眉批：「受其此語，爲其此事，皇帝文理當爾。」

「高祖寢疾於仁壽宫，徵皇太子入侍醫藥，而姦亂宫闈，事聞於高祖。高祖抵牀曰：『枉廢我兒！』因遣追勇。未及發使，高祖暴崩，秘不發喪。」硃筆旁批：「天理！好太子！」

「上因下詔數其罪曰：汝地居臣子，情兼家國，庸、蜀要重，委以鎮之。汝乃干紀亂常，懷惡樂禍，睥睨二宫，佇望灾釁，容納不逞，結構異端」云云。墨筆眉批：「分明煬廣造誣乃爾！毒！」

「庶人諒字德章，一名傑，開皇元年，立爲漢王。十二年，爲雍州牧，加上柱國、右衛大將軍。歲餘，轉左衛大將軍。十七年，出爲并州總管，上幸温湯而送之。自山以東，至於滄海，南拒黄河，五十二州盡隸焉。」硃筆旁批：「也儘彀調度。」

「及蜀王以罪廢，諒愈不自安。會高祖崩，徵之不赴，遂發兵反。」硃筆旁批：「只此一節，反之是正，但諒貨惡耳。」硃筆眉批：「諒的確該有此反。」

〔二〕「二」字，傅山全書初版本脱，據批點底本補。

卷四十六

「子師孝，性輕狡好利，數犯法。上以其不克負荷，遣使弔平國官。」硃筆眉批：「『弔平國官』一句不解。」

「以司空楊雄、尚書左僕射高熲並爲州都督。」「楊雄」旁墨筆批：「即廣平王也。」

「晉王諱爲揚州總管，授㬉司馬，加銀青光祿大夫。」硃筆改「諱」爲「廣」。

卷四十七

「世康性恬素好古，不以得喪干懷。在州，嘗慨然有止足之志，與子弟書曰：吾生因緒餘，夙霑纓弁，驅馳不已，四紀於茲。亟登袞命，頻涖方岳，志除三惑，心慎四知，以不貪而爲寶，處膏脂而莫潤。如斯之事，頗爲時悉。今耄雖未及，壯年已謝，霜早梧楸，風先蒲柳。眼闇更劇，不見細書，足疾彌增，非可趨走。祿豈須多，防滿則退，年不待暮，有疾便辭。況孃春秋已高，温情宜奉，晨昏有闕，罪在我躬。今世穆、世文並從戎役，吾與世沖復嬰遠任，陟岵瞻望，此情彌切，桓山之悲，倍深常戀。意欲上聞，乞遵養禮，未訪汝等，故遺此及。興言遠慕，感咽難勝。」墨筆眉批：「前韋師傳云：族人韋世康與師素懷勝負，恨弟世約爲從事在師之下，世康恚恨不能食。此云恬素不以得喪干懷，何也？一再以遵養之意商諸子弟，可謂難退者矣！尚可謂之恬素知止足者耶？」又硃筆於末句旁批：「何不自決，商之子弟？」

「今年將耳順，志在懸車，汝輩以爲云何？」硃筆旁批：「又商量。」

「十七年，卒于州。」硃筆旁批：「輒爾。」

卷四十八

「從齊王憲與齊人戰於河陰，以功封清河縣子，邑五百戶。」「齊王」。旁墨筆批：「宇文泰之子。」〔一〕

「宣帝卽位」。墨筆旁批：「周。宇文贇。」〔二〕

「開皇四年，拜御史大夫。」「開皇」旁墨筆批「隋文。」〔三〕

「素性疎而辯，高下在心，朝臣之內，〔四〕頗推高熲，敬牛弘，厚接薛道衡，視蘇威蔑如也。」墨筆於四人旁分別批：「不善。」

「十八年，突厥達頭可汗犯塞。」「十八年」旁墨筆批「開皇。」〔五〕

「因下馬仰天而拜，率精騎十餘萬而至。素奮擊，大破之。」墨筆旁批：「寫得太廖落。」

「仁壽初，代高熲爲尚書僕射。」墨筆旁批「隋文帝改號。」〔六〕

〔一〕此條，傅山全書初版本脫，據手稿補。
〔二〕此條，傅山全書初版本脫，據手稿補。
〔三〕此條，傅山全書初版本脫，據手稿補。
〔四〕「之」，傅山全書初版本誤作「在」，據批點底本改。
〔五〕此條，傅山全書初版本脫，據手稿補。
〔六〕此條，傅山全書初版本脫，據手稿補。

卷四十九

「宣政元年，轉内史下大夫，進位使持節、大將軍、儀同三司。」墨筆眉批：「宣政元年是周孝武宇文邕年號之一。」

「吏部侍郎高孝基，鑒賞機晤，清慎絕倫，然爽儁有餘，迹似輕薄，時宰多以此疑之。」墨筆眉批：「爽儁之才，那得容易！」

卷五十

「書足記姓名而已，安能久事筆硯？」墨筆旁批：「也是套話。」

「衞王直出鎮襄州，晃以本官從。尋與長湖公元定擊江南，孤軍深入，遂沒於陣。數年，衞王直遣晃弟車騎將軍元儁齎絹八百匹贖焉，乃得歸朝。」「沒於陣」旁墨筆批：「此句卻寫成陣亡矣。」

「上笑曰：公之此言，何得忘也？」硃筆旁批：「老楊當時說者等文話。」

「武帝時，晃爲常山太守。」「武」字旁墨筆批：「周。」〔一〕

卷五十二

「陳人大駭，其將樊巡、魯世眞、田瑞等相繼降之。」墨筆眉批：「者姓樊底自然知趨倍者。」

〔一〕此條，傅山全書初版本脫，據手稿補。

「任蠻奴爲賀若弼所敗，棄軍降於擒。」硃筆旁批：「眞蠻奴！」

「先是，江東有謠歌曰：『黄班青驄馬，發自壽陽涘，來時冬氣末，去日春風始。』皆不知所謂。擒本名豹」云云。墨筆眉批：「本名豹，謂『黄班』耶？」

「廣陵甘棠，咸有武藝。」墨筆旁批：「韓僧壽。韓洪。」〔一〕

卷五十三

「上大怒，令左右攥殺之。既而悔，追之不及，因下詔罪萬歲曰」云云。墨筆眉批：「楊堅毅塗殺了史萬歲。」

卷五十六

「八年，帝自遼東還都，衡妾言衡怨望，謗訕朝政，竟賜盡于家。臨死大言曰：『我爲人作何物事，而望久活！』監刑者塞耳，促令殺之。」「我爲人作何物事」旁硃筆批：「才知枉爲謀奪適也。」

卷五十七

「高祖爲丞相，遷武陽太守，非其好也。爲孤鴻賦以寄其情」云云。硃筆眉批：「立意本自高

〔一〕此條，傅山全書初版本脱，據手稿補。

置，惜無矜奇之句。」

卷五十八

「帝猶恨不能夜召，於是命匠刻木偶人，施機關，能坐起拜伏，以像於㬢。帝每在月下對酒，輒令宫人置之於座，與相酬酢，而爲歡笑。」墨筆眉批：「木偶柳㬢。」又硃筆旁批：「可笑！」

「禎明二年，加通直散騎常侍，聘於隋。遇高祖伐陳，禮成而不獲反命，累表請辭。上不許，留縶賓館。及陳亡，高祖遣使告之。」「明日，有詔就館，拜通直散騎常侍，賜衣一襲。善心哭盡哀，入房改服，復出北面立，垂涕再拜就詔。」墨筆眉批：「爲陳使者，未得復命，而即仕隋，可謂人乎？」

「十六年，有神雀降於含章闥，〔一〕高祖召百官賜醼，告以此瑞。善心於座請紙筆，製神雀頌」云云〔二〕。「莫不景福氤氲，嘉貺纛集，馳聲南、董，越響雲、韶。粤我皇帝之君臨，闡大方，抗太極，負鳳邸，據龍圖。不言行焉，攝提建指，不肅清焉，喉鈴啓閉。」墨筆眉批：「南董，此處何義？」「粤我皇帝」旁墨筆批：「全不似陳人。」「不言行焉」旁墨筆批：「此處用『焉』字如『而』字法。」

「冢壁皆殘，不惟無所盗，帷囊同毁，陳農何以求！」墨筆眉批：「『不惟』，『惟』字差，或是『准』。」

〔一〕「雀」，傅山全書初版本誤作「崔」，據批點底本改。
〔二〕「雀」，傅山全書初版本誤作「崔」，據此點底本改。

卷六十

「仲文笑曰」云云，「諸將皆以爲非所及也。」硃筆旁批：「套子奉承。」

「仲文執之，遂取金鄉。衆將多勸屠之。」硃筆旁批：「胡說！」

「時三軍乏食，米粟踊貴，仲文私糶軍糧，坐除名。」「私糶軍糧」旁硃筆批：「何爲爾？」

卷六十一

卷六十一至六十五之册封面墨筆批：「宇文述以金寶佯輸之楊約。沈光含索上竿。又攻遼東，從衝梯墜而未及于地，接垂絙復上。」〔二〕

「文武百寮莫敢違忤，然性貪鄙。」「然」字旁硃筆批：「而。」〔三〕

卷六十二

「每以諷讀爲事，精力忘疲，雖衣食乏絕，晏如也。」墨筆眉批：「一個『如也』，不知誰弄下者個買賣，而作傳者動輒『如也』。」

〔二〕此條，傅山全書初版本脱，據手稿補。

〔三〕此條，傅山全書初版本脱，據手稿補。

卷六十三

「義臣患之，募能當拔者。車騎將軍楊思恩請當之。」墨筆眉批：「楊思恩無白孝德策馬亂流，斬劉龍仙本領。」

卷六十四

「初建禪定寺，其中幡竿高十餘丈，適遇繩絶，非人力所及，諸僧患之。光見而謂僧曰：『可持繩來，當相爲上耳。』諸僧驚喜，因取而與之。光以口銜索，拍竿而上，直至龍頭。繫繩畢，手足皆放，透空而下，以掌拒地，倒行數十步。觀者駭悦，莫不嗟異，時人號爲肉飛仙。」硃筆旁批：「如此寫得最分明，情勢實實可信，不同武弄之入井躍出也。」

「賊競擊之而墜，未及於地，適遇竿有垂絙，光接而復上。」硃筆旁批：「熟技。」

「光聞營内諠聲，知事發，不及被甲，即襲化及營，空無所獲。值舍人元敏，數而斬之。遇德戡兵入，四面圍合。光大呼潰圍，給使齊奮，斬首數十級，賊皆披靡。」墨筆眉批：「沈光到底是好漢。」

卷六十五

「武少果勁，勇力絶人，能重甲上馬。當倒投於井，未及泉，復躍而出，其拳捷如此。」墨筆眉批：「此事吾不信，與唐書史敬奉走及奔馬挾鞍勒以上而後羈帶之，皆作傳者不曾細細理會。即有此等事，尚須筆力前後打算，寫得分明。」又硃筆旁批：「此或傳言不實，不然亦須寫得其間情勢然後可。」

卷一百七　隋書批注（下）

卷六十六

「臣聞古先哲王之化民也，必變其視聽，防其嗜欲，塞其邪放之心，示以淳和之路。五教六行爲訓民之本，詩、書、禮、易爲道義之門」云云。墨筆眉批：「儒家待聽。」

「邳公蘇威以臨道店舍，乃求利之徒，事業污雜，非敦本之義。遂奏高祖，約遣歸農，有願依舊者，所在州縣錄附市籍，仍撤毀舊店，並令遠道，限以時日。正值冬寒，莫敢陳訴。諤因別使，見其如此，以爲四民有業，各附所安，逆旅之與旗亭，自古非同一概，卽附市籍，於理不可。且行旅之所依託，豈容一朝而廢，徒爲勞擾，於事非宜。遂專決之，並令依舊。使還詣闕，然後奏聞。」墨筆眉批：「蘇威欲以臨道店舍，乃求利之徒，非敦本之義，撤毀舊店，並令遠道。若遠道有店可宿行旅，仍赴遠道之店矣。」又前四句旁硃筆批：「眞腐倯貨，條陳可笑之極。」又於「約遣歸農」、「錄附市籍」、「撤毀舊店」三句旁硃筆分別批一「胡」字。

「源師字踐言，河南洛陽人也。父文宗，有重名於齊。」墨筆眉批：「文宗卽二陸兩源之一。」

「師出而竊歎曰：國家大事，在祀與戎。禮既廢也，何能久乎？齊亡無日矣。」墨筆旁批：「老儒湊題類如此，當時那個是禮？」

「師奏曰：此人罪誠難恕，若陛下初便殺之，自可不關文墨」云云。墨筆旁批：「又套張廷尉了。」

「茂撰州郡圖經一百卷。」墨筆旁批：「有用之書。」

「茂怡然受命。」墨筆旁批：「此句何用？」

「所舉杜如晦、房玄齡等，皆自致公輔，論者稱構有知人之鑒。開元中，昌黎豆盧寔爲黄門侍郎，稱爲慎密。河東裴術爲右丞，多所糾正。河東士燮、平原東方舉、安定皇甫聿道，俱爲刑部，並執法平允」云云。墨筆於「元」字旁批：「皇。」又墨筆眉批：「隋書而引開元中諸人，何也？且撰爲魏徵，而安得知開元事？此段當錯。開元『元』字當是『皇』字。」墨筆尾批：「士燮與吴人同姓名。」

「長兄彦雅，雖有清鑒。」墨筆將「雖」字鈎去。

「彦謙痛本朝傾覆，將糾率忠義，潛謀匡輔。事不果而止。」硃筆旁批：「可矣。」

「周帝遣柱國辛遵爲齊州刺史，爲賊師輔帶劍所執。彦謙以書諭之，帶劍慚懼，送遵還州，諸賊並各歸首。」墨筆眉批：「此等似不應管他了。」

「郡州久州刺史」云云。硃筆改「久州」之「州」爲「缺」。

卷六十七

「陳主嘗於莫府山校獵，令世基作講武賦，於坐奏之」云云。硃筆眉批：「文亦平平，但速就足貴。」

「其繼室孫氏，性驕淫，世基惑之，恣其奢靡。〔一〕雕飾器服，無復素士之風。」墨筆眉批：「繼

〔一〕「恣」，傅山全書初版本誤作「姿」，據批點底本改。

室孫氏。繼妻個個皆孫氏，娶繼妻者個個皆虞世基。」

「蘊以其父在北，陰奉表於高祖，請爲内應。及陳平，上悉閱江南衣冠之士，次至蘊，上以爲夙有向化之心，超授儀同。」硃筆於「陰奉表於」句旁批：〔二〕「也是也不是。」又硃筆眉批：「裴蘊以其父在北，而陰表於隋，于子道似之，于爲陳之臣則又非矣。如此事變局，又要論其所在。」

「是後異技淫聲咸萃樂府，皆置博士弟子，遞相教傳，增益樂人至三萬餘。」硃筆旁批：「樂有博士弟子。」

「蘊由是乃峻法治之，所戮者數萬人，皆籍沒其家。」墨筆眉批：「因楊玄感殺數萬人。」硃筆旁批：「蘊該殺矣！」

「裴矩。」硃筆旁批：「事齊至隋，隋亡又事化及，化及敗又事建德，建德敗而歸唐。」

「賊懼，釋東衡州，據愿長嶺。」墨筆改「束」爲「東」。

「依其本國服飾儀形，王及庶人，各顯容止，即丹青模寫，爲西域圖記，共成三卷，合四十四國。仍别造地圖，窮其要害。從西頃以去，北海之南，縱横所亙，將二萬里。諒由富商大賈，周游經涉，故諸國之事罔不徧知。」硃筆眉批：「難說不是聞見，不是學問。」

「及帝西巡，次燕支山，高昌王、伊吾設等，及西蕃胡二十七國，謁於道左。皆令佩金玉，被錦罽，焚香奏樂，歌儛喧譟。復令武威、張掖士女盛飾縱觀，騎乘塡咽，周亙數十里，以示中國之盛。」「皆令」旁硃筆批：「此是矩令。」「復令」旁硃筆批：「矩。」

「矩因遣人告胡悉曰：『天子大出珍物，今在馬邑，欲共蕃内多作交關。若前來者，即得好

〔二〕「陰奉表於」，傅山全書初版本誤作「以其父在北」，據手稿改。

物。』胡悉貪而信之，不告始畢，率其部落，盡驅六畜，星馳爭進，冀先互市。矩伏兵馬邑下，誘而斬之。」硃筆眉批：「此節做得大不堪，急做白賴。」

「矩召江都境内寡婦及未嫁女，皆集宮監，又召將帥及兵等恣其所取。〔一〕因聽自首，先有姦通婦女及尼、女冠等，並即配之。」硃筆眉批：「定又急做。」

卷六十八

「會朝廷以魯班故道久絕不行，令愷修復之。」硃筆旁批：「此事當有個舊底本。」

「臣愷謹案淮南子曰：　昔者神農之治天下也」云云。〔二〕墨筆旁批：「見主術訓。」

「尸子曰：『有虞氏曰總章。』周官考工記曰：『夏后氏世室，堂脩二七，博四脩一。』注云：『脩，南北之深也。夏度以步，今堂脩十四步，其博益以四分脩之一，則明堂博十七步半也。』臣愷按，三王之世，夏最爲古，從質尚文，理應漸就寬大，何因夏室乃大殷堂？相形爲論，理恐不爾。記云『堂脩七，博四脩一』，〔三〕若夏度以步，則應脩七步。注云『今堂脩十四步』，乃是增益記文。殷、周二堂獨無加字，便是其義，類例不同。山東禮本輒加二七之字，何得殷無加尋之文，周闕增筵之義？〔四〕研覈其趣，或是不然。讎校古書，並無『二』字，此乃桑間俗儒信情加減。」前「博」、

〔一〕「恣」，傅山全書初版本誤作「姿」，據批點底本改。
〔二〕「治」，傅山全書初版本誤作「活」，據批點底本改。
〔三〕「一」，批點底本脱，據中華書局標點本補。
〔四〕「闕」，傅山全書初版本誤作「關」，據批點底本改。

「四」之間硃筆批「蓋」，「脩」、「一」之間硃筆批「之」。「脩十四步」旁硃筆批「二七一十四」。「堂脩七博四脩」旁硃筆批「三又五尺。十四丈」。〔一〕墨筆眉批：「此辨夏室不大于殷堂也。」「輒加二七之字」旁硃筆批：「以上文看，但增『二』字，不曾加『七』字。此加『二七』之字者，謂本『七』字，無『二』字，以『七』爲『二七』也，非謂加『二七』兩個字也。」

「黄圖議云：『夏后氏益其堂之大一百四十四尺，周人明堂以爲兩杼間。』馬宮之言，止論堂之一面，據此爲準，則三代堂基並方，得爲上圓之制。諸書所說，並云下方，鄭注周官，獨爲此義，非直與古違異，亦乃乖背禮文。尋文求理，深恐未。」墨筆眉批：「此辨上圓下方是堂基下方，非室屋下方上圓也。」「一百四十四尺」旁硃筆批：「十四丈四尺。」〔二〕

「考工記曰：殷人重屋，堂脩七尋，堂崇三尺。」硃筆旁批：「八尺曰尋。」〔三〕

「故有天災，則飾明堂。」硃筆旁批「然乎？」〔四〕

「撰東都圖記二十卷、明堂圖議二卷、釋疑一卷，見行於世。」墨筆眉批：「東都圖記、明堂圖議皆不傳耶！」

「朕欲減之，從何爲可，毗所爲。」云云。硃筆改末句「所爲」爲「對曰」。〔五〕

〔一〕自「前博四」至此，傅山全書初版本脫，據手稿補。

〔二〕硃筆旁批文字，傅山全書初版本脫，據手稿補。

〔三〕此條，傅山全書初版本脫，據手稿補。

〔四〕此條，傅山全書初版本脫，據手稿補。

〔五〕此條，傅山全書初版本脫，據手稿補。

卷六十九

「王劭。」墨筆眉批：「看老王傳了，但作汾州人語曰：大失笑人子。」

「五月貧之從東北來立者，『貧之』當爲『眞人』，字之誤也。」硃筆旁批：「急説了。」

「時有人於黄鳳泉浴，得二白石，頗有文理。遂附致其文以爲字」云云。硃筆於「遂」字上加一「劭」字。

「劭復迴互其字，作詩二百八十篇奏之。」硃筆旁批：「不知是何語。」

「其後上夢欲上高山而不能得，崔彭捧脚，〔一〕李盛扶肘得上，因謂彭曰：『死生當與爾俱。』劭曰：『此夢大吉。上高山者，明高崇大安，永如山也。彭猶彭祖，李猶李老，二人扶侍，〔二〕實爲長壽之徵。』上聞之，喜見容色。其年，上崩。未幾，崔彭亦卒。」硃筆旁批：「妙不可言。」

「充少警悟，年十餘歲，其父黨至門，時冬初，充尚衣葛衫。客戲充曰：『袁郎子絺兮綌兮，凄其以風。』充應聲答曰：『唯絺與紘，服之無斁。』以是大見嗟賞。仕陳，年十七，爲秘書郎。歷太子舍人、晉安王文學、吏部侍郎、散騎常侍。及陳滅歸國，歷蒙、鄜二州司馬。」硃筆旁批：「豈不慧？聰明人全不向此際一炤。」又于「十七年」、「四年」、「二年」、「十六年」旁硃筆分别批：「開皇。」〔三〕

〔一〕「捧」，傅山全書初版本誤作「揍」，據批點底本改。

〔二〕「侍」，傅山全書初版本誤作「持」，據批點底本改。

〔三〕旁批四個「開皇」，傅山全書初版本脱，據手稿補。

「至十七年冬至，影一丈二尺六寸三分。」硃筆旁批：「短了九分。」

「其後熒惑守太微者數旬，于時繕治宮室，征役繁重，充上表稱『陛下修德，熒惑退舍』。百僚畢賀。帝大喜，前後賞賜將萬計。」硃筆旁批：「妙騙。」

「帝每欲征討，充皆預知之，乃假託星象，獎成帝意，在位者皆切患之。」墨筆眉批：「可謂隨唐堯而升遐。」

卷七十

「玄感屯兵尚書省，每誓衆曰：我身爲上柱國，家累鉅萬金，至於富貴，無所求也。今者不顧破家滅族者，但爲天下解倒懸之急，救黎元之命耳。」「屯兵尚書省」旁硃筆批：「此是幾時省？」墨筆眉批：「尚書在洛陽城外邪？」

「後數日，玄復與玄感戰，兵始合，玄感詐令人大呼曰：『官軍已得玄感矣。』玄軍稍怠。」「已得玄感矣」旁硃筆批：「也是讖。」

「玄蹤弟萬碩，自帝所逃歸」云云。墨筆眉批：「楊玄蹤，前作縱。」

「時長安富人宗連，家累千金，仕周爲三原令。有季女，慧而有色，連獨奇之，每求賢夫。聞元淑如是，請與相見。連有風儀，美談笑，元淑亦異之。及至其家，服玩居處擬於將相。酒酣，奏女樂，元淑所未見也」云云。「連復拜曰：『鄙人竊不自量，敬慕公子。今有一女，願爲箕帚妾，公子意何如？』元淑感愧，遂娉爲妻。」墨筆眉批：「好個宗連！」

「及玄感作亂，其弟玄縱自帝所逃歸，路經臨渝。元淑出其小妻魏氏見玄縱，對宴極歡，因與通謀，并授玄縱賂遺。」「出其小妻」旁墨筆批：「何必爾！」

「不追諸葛瞻之忠誠，乃爲霍禹之惡逆。」硃筆旁批：「書袋，可厭！」

卷七十一

卷七十一至七十五之册封面墨筆批：「陸彥師列孝義傳，卽盧詢祖所謂二陸之一。其人亦似無甚劣行。且云『以不阿宦者遇讒，出爲中山太守。』如盧語，則斷非不阿宦者之人矣。」

「爰逮漢之紀信、欒布，晉之向雄、嵇紹，凡在立名之士，莫不庶幾焉。」墨筆眉批：「欒布非紀信之倫。」

「劉弘。」墨筆旁批：「不死齊，不死周，而必死于隋，〔一〕豈死亦看興邪？」

「仕齊行臺郎中。」墨筆旁批：「可以齊。」

「周武帝以爲本郡太守。」墨筆旁批：「又可以周。」

「平陳之役，表請從軍。」墨筆旁批：「又可以隋。」

「皇甫誕。」硃筆旁批：〔二〕「皇甫誕只是個守禮人。」

「及煬帝卽位，徵諒入朝，諒用諮議王頍之謀，發兵作亂。誕數諫止，諒不納」云云。「諒怒而囚之。及楊素將至，諒屯清源以拒之。諒主簿豆盧毓出誕於獄，相與協謀，閉城拒諒。諒襲擊破之，並抗節而遇害。」硃筆眉批：「若論煬爲人人得而誅之者，諒之亂卻是正，不同漢七國之事，只誕

〔一〕「而」字，傅山全書初版本脫，據手稿補。

〔二〕「硃」，傅山全書初版本誤作「墨」，據手稿改。

無本領耳！無本領人死其所守可也。」

「諒既作亂，刺史喬鍾葵發兵將赴逆」云云。硃筆眉批：「鍾葵亦不得以賊目之。」

「楊玄感作逆，乃謂元曰：獨夫肆虐，天下士大夫肝腦塗地，加以陷身絕域之所，軍糧斷絕，此亦天亡之時也。」「獨夫肆虐」旁墨筆批：「其實爾。」墨筆眉批：「此『之所』兩字可以不用。且『絕域之所』，成何文法？」

「張須陀。」墨筆旁批：「須陀也好一員戰將。」

「明年，賊師主簿，聚結亡命數萬人，寇掠郡境。」墨筆眉批：「此賊不知爲何處何人？」「明年」旁墨筆批：「前不曾云大業幾年，但云『大業中』，此云『明年』，何也？」

「武賁郎將王辯軍亦至，金稱釋冠氏來援，因與辯戰，不利，善會選精鋭五百赴之，所當皆靡，辯軍復振。」「不利」旁墨筆批：「辯。」又墨筆眉批：「『因與辯戰，不利』，又似金稱不利者。」

「善會罵之曰：老賊何敢擬議國士！恨吾力劣，不能擒汝等。我豈是汝屠酤兒輩，敢欲更相吏邪？」墨筆眉批：「此等話又是隋書中一套。」

「元文都。」墨筆旁批：「是王充協楊侗殺文都。」

「侗見兵勢漸盛，度終不免，謂文都曰：『公見王將軍也。』〔一〕文都遷延而泣，侗遣其署將軍黃桃樹執文都以出。文都顧謂侗曰：『臣今朝亡，陛下亦當夕及。』侗慟哭而遣之，左右莫不憫默。出至興教門，充令左右亂斬之，諸子並見害。」硃筆改「憫默」爲「憫然」。墨筆眉批：「楊侗賴貨！」

〔一〕「公」字之下，傅山全書初版本尚有一「自」字，據批點底本删。

「時永寧令李公孝四歲喪母，九歲外繼，其後父更別娶後妻，至是而亡。〔二〕河間劉炫以無撫育之恩，議不解任。子翊駁之曰：傳雲：繼母如母，與母同也。」「是使子以名服，同之親母，繼以義報，等之己生。如謂繼母之來，在子出之後，制有淺深者，考之經傳，未見其文。」硃筆眉批：「子翊說顧如此，畢竟以外繼之子，又在出繼之後遭此，亦難以禮律之矣！」

「譬出後之人，所後者初亡，後之者始至，此復可以無撫育之恩而不服重乎？」墨筆旁批：「是則然矣，然所論者非此例。」

「大唐又賜金券，待以不死。君素卒無降心。」「君素亦知事必不濟，然要在守死不易，每言及國家，未嘗不歔欷。」墨筆眉批：「楊廣何足爲死？然各有所感。君素自死，其心可也。友人孫嵐每以君素自期，吾知其能爲君素者也。而不得爲君素以死，可謂齎志。」

「仁壽末，漢王諒舉兵反，遣其將劉建略地燕、趙。至井陘，祥勒兵拒守，建攻之，復縱火燒其郭下。祥見百姓驚駭，其城側有西王母廟，祥登城望之再拜，號泣而言曰：『百姓何罪，致此焚燒！神其有靈，可降雨相救。』言訖，廟上雲起，須臾驟雨，其火遂滅。」墨筆眉批：「西王母廟降雨，也是偶然。」

「時密衆數十萬在其城下，季珣四面阻絕，所領不過數百人，而執志彌固，誓以必死。經三年，資用書，樵蘇無所得，撤屋而爨，人皆穴處，季珣撫巡之，一無離叛。」墨筆眉批：「此守實難爲季珣。」

「翟讓從之求金不得，遂殺之。」「求金不得」旁墨筆批：「賊樣！」

〔二〕「亡」，傅山全書初版本誤作「死」，據批點底本改。

卷七十二

「陸彥師。」硃筆旁批：「盧詢祖所謂二陸，即彥師與陸寬也。」硃筆眉批：「北史陸俟傳：彥師爲俟六代孫。俟傳云：代人也。」

「德饒少聰敏好學，存至性，宗黨咸敬之。」墨筆改「存」爲「有」。

卷七十四

「士文從父妹爲齊氏嬪，有色，齊滅之後，賜薛國公長孫覽爲妾。覽妻鄭氏性妬，譖之於文獻后，后令覽離絕。士文恥之，不與相見。後應州刺史唐君明居母憂，娉以爲妻，由是士文、君明並爲御史所劾。士文性剛，在獄數日，〔一〕憤恚而死。」墨筆眉批：「恥妹以齊嬪不死而爲長孫之妾是也。唐君明居憂而娶妻，御史劾之是。云『並爲御史劾』，劾士文何也！若云士文不當使其妹爲人妾耶？則士文已不與相見絕之矣。若云君明居憂娶其妹而士文不止之耶？此是君明之悖禮，與士文無干。」「並爲御史劾」旁墨筆批：「並字混。」

「其女婿京兆杜寧，自長安省之，式誡寧無出入。〔二〕寧久之不得還，竊上北樓，以暢羈思。式知之，笞寧五十。其所愛奴，嘗詣式白事，有蟲上其衣衿，揮袖拂去之。式以爲慢己，立棒殺之。〔三〕

〔一〕「獄」，批點底本作「任」，據中華書局標點本改。
〔二〕「出入」，傅山全書初版本作「出外」，此處依批點底本。
〔三〕「棒」，批點底本作「榜」，據中華書局標點本改。

或寮吏姦贓，部内劫盜者，無問輕重，悉禁地牢中，寢處糞穢，令其苦毒，自非身死，終不得出。每赦書到州，式未暇讀，先召獄卒，殺重囚，然後宣示百姓。其刻暴如此。」硃筆眉批：「此等人那得好死，逕善終。」

「榮每巡省管内，聞官人及百姓妻女有美色，輒舍其室而淫之。」硃筆旁批：「該殺！」

「及尉迥作亂，以弘度爲行軍總管。」「尉迥」旁硃筆批一「遲」字。

「及榮誅死，弘嗣爲政，酷又甚之。每推鞫囚徒，多以酢灌鼻，或椓弋其下竅，無敢隱情，姦僞屏息。」硃筆旁批：「該殺！」

「遣弘嗣往東萊海口監造船。諸州役丁苦其捶楚，官人督役，晝夜立於水中，略不敢息，自腰以下，無不生蛆，死者十三四。」硃筆旁批：「該殺！」

「文同」「又悉裸僧尼，驗有淫狀非童男女者數千人，〔一〕復將殺之。」「悉裸」句旁硃筆批：「該殺！」

卷七十五

「善私謂妥曰：『名望已定，幸無相苦。』妥然之。及就講肆，妥遂引古今滯義以難，善多不能對。善深銜之，二人由是有隙。」硃筆眉批：「何妥賣了元善。」

「何妥字棲鳳，西城人也。父細胡。」硃筆眉批：「北史作細脚胡。」

〔一〕「男」，傅山全書初版本脫，據批點底本補。

「妥性勁急，有口才，好是非人物。」硃筆旁批：「非甚德事。」〔一〕

「時納言蘇威嘗言於上曰：〔二〕『臣先人每戒臣云，唯讀孝經一卷，足可立身治國，何用多爲！』上亦然之。妥進曰：『蘇威所學，非止孝經。厥父若信有此言，威不從訓，〔三〕是其不孝。若無此言，面欺陛下，是其不誠。不誠不孝，何以事君！且夫子有云：不讀詩無以言，不讀禮無以立。豈容蘇綽教子獨反聖人之訓乎？』」硃筆眉批：「擁着猫兒。」

「自負傅嵓滋水之氣」。於「滋」旁硃筆批：「胃。」〔四〕

「暉遠進曰：臣聞『窈窕淑女，鍾鼓樂之』，此卽王者房中之樂，著於雅頌，不得言無。」硃筆眉批：「女樂，〔五〕果有女樂乎？」

「武强交津橋劉智海家素多墳籍，焯與炫就之讀書，向經十載，雖衣食不繼，晏如也。」「晏如也」旁硃筆批：「可恨！」

「論者以爲數百年已來，博學通儒，無能出其右者。然懷抱不曠，又嗇於財。不行束脩者，未嘗有所教誨，時人以此少之。」硃筆旁批：「此亦儒家常態。」

「長史意炫與賊相知，恐爲後變，閉門不納。是時夜冰寒，因此凍餒而死。」硃筆眉批：「儒生

〔一〕「甚」，傅山全書初版本誤作「盛」，據手稿改。

〔二〕「嘗」，批點底本誤作「當」，據中華書局標點本改。

〔三〕「從」，批點底本誤作「是」，據中華書局標點本改。

〔四〕此條，傅山全書初版本脫，據手稿補。

〔五〕「女樂」二字，傅山全書補版本脫，據手稿補。

凍餓而死。」〔二〕

「炫性躁競，頗俳諧，多自矜伐，好輕侮當世，爲執政所醜，由是官塗不遂。」硃筆旁批：「豈有大儒而爲此舉動？」

卷七十六

卷七十六至八十之册封面硃筆批：「張冑玄曆法推驗，最有精心。」墨筆批：「外戚呂道貴云：『種末定不可偷，大似苦桃姊。』語義不可卽解，〔三〕然而蠢野最可笑。」

「簡文、湘東，啓其淫放，徐陵、庾信，分路揚鑣。其意淺而繁，其文匿而彩，詞尚輕險，情多哀思。」墨筆眉批：「庾子山那得輕論！」

「此詩至京，盛爲當時之所吟誦，天下好事者多書壁而玩之。」末句旁硃筆批：「是甚文？」

「綽恃才任氣，無所降下。著作郎諸葛潁以學業倖於帝，綽每輕侮之，由是有隙。帝嘗問綽於潁，潁曰：虞綽，麤人也。」墨筆眉批：「餘姚人亦復麤耶？」

卷七十七

「後丁母憂，居喪骨立。有姊適宋氏，不勝哀而死。士謙服闋，捨宅爲伽藍，脫身而出。詣學請

〔二〕此條，傅山全書初版本脫，據手稿補。
〔三〕「卽」，傅山全書初版本脫，據手稿補。

業，研精不倦」云云。「其後出粟數千石，以貸鄉人。」硃筆眉批：「此處寫得無倫，『骨立』下忽出『姊不勝哀而死』。『服闋捨宅，詣學請業』，不在捨宅不捨。後云『出粟數千石』，想是田產不同宅之累其身耶！」

「趙郡農民德之，撫其子孫曰：『此乃李參軍遺惠也。』或謂士謙曰：『子多陰德。』士謙曰：『所謂陰德者何？猶耳鳴，己獨聞之，人無知者。今吾所作，吾子皆知，何陰德之有！』」墨筆眉批：「陰德不但人不得知，卽自亦須忘之。」〔二〕

「士謙曰：此不類之談也。變化皆由心而作，木豈有心乎？」硃筆眉批：「草木亦儘有變化者，不得以有心無心論之。」

「自以少孤，未嘗飲酒食肉，口無殺害之言」云云。「士謙平生喜爲詠懷詩，〔三〕輒毁棄其本，不以示人。又嘗論刑罰，遺文不具載，略曰：帝王制法，沿革不同，自可損益，無爲頓改。今之贓重者死，是酷而不懲也。語曰：人不畏死，不可以死恐之。愚謂此罪宜從肉刑，刖其一趾，再犯者斷其右腕。流刑刖去右手三指，又犯者下其腕。小盜宜黥，又犯則落其所用三指，又不悛，下其腕，無不止也。」硃筆眉批：「前云口無殺害之言，此言非殺害乎？」「斷其右腕」、「刖去右手三指」旁硃筆分別批：「胡說」二字。「又犯者下其腕」旁硃筆批：「如此何必避盜禾黍者？」

「廓少孤貧而母賤，由是不爲邦族所齒。長爲里佐，屢逢屈辱，於是感激，逃入山中。」「廓嘗

〔二〕「自」，傅山全書初版本誤作「有」，據手稿改。

〔三〕「喜」，傅山全書初版本作「時」，此處依批點底本。

著論，言刑名之理，其義甚精。」硃筆眉批：「豈有身隱而好言刑名之理？」〔一〕

「頤答曰」云云。「祖濬燕南贅客，河朔惰游，本無意於希顏，豈有心於慕藺！」硃筆眉批：「自稱其字何也？」

「從駕登太行山，詔問賾曰：『何處有羊腸坂？』賾對曰：『臣按漢書地理志，上黨壺關縣有羊腸坂。』帝曰：『不是。』又答曰：『臣按皇甫士安撰地書云，太原北九十里有羊腸坂。』帝曰：『是也。』」硃筆眉批：「今太原九十里杳無此名。〔二〕又云在晉樂縣。」

「徐則，東海郯人也。幼沈靜，寡嗜欲」云云，「不娶妻，常服巾褐。陳太建時，應召來憩於至眞觀。朞月，又辭入天台山，因絕穀養性，所資惟松水而已，雖隆冬沍寒，不服綿絮。」硃筆眉批：「徐先生自是列仙，不但隱逸也。」

「文詡嘗有腰疾，會醫者自言善禁，文詡令禁之，遂爲刃所傷，至於頓伏牀枕。〔三〕醫者叩頭請罪，文詡遽遣之，因爲其隱，謂妻子曰：吾昨風眩，落坑所致」云云。「每閑居無事，從容長歎曰：老冉冉而將至，恐脩名之不立。」硃筆眉批：「好醫。」「老冉冉而將至」旁硃筆批：「卻復何意？」

〔一〕「言」，傅山全書初版本脱，據手稿補。

〔二〕「太原」下，傅山全書初版本衍一「北」字，據手稿删。

〔三〕「伏牀」，傅山全書初版本誤作「牀伏」，據批點底本改。

卷七十八

「其後目盲，以手摸書而知其字。〔一〕」硃筆旁批：「也未必。」

「楊伯醜，馮翊武鄉人也。〔二〕好讀易，隱於華山。開皇初，被徵入朝，見公卿，不爲禮，無貴賤皆汝之。人不能測也。高祖召與語，竟無所答。」〔三〕墨筆旁批：「此學原非關授受章句所得。」

「嘗有張永樂者，賣卜京師，伯醜每從之遊。永樂爲卦有不能決者，伯醜輒爲分析爻象，尋幽入微。」硃筆旁批：「此非可以常人抨配比擬知者。」

「臨孝恭，京兆人也。明天文算術，高祖甚親遇之。每言災祥之事，未嘗不中，〔四〕上因令考定陰陽。官至上儀同。著欹器圖三卷，地動銅儀經一卷」云云。「地動銅儀經」上硃筆眉批：「此等書不知尚有存者否？」

「胄玄以爲加時先後，逐氣參差，就月爲斷，於理未可。乃因二十四氣列其盈縮所出，實由日行遲，則月逐日易及，令合朔加時早，日行速，則月逐日少遲，令合朔加時晚。檢前代加時早晚，以爲損益之率。日行自秋分已後至春分，其勢速，計一百八十二日，而行一百八十度。自春分已後至秋分，日行遲，計一百八十二日，而行一百七十六度。每氣之下，即其率也。」「逐氣參差」上硃筆

〔一〕「手」，傅山全書初版本誤作「于」，據批點底本改。
〔二〕「馮翊」，傅山全書初版本誤作「馮詡」，據批點底本改。
〔三〕「竟」，傅山全書初版本誤作「意」，據批點底本改。
〔四〕「未」，傅山全書初版本誤作「禾」，據批點底本改。

眉批：「此『氣』字須細論過。又于圖上作一分寸法，令人一看便了。」

「胄玄以日行黄道，歲一周天；月行日道，二十七日有餘一周天。月道交絡黄道，每行黄道内十三日有奇而出，又行黄道外十三日有奇而入，終而復始，月經黄道，謂之交。朔望去交前後各十五度已下，卽爲當食。若月行内道，則在黄道之北，食多有驗。月行外道，在黄道之南也，雖遇正交，無由掩映，食多不驗。遂因前法，别立定限，隨交遠近，逐氣求差，〔一〕損益食分，事皆明著。其超古獨異者有七事」云云。〔二〕硃筆眉批：「云多譣多不譣，尚非必譣必不譣也。故須逐氣求差。但此『氣』字尚須痛發，而書未盡，玄胄之書定細列之。」

「智藏少以醫術自達，仕陳爲散騎侍郎。乃陳滅，高祖以爲員外散騎侍郎，使詣揚州。會秦孝王俊有疾，上馳召之。俊夜中夢其亡妃崔氏泣曰：『本來相迎，比聞許智藏將至，〔三〕其人若到，當必相苦，爲之奈何？』明夜，俊又夢崔氏曰：『妾得計矣，當入靈府中以避之。』及智藏至，爲俊診脈，曰：『疾已入心，卽當發癇，不可救也。』果如言，俊數日而薨。」硃筆眉批：「鞭援二豎膏肓之事粉飾之，我不信。」

卷七十九

「高祖外家吕氏，其族蓋微，平齊之後，求訪不知所在。至開皇初，濟南郡上言，有男子吕永

〔一〕「交遠近，逐」四字，傅山全書初版本脱，據批點底本補。
〔二〕「古」，傅山全書初版本誤作「云」，據批點底本改。
〔三〕「比」，傅山全書初版本誤作「此」，據批點底本改。

吉，自稱有姑字苦桃，爲楊廣妻。」硃筆眉批：「此當云爲楊忠妻。」〔一〕硃筆改「廣」爲「忠」。

「永吉從父道貴，性尤頑騃，言詞鄙陋。初自鄉里徵入長安，上見之悲泣。道貴略無戚容，但連呼高祖名，云：種末定不可偷〔二〕，大似苦桃姊。」「略無戚容」旁硃筆批：「原無可戚。」「高祖」旁硃筆批：「堅。」「種末定不可偷」句旁硃筆批：「此句頗不可解。」

「獨孤羅字羅仁，雲中人也。父信，初仕魏爲荆州刺史。武帝之入關也，信棄父母妻子西歸長安。」「棄父母妻子」旁硃筆批：「妻子可，父母可棄耶？」

「以其弟善爲河内郡公」云云。硃筆眉批：「不列順，何故？」

「獨孤陁，字黎邪。」硃筆旁批：「何語？」

「陁婢徐阿尼言，本從陁母家來，常事猫鬼。」硃筆旁批：「此謂婢從陁母家來。」

「蕭巋。」硃筆旁批：「煬帝婦翁。」

「侯景之亂，其兄河東王譽」云云。硃筆改「其」爲「詧」。

「周武帝平齊之後，巋來賀，帝享之甚歡。親彈琵琶，令巋起舞，巋曰：陛下親御五絃，臣敢不同百獸？」末句旁硃筆批：「蕭蠻子。」

「鉅小名藏，煬帝甚昵之，以爲千牛。」〔三〕硃筆旁批：「此昵非常昵。」

「弟瑒，爲朝請大夫、尚衣奉御。瑒，歷衛尉。瀏，祕書監、陶丘侯。」硃筆旁批：「此『瀏』

〔一〕「云」，傅山全書初版本脱，據手稿補。

〔二〕「末」，傅山全書初版本誤作「未」，據批點底本改。下同。

〔三〕「牛」，傅山全書初版本誤作「年」，據批點底本改。

字亦當從玉。」

卷八十

「蘭陵公主字阿五」，「初嫁儀同王奉孝，卒，適河東柳述，時年十八。」硃筆旁批：「再醮公主。」

「南陽公主者，煬帝之長女也。」「主尋請建德削髮爲尼。」墨筆眉批：「今蒼嵓聖母，傳云是隋之公主脩道，不知是何所本？」傳末墨筆尾批：「不言後來如何結局。」

「譙國夫人者，高涼冼氏之女也。」硃筆眉批：「錦傘夫人。」

「遣其孫魂帥衆迎洸，入至廣州，嶺南悉定。」硃筆眉批：「以魂爲名，何謂？」

「善果伏於牀前，亦不敢起。母方起謂之曰：吾非怒汝，乃愧汝家耳」云云。硃筆眉批：「眞是過于文飾。」

「又絲枲紡織，婦人之務，上自王后，下至大夫士妻，各有所製。若墮業者，是爲驕逸。吾雖不知禮，其可自敗名乎？」〔二〕硃筆眉批：「逕是文伯之母。」

卷八十一

卷八十一至八十五之册封面墨筆批：「于闐國西五百里比摩寺，云是老子化胡成佛之所。此傳

〔二〕「名」，傅山全書初版本誤作「各」，據批點底本改。

自西域，非中土道士所造之言矣。辨無化胡之事。」

「高麗之先，出自夫餘。」「生一大卵，有一男子破殼而出，名曰朱蒙。」墨筆眉批：「大卵生朱蒙。」〔一〕

「兵部侍郎斛斯政亡入高麗，高麗具知事實，悉鋭來追，殿軍多敗。」墨筆眉批：「斛斯政見楊玄感傳後。」

「對曰：臣等僻處一方，道路悠遠，聞内國有聖人，故來朝拜」云云。硃筆旁批：「那得如此華言！」

卷八十三

「明年，伯雅來朝。因從擊高麗，還尚宗女華容公主。八年冬歸蕃，下令國中曰」云云。墨筆眉批：「者令全是中國語言。」

「往往有羌：大、小左封」云云。墨筆眉批：「羌名，注者宜明其句讀。」

卷八十四

「會千金公主上書，請爲一子之例，高祖遣開府徐平和使於沙鉢略。晉王廣時鎮幷州，請

〔一〕此條，傅山全書初版本脱，據手稿補。

因其釁而乘之，上不許。沙鉢略遣使致書曰：辰年九月十日，從天生大突厥天下賢聖天子、〔二〕伊利俱盧設莫何始波羅可汗致書大隋皇帝：使人開府徐平和至，辱告言語，具聞也。皇帝是婦父，即是翁，此是女夫，即是兒例。」墨筆眉批：「千金公主是宇文氏，此言皇帝是婦父，何也？」

「沙鉢略因西擊阿波，破擒之。」「阿波」旁墨筆批：「大邏便」。〔三〕

「平陳之後，上以陳叔寶屏風賜大義公主，主心恒不平，因書屏風爲詩，敍陳亡自寄。其辭曰」云云。墨筆眉批：「宇文氏詩逕大好。」

「雍虞閭爲玷厥舉兵攻染干，盡殺其兄弟子姪，遂渡河，入蔚州。」墨筆眉批：「雍虞閭爲玷厥，玷厥二字在此處突出，前未曾及。」

「帝於仁風殿召其使者，言處羅不順之意，稱射匱有好心，吾將立爲大可汗，令發兵誅處羅，然後當爲婚也。帝取桃竹白羽箭一枝以賜射匱，因謂之曰：『此事宜速，使疾如箭也。』使者返，路經處羅，處羅愛箭，將留之，使者譎而得免。射匱聞而大喜，興兵襲處羅，處羅大敗，棄妻子，將左右數千騎東走。」墨筆眉批：「此處寫得不圓，賜射匱之箭既爲處羅所得，使者譎而得免。可是免而還朝耶？又復向射匱處耶？下又云『射匱聞而大喜』，不說賜箭下落。」

〔二〕「賢聖」，傅山全書初版本誤作「聖賢」，據批點底本改。

〔三〕此條，傅山全書初版本脫，據手稿補。

卷八十五

「至於委質策名，代卿世祿，出受心膂之寄，入參帷幄之謀，身處機衡，肆趙高之姦宄，世荷權寵，行王莽之桀逆，生靈之所儲疾，犬豕不食其餘。雖薦社污宮，彰必誅之釁，斲棺焚骨，明篡殺之咎，可以懲夫既往，未足深誡將來。」硃筆旁批：「者一段書袋掉得笑人哉！」

「大業初，煬帝幸榆林，化及與弟智及違禁與突厥交市。帝大怒，囚之數月。還至青門外，欲斬之而後入城，解衣辮髮，以公主故，久之乃釋，并智及並賜述爲奴。」墨筆旁批：「如何又賜與述？」墨筆眉批：「此時天豈肯令化及、智及兄弟死？死則廣誰爲殺之？」

「智及曰：不然。當今天實喪隋，英雄並起，同心叛者已數萬人，因行大事，此帝王業也。」墨筆眉批：「智及乃有此見。」

「義寧二年三月一日，德戡欲宣言告衆，恐以人心未一，更思譎詐以脅驍果，謂許弘仁、張愷曰：君是良醫，國家任使，出言惑衆，衆必信。君可入備身府，告識者，言陛下聞説驍果欲叛，多醞毒酒，因享會盡鴆殺之，獨與南人留此。」硃筆眉批：「好太醫。」

「德戡曰：本殺昏主，苦其毒害。推立足下，而又甚之。逼於物情，不獲已也。」墨筆眉批：「說得也展。」

「有道士相法嗣者，自言解圖讖」云云。墨筆眉批：「道士相法嗣與崔發、伏戎、李莽同妙。」

卷一百八　新唐書批注〔一〕（上）

新唐書釋音序

董衡

「於是歷考聲韻，以爲之音，使學者從容而無疑。」硃筆尾批：「此書不行，可恨！」

目錄

卷一：「高祖皇帝。」墨筆下批：「淵。武德九年。」

卷二：「太宗皇帝。」墨筆下批：「世民。貞觀廿三年。」

卷三：「高宗皇帝。」墨筆下批：「治。永徽五、顯慶五、龍朔三、麟德二、乾封二、總章二、咸亨四、上元二、儀鳳三、調露一、永隆一、開耀一、永淳一。弘道一，共卅三年。」

卷四：「則天順聖武皇后。」墨筆下批：「嗣聖、文明、光宅一、垂拱五、永昌一、天授二、長壽二、延載一、天策萬歲一、萬歲通天一、神功一、聖曆二、久視一、大足元九月改長安五年，共廿三年。」

「中宗皇帝。」墨筆下批：「顯。孝和、神龍二、景龍四。」

〔一〕此篇據山西博物院藏批點手稿整理。批點底本爲明萬曆二十三年刊本。由吳連城先生釋文，谷錦秋校補。重複書中詞句的批語未錄。

卷五：「睿宗皇帝。」墨筆下批：「旦。景雲二、先天一。」「玄宗皇帝。」墨筆下批：「隆基。開元二十九、天寶十四。」

卷六：「肅宗皇帝。」墨筆下批：「亨。至德二、乾元二、上元二、寶應一。」「代宗皇帝。」墨筆下批：「豫。廣德二、永泰一、大曆十四。」

卷七：「德宗皇帝。」墨筆下批：「代宗長子。」「順宗皇帝。」墨筆下批：「德宗長子。」憲宗皇帝。」墨筆下批：「順宗長子。」

卷八：「穆宗皇帝。」墨筆下批：「憲宗第三子恆。」「敬宗皇帝。」墨筆下批：「穆宗長子。」「文宗皇帝。」墨筆下批：「穆宗第二子昂。太和九、開成四。」「武宗皇帝。」墨筆下批：「穆宗第五子。」「宣宗皇帝。」墨筆下批：「憲宗第十三子。」

卷九：「懿宗皇帝。」墨筆下批：「宣宗長子。」「僖宗皇帝。」墨筆下批：「懿宗第五子。」

卷十：「昭宗皇帝。」墨筆下批：「懿宗第七子。」「哀皇帝。」墨筆下批：「昭宗第九子。後唐明宗追謚昭宣光烈孝皇帝。」

卷八十二：題下墨筆批：「八十二至九十七卷闕，借抄補之。」

卷九十四：「李君羨。」墨筆下批：「殺了！」

卷一百：「封倫。」硃筆下批：「德彝。」

卷一百二：「岑羲。」墨筆眉批：「岑羲是附太平者。」

卷一百一十三：「徐有功。」硃筆下批：「有功以字行。」

卷一百一十四：「崔融。」硃筆下批：「崔融爲張昌宗作絕唱者。」「徐彥伯。」硃筆下批：「以字顯。」

卷一百一十六：「王綝。」墨筆下批：「綝以字顯。」
卷一百二十八：「倪若水。」硃筆下批：「劫祝欽明。」
卷一百三十：「裴漼。」硃筆眉批：「霹靂手。」
卷一百三十二：「柳璟。」硃筆下批：「唐曆四十篇。」
卷一百三十六：「李光弼。」墨筆旁批：「九節度。」
卷一百三十七：「郭子儀。」墨筆旁批：「九節度。」〔二〕
卷一百三十八：「李嗣業。」墨筆旁批：「九節度之一。」
卷一百四十七：「王思禮。魯炅。」墨筆分别旁批：「九節度之一。」
卷一百六十：「楊敬之。」墨筆眉批：「楊敬之，作華山賦者。」「韋綬。」硃筆下批：「韋貫之兄，一名綬，見一百六十九卷。」
卷一百六十二：「姚南仲。」墨筆下批：「曹文洽追殺程務盈事，好！」
卷一百六十九：「韋綬。」硃筆下批：「一百六十卷自有一韋綬。」
卷一百七十一：「李光進。」墨筆下批：「光弼弟光進。」
卷一百八十二：「王溥。」墨筆下批：「同宋人。」
卷一百九十六：「孫思邈。」〔三〕硃筆旁批：「眞人。」
卷一百九十九：「柳沖。」墨筆下批：「論氏族。」

〔二〕此條，傅山全書初版本脱，據手稿補。
〔三〕「邈」，批點底本誤作「遜」，據中華書局標點本改。

卷二百：「陳貞節。」墨筆下批：「論廟昭穆。」
卷二百二：「李邕。」「墨筆下批：「孔璋。」
卷二百十三：「李納。」墨筆下批：「洧。」

卷一

「隋文帝獨孤皇后，高祖之從母也。以故文帝與高祖相親愛。文帝相用，復高祖姓李氏，以爲千牛備身，事隋譙、隴二州刺史」「以故文帝」旁硃筆批：「姨侄。」「姓李氏」旁墨筆批：「改了大野氏了。」

「武德元年五月甲子，卽皇帝位於太極殿。命蕭造兼太尉，告於南郊，大赦改元。」墨筆眉批：「『改元』字以下，還宜見年號，不嫌重。」

「己卯，追謚皇高祖曰宣簡公。」墨筆旁批：「熙。」「皇曾祖曰懿王。」墨筆旁批：「天賜。」「皇祖曰景皇帝。」墨筆旁批：「常。」「皇考曰元皇帝。」墨筆旁批：「昞。」

卷三

卷三至六之册封面墨筆批：「玄宗討韋氏之亂，與定策者，乃有道士馮處澄、僧普潤之二氏者，奇哉！不知此兩方外人管閒事時有甚奇謀。三婦人歃血請討賊，舊書記之，此不書。事可喜，補書肅宗紀。呂太一反，見代宗廣德元年。後不見平呂太一在何年。杜工部詩：『自平宮中呂太一。』工部卒于代宗大歷五年，而大歷五年以前，紀不書其平事。」

卷四

「九月辛丑，狄仁傑薨。」墨筆眉批：「狄仁傑傳：聖曆三年卒。」

「二年二月癸未，有星隕于西南。庚寅，大赦，進五品以上母、妻封號二等，無妻者授其女。」墨筆眉批：「『無妻者授其女』是何義？」

卷五

「皇太子卽皇帝位，以睿宗參謀政事。」硃筆於「皇太子」旁批：「重茂。」〔一〕

「玄宗乃與太平公主子薛崇簡、尚衣奉御王崇曄、公主府典籤王師虔、朝邑尉劉幽求、苑總監鍾紹京、長上折衝麻嗣宗、押萬騎果毅葛福順、李仙鳧、道士馮處澄、僧普潤定策討亂。」「劉幽求」旁墨筆批：「一百廿一卷。」「鍾紹京」旁墨筆批：「一百卅一卷。」「道士、僧」旁硃筆批：「一僧、一道，管老大閒事耶？合瑜伽師地論矣。」墨筆眉批：「崔日用傳云：日用因僧普潤、道士王曄私謁臨淄王。又不云道士馮處澄。此云尚衣奉御王宗曄，又非道士。紀傳不同如此。」

「七載五月」，「以魏、周、隋爲三恪。」墨筆眉批：「『三恪』混帳。」

〔一〕此條，傅山全書初版本脫，據手稿補。

卷六

「庚寅，郭子儀率李光弼、李嗣業、王思禮、淮西節度使魯炅、興平軍節度使李奐、滑濮節度使許叔冀，平盧兵馬使董秦、鄭蔡節度使季廣琛以討安慶緒。」墨筆眉批：「舊書，是年十月，〔一〕滑濮節度使許叔冀奏：『衛州婦人侯四娘、滑州婦人唐四娘、貝州婦人王二娘相與歃血，請赴行營討賊。』皆補果毅。」

卷七

卷七至十之册封面墨筆批：「德宗貞元十六年，傅近逐其观察使。傅毅，文宗紀太和三年，張義潮挈十一州歸于有司。〔二〕魯公諭李希烈，希烈害魯公，皆不著之紀中。如此大故，豈得略！豈得略！歐陽公失筆也。」

「十月戊申，李納將李洧以徐州降。」墨筆旁批：「洧、納之從父也。見李納傳。」墨筆眉批：「周寶傳：祖光濟從李膺以徐州歸。」

〔一〕「十月」，手稿作「十一月」，據舊唐書中華書局本改。
〔二〕自「德宗」至此，傅山全書初版本脱，據手稿補。

卷十三

「唐武德元年，始立四廟，曰宣簡公、懿王、景皇帝、元皇帝。」墨筆於「懿王」旁批：「天賜。」於「景皇帝」旁批：「常。」於「元皇帝」旁批：「昞。」〔一〕

「孝和皇帝有中興之功。」硃筆旁批：「不通！」

「德宗崩，禮儀使杜黃裳議：『高宗在三昭三穆外，〔二〕當遷。於是遷高宗，而祔德宗，〔三〕蓋以中、睿爲昭穆矣。』」「德宗」旁墨筆批：「代宗子。」「中、睿」旁墨筆批：「皆高宗子。」墨筆眉批：「以中、睿爲昭穆，是以兄弟同班爲昭穆，大違禮意。」

「自憲宗、穆宗、敬宗、文宗四世祔廟，睿、玄、肅、代以次遷。至武宗崩，德宗以次當遷」云云。墨筆於「憲宗」旁批：「順宗長子。」於「穆宗」旁批：「憲宗子。」於「敬宗」旁批：「穆宗子。」於「文宗」旁批：「穆宗第二子。」於「武宗」旁批：「穆宗第五子。」於「德宗」旁批：「代宗子。」墨筆眉批：「敬、文、武皆穆宗子，兄弟班也。」

「宣宗已復河、湟三州七關。」墨筆於「宣宗」旁批：「憲宗第十三子。」〔四〕

「禮儀使顏眞卿議曰：太祖景皇帝居百代不遷之尊，而禘、祫之時，暫居昭穆，屈己以奉祖宗

〔一〕此條，傅山全書初版本脫，據手稿補。
〔二〕「外」之上，傅山全書初版本衍一「之」字，據批點底本删。
〔三〕「祔」，傅山全書初版本誤作「討」，據批點底本改。
〔四〕此條，傅山全書初版本脫，據手稿補。

可也。」〔二〕墨筆旁批：「此禮之所無，而義大通。」

卷十九

「上公一人詣西階席，脱舃，跪，解劍置於席，升，當御座前，北面跪賀」云云。硃筆旁批：「脱了舃，單著襪耶？此亦難過人。想舃是鞋外加上者。」

卷二十一

「帝曰：夫聲之所感，各因人之哀樂。將亡之政，其民苦，故聞以悲。今玉樹、伴侶之曲尚存，爲公奏之，知必不悲。」硃筆旁批：「偏論！」

卷二十三下

「大鼓十五曲，嚴用三曲。一元驎合邏，二元驎他固夜，三元驎跋至慮」云云。墨筆眉批：「名都不解。」

卷二十四

「而武官五品以上，佩鞊韘七事，佩刀、刀子、礪石、契苾眞、噦厥、針筒、火石是也。」墨筆

〔二〕「奉」，傅山全書初版本誤作「順」，據批點底本改。

眉批：「鞊韘。『契苾眞、嚈厥』是何語？」

卷三十四

「永徽後，乃用帷帽，〔一〕施裙及頸，〔二〕頗爲淺露。」硃筆旁批：「似今書吏戴者。」又內臣有刻木象頭，以裹幞頭，百官效之，工門如市。」墨筆眉批：「『刻木象頭，以裹幞頭』八字不解。『裹』字猶襯耶？楥耶？」

卷三十五〔三〕

「武后時，民飲酒謳歌，曲終而不盡者，謂之族鹽。」墨筆眉批：「不解何應？」

卷三十七

卷三十七至四十之册封面墨筆批：「地理，州郡下，凡綴有府某某，不解何謂府。地理志所載土貢，有不知爲何等物者，又無音釋，奈何？此等物，著志者便當以三五言注之。」

「原州平涼郡，中都督府，望。廣德元年沒吐蕃，節度使馬璘表置行原州於靈臺之百里城。」墨

〔一〕「帷」，傅山全書初版本誤作「惟」，據批點底本改。
〔二〕「及」，傅山全書初版本誤作「乃」，據批點底本改。
〔三〕「卷三十五」，傅山全書初版本脱，據批點底本補。

筆眉批：「元載傳，議築原州。」

卷三十八

「虢州弘農郡，雄。本虢郡，治盧氏。」「土貢：絁、瓦硯、麝、地骨皮、梨。」墨筆眉批：「師山掌錄，虢州貢終葵以爲硯矣。」

「蔡州汝南郡，緊。本豫州。寶應元年更名。土貢：珉玉棊子，四窠、雲花、龜甲、雙距、溪鶩等綾。」〔一〕末句旁硃筆批：「似皆指綾上所織文。」

卷三十九

「河中府河東郡，赤。本蒲州，上輔。」「土貢：氈、⿰芻肙扇、龍骨、棗、鳳棲梨。」墨筆眉批：「『⿰芻肙』字不知何音。」

「慈州文城郡，〔二〕下。本汾州。」「吉昌。中。有鐵。」墨筆眉批：「今之吉州。」

「北都，天授元年置。」注：「晉陽宮在都之西北」，「都城左汾右晉，潛邱在中。」墨筆旁批：「左汾右晉之地，當在今太原縣之少南，如五府營一帶矣。」

「太原府太原郡，本幷州，開元十一年爲府。土貢：銅鏡、鐵鏡、馬鞍、梨、蒲萄酒、及煎、

〔一〕「鶩」，傅山全書初版本誤作「騖」，據批點底本改。

〔二〕「城」，傅山全書初版本誤作「武」，據批點底本改。

玉粉屑、龍骨、柏實、人黄、石鉲、甘草、人蓡、礜石、礐石。」「玉粉屑」旁硃筆批：「何物？」

「有無棣溝通海，隋末廢。永徽元年，刺史薛大鼎開。」墨筆眉批：「薛大鼎傳：無棣渠久廞塞。」

「新樂。」注：「中。東南二十里有木刀溝，有民木刀居溝傍，因名。」墨筆眉批：「名字用『刀』字，也古怪。」

卷四十

「襄州襄陽郡，望。土貢：綸巾、漆器、庫路眞、二品十乘花文、五乘碎石文、柑、蔗、芋、薑。」墨筆眉批：「庫路眞等是何物？」

「開州盛山郡，下。」「土貢：白紵布、柑、茶莒實。」硃筆改「莒」爲「苢」。」墨筆眉批：「『莒』當是『苢』。」

「西州交河郡，中都督府。」「土貢：絲、氎布、氈刺、蜜、蒲萄、五物酒漿煎皺乾。」墨筆眉批：「『五物』至『皺乾』是幾種？」又於「五物酒漿」旁硃筆批：「無注奈何？」

卷四十一

卷四十一至四十五之册封面墨筆批：「糧，湖州吳興郡貢黄糧。不知音。」

卷四十三上

「辯州陵水郡，下。」「土貢：銀、竹䕷。」墨筆眉批：「竹䕷，妙物也。」

卷四十三下

「安西」條後，硃筆尾批：「前目，安西下有安南、廣州二道，此但有安西，後二道不録，何也？」〔二〕

卷四十四

「凡明經，先帖文，然後口試，經問大義十條，答時務策三道，亦爲四等。」硃筆旁批：「明經亦答進士之時務。」

「凡進士，試時務策五道，帖一大經。經、策全通爲甲第；策通四、帖過四以上爲乙第。」硃筆旁批：「進士亦帖一經。」又硃筆眉批：「明經亦時務策，進士亦帖經。」

卷四十六

卷四十六至五十之册封面墨筆批：「百官志兵志中『胡祿』不解。『讙』字，兵志有李周讙名

〔二〕傅山所用本，缺第二十五至二十八四頁，非安南、廣州未録也。

字，不知何聲。」

卷四十八

「崇玄署。」「天下觀一千六百八十七，道士七百七十六，女官九百八十八；〔二〕寺五千三百五十八，僧七萬五千五百二十四，尼五萬五百七十六。」墨筆眉批：「從事道士不敵僧多。」

卷五十

「十人爲火，〔三〕火有長。火備六馱馬。凡火具烏布幕、鐵馬盂、布槽、鍤、钁、鑿、碓、筐、斧、鉗、鋸皆一。」墨筆眉批：「槽、碓皆癡重，如何馱？」

卷五十七

「卷五十七至五十九之册封面墨筆批：「唐既濟左氏邦典抄本，文獻通考云：『唐既潛亭，與子愁問答而爲之』，竟以既爲姓，而濟作潛，又贅一亨字，似是唐人矣。」

「貞觀中，魏徵、虞世南、顏師古繼爲祕書監，請購天下書，選五品以上子孫工書者爲書手，繕寫藏於内庫，以宫人掌之。」「選五品以上子孫」句旁硃筆批：「此法極可笑，書如何以官品拘？」

〔二〕「官」，批點底本作「冠」，此據中華書局標點本。
〔三〕「爲」，傅山全書初版本誤作「萬」，據批點底本改。

「古文尚書孔安國傳十三卷。」墨筆眉批：「隋志：古文尚書舜典一卷。〔二〕注：晉豫章太守范甯注。又曰：梁有尚書十卷，范甯注，亡。」

「王肅注十卷。」硃筆旁批：「是古文耶？」

「范甯注十卷。」墨筆旁批：「隋志亡。」

「李顒集注十卷。」墨筆旁批：「隋志作：李顒，十一卷。」

「姜道盛集注十卷。」墨筆旁批：「隋志有宋給事中姜道盛，十一。」

「徐邈注逸篇三卷。」硃筆旁批：「此皆是古文。」

「伏勝注大傳三卷。」硃筆旁批：「此大傳請孔安國耶？」

「又暢訓一卷。」硃筆旁批：「此上似皆謂古文者。」

「呂文優義注三卷。」墨筆旁批：「隋志有，不著人爲何代。」

「伊說釋義四卷。」墨筆旁批：「隋志，梁有尚書義疏四卷，晉樂安王友伊說撰，亡。」

「顧歡百問一卷。」墨筆旁批：「齊太學博士。」

「巢猗百釋三卷。」墨筆旁批：「隋志，梁國子助教。」

「費甝義疏十卷。」墨筆旁批：「隋志，梁國子助教費甝」。

「蔡大寶義疏三十卷。」墨筆旁批：「隋志，蕭詧司徒。」

「顧彪古文音義五卷。」墨筆旁批：「隋志曰：今文尚書音一卷，秘書學士顧彪傳，〔三〕又有大傳

〔二〕「文」，傅山全書初版本誤作「人」，據手稿改。

〔三〕「書」，傅山全書初版本誤作「尚」，據手稿改。

音二卷。」

「今文尚書十三卷。」注：「開元十四年」云云。「天寶三載又詔集賢學士衞包改古文從今文。」

硃筆眉批：「此『今文』，指唐字言。」又墨筆眉批：「前曰年，後曰載。」

卷五十八

「宋衷世本四卷。」硃筆眉批：「漢志所謂世本十五篇，不知何時即亡。」

「東萊呂氏家譜一卷。」硃筆眉批：「東萊呂氏。若不見唐志，則止知有宋之呂東萊矣。」

卷五十九

「華嶠紫陽眞人周君傳一卷。」硃筆眉批：「人不知張紫陽之前，〔一〕又有周紫陽君。」

「華陽子自序一卷。」硃筆眉批：「陶先生外，又有華陽子之名。」

「海蟾子元英還金篇一卷。」硃筆眉批：「海蟾子。今但知有劉海蟾。」

卷六十一

「神龍元年」，「融除名，流高州。」硃筆眉批：「房融相僅六個月。」

〔一〕「之」，傅山全書初版本誤作「大」，據手稿改。

卷七十二上

「杜氏出自祁姓，〔一〕帝堯裔孫劉累之後」云云。墨筆眉批：「杜確，舊唐書鄭元傳：『爲河中節度使杜確行軍司馬。』此杜系中，不見確之名字。不知又是何處一杜。」

「襄陽杜氏，出自當陽侯頂少子尹，字世甫，〔二〕晉弘農太守」云云。又表：「希望，河西隴右節度使、太僕卿、襄陽縣男。信，太子賓客。」硃筆眉批：「此處此何不列拾遺先生？」

卷七十二中

「王氏出自姬姓，周靈王太子晉以直諫廢爲庶人，其子宗敬爲司徒，時人號曰『王家』，因以爲氏。八世孫錯，爲魏將軍。生賁，爲中大夫。」「生翦，秦大將軍。生賁，字典，武陵侯。」硃筆眉批：「七代中兩王賁。」

「烏丸王氏：霸長子殷，後漢中山太守，食邑祁縣。」「生冏，度支尚書、護烏丸校尉，廣陽侯。因號烏丸王氏。」硃墨眉批：「霸卽孺仲耶？非烏丸人。」

「王氏定箸三房：一曰琅玡王氏，二曰太原王氏，三曰京兆王氏。宰相十三人。」硃筆旁批：「王起以山南西道節度使同中書門下平章事，非眞宰相也。」

〔一〕「氏」，傅山全書初版本誤作「民」，據批點底本改。
〔二〕「世」，傅山全書初版本誤作「少」，據批點底本改。

卷七十三下

「爰居生福，爲太原太守，遇赤眉之難，遂居太原中都。」硃筆旁批：「此卽孫盛之先。」

「武德中，子孫因官徙汝州郟城。靈懷曾孫茂道。」硃筆旁批：「卽處約。」

「佺，幽州都督、會稽公。」硃筆下批：「佺爲默啜所殺。」

「旃字子之，太原太子。」硃筆改「子」爲「守」。

「靈暉，北齊治中、大將軍司馬。」硃筆旁批：「靈暉三子，又有萬壽。」

「逖，刑部侍郎、右庶子，謚曰文。」硃筆旁批：「詩人。」

「棨字文威，中書舍人。」硃筆旁批：「詩人。」

「偓字龍光，相昭宗。」硃筆旁批：「相。」

卷七十四上

卷七十四至七十七之册封面墨筆批：「宰相世系内少七十四下、七十五上下。七十六卷后妃傳贊『人心相挻』，不知其義。廣韻式連切，揉也，繫也，和也，取也，長也。或作埏。」

「游藝相武后。」「傅氏宰相一人，游藝。」墨筆眉批：「顧眇初相見，一再面，卽以左傳之傅摯〔一〕、此游藝問兒輩，兒隨口對之：眇問傅摯者，欲其不知爲申鮮虞也。問游藝者，嘲其爲傅氏

〔一〕「傅」，傅山全書初版本誤作「傳」，據批點底本改。

之敗類也。」

卷七十六

「景雲中，追復昭容，謚惠文。始，從母子王昱爲拾遺，昱戒曰：上往因房陵，武氏得志矣。卒而中興，天命所在，不可幸也。」墨筆眉批：「此戒，是王昱戒婉兒耶？」又墨筆旁批：「者一段又寫得轂。」

「今昭容上所信，而附之，且滅族。」墨筆旁批：「此句又不似戒婉兒。『而』字指誰？是謂三思耶？」

「會帝降號皇嗣，復爲妃。」墨筆旁批：「睿宗紀云：武后廢中宗，立爲皇帝。其改國號周，以爲皇嗣。中宗自房州還，復爲皇太子。」

「以單言配之，應曰『聖昭』若『睿成』；以複言配之，應曰『大聖昭成』、『聖眞昭成』。」墨筆旁批：「睿宗爲云眞大聖大興孝皇帝。」

「駙馬都尉獨孤明失官。」墨筆旁批：「此不說是某公主之駙馬。」

「由是愈見寵，賜諸姨錢歲百萬，爲脂粉費。」「諸姨」旁墨筆批：「韓、虢。」

「銛以上柱國門列戟，與錡、國忠諸姨五家第舍聯亙，擬憲宮禁。率一堂費緡千萬。」硃筆眉批：「五家寫得不明白。」

「帝感動輟食，詔中人張韜光賜之。」墨筆旁批：「賜食。」

「國忠之輔政，其息昢尚萬春公主。」墨筆眉批：「楊昢，玉篇滂沛切。」

「啓瘞，故香囊猶在，中人以獻。帝視之，悽感流涕，命工貌妃於別殿，朝夕往，必爲鯁欷。」墨筆眉批：「『鯁欷』兩字，出自老宋心裁耶！」

「虢國先殺其二子，柔曰：『匄我死。』卽并其女刺殺之。乃自剄，不殊。」「乃自剄」旁墨筆批：「虢。」

「吏載置于獄，問曰：『國家乎？賊乎？』吏曰：『互有之。』乃死，瘞陳倉東郭外。」「互有之」旁墨筆批：「此何說？不解！」

「權去手，不自知，戚地已踈，人心相挻，玄宗藉其事，以撼豪英，[一]故取若掇遺。」墨筆眉批：「挻，廣韻：式連切，揉也，繫也，和也，取也，長也。或作埏。」

卷七十七

「肅宗廢后庶人張氏，鄧州向城人。」墨筆眉批：「杜詩：張后不樂帝爲忙。」

「玄宗幼失昭成，母視姨，鞠愛篤備。」墨筆於「昭成」旁批：「睿宗后。」[二]

「對曰：方多事，若倉卒，妄自當之，殿下可徐爲計。」墨筆眉批：「頗有馮昭儀意。」

「弟清、潛尚大寧、延和二郡主。」墨筆眉批：「張清，大寧公主。張潛，延和公主。」又墨筆旁批：「此等事卻須分別寫開，不得混混。」

「倓助泌請，故后怨，卒被潛死。」墨筆於「怨」、「卒」間批：「倓。」

[一]「豪英」，傅山全書初版本誤作「英豪」，據批點底本改。

[二]此條，傅山全書初版本脫，據手稿補。

「然以子佋早世，而侗幼，故太子得無患。」墨筆於「太子」旁批：「代宗。」

「寶應九年，帝大漸，后與内官朱輝光等謀立越王係，而李輔國、程元振以兵衞太子，幽后别殿。代宗已立，羣臣白帝請廢爲庶人，殺之。」墨筆眉批：「李輔國傳：『是夜捕二王、中人朱輝光、馬英俊等囚之，而殺后他殿。』然後云『代宗立』，非請于代宗廢爲庶人，始殺之也。」

卷七十八

「自丹陽度江，治隋江都故郡，揚人利之。」墨筆眉批：「江都在江南耶？爲何自丹陽度江？」

卷八十一

「肅明皇后生憲。」墨筆旁批：「寧王。」

「宫人柳生撝。」墨筆旁批：「申王。」

「崔孺人生範。」墨筆旁批：「歧王。」

「王德妃生業。」墨筆旁批：「薛王。」

「後宫生隆悌。」墨筆旁批：「隋王。早薨。」

「睿宗將建東宫，以憲嫡長，又嘗爲太子，而楚王有大功，故久不定。」「楚王」旁墨筆批：「玄宗。」〔二〕

〔二〕　此下，批本缺卷八十二至九十七。

卷九十八

卷九十八至一百二之册封面墨筆批：「十八學士登瀛州，姓名總見于褚亮傳末。姚珽傳中有『免爲詐繆』，『繆』字或是『謬』字之訛。薛收勸太宗據成皋，按甲厲兵邀建德路，而世充因以降，可謂十八學士中一豪傑。此册脱三葉。」

「薛收字伯褒，蒲州汾陰人，隋内史侍郎道衡子也。」墨筆眉批：「十八學士。」

「兩賊連固，則伊、洛間勝負未可，歲月定也。不若勒諸將嚴兵縮壘，浚其溝防，戒毋出兵。大王親督精鋭，據成皋厲兵按甲，邀建德路。彼此疲老，當吾堂堂之鋒，一戰必舉。不旬日，二賊可縛致麾下矣。王曰：善。遂禽建德，降世充。」墨筆眉批：「薛收一策而禽建德，降世充。如此，可謂學士之豪。」

「元敬，隋選部郎邁之子，與收及族」云云，墨筆旁批：「十八學士。」又墨筆眉批：「此下脱七、八兩葉。」

卷九十九

「故魏武使禰衡擊鼓，衡先解朝衣，曰：不敢以先王法服爲伶人衣。」墨筆旁批：「援引不當。」

「湜字澄瀾，少以文詞稱。」「與鄭愔周典選，納賂遺，銓品無序，爲御史李尚隱劾奏，貶江州司馬。」墨筆改「周」爲「同」，又眉批：「李尚隱，舊書竟作李商隱。」

卷一百

「帝問計，羣臣咸請許之，可紓」云云。硃筆眉批：「脱第六一葉。」

「百官都人列繪褸幔閣夾道，被服光麗，廛邸皆供帳」云云。墨筆眉批：「列繪褸幔閣，『褸』字何義？或是『樓』字。」又於「褸」字旁墨筆批：「樓。」〔一〕

「歸戒其子曰：『吾少讀書，文辭不減儕輩，今獨以畫見名，與厮役等，若曹慎毋習。』然性所好，雖被訾屈，亦不能罷也。」墨筆眉批：「『訾屈』兩字亦揑。」

卷一百二

「世基佞敏得君，日貴盛，妻妾被服擬王者，而世南躬貧約，一不改。」硃筆眉批：「『一不改』可厭。」

「陛下之德，堯舜所不逮。」硃筆旁批：「該打！」

「復帝爲詩一篇，述古興亡。」硃筆改「復」爲「後」。

「褚亮字希明，杭州錢塘人。」硃筆眉批：「十八學士。」

「時博士潘徽貶咸定主簿，亮與俱至隴山。徽死，爲斂瘞，人皆義之。」末句旁硃筆批：「何

〔一〕墨筆旁批文字，傅山全書初版本脱，據手稿補。

怪？」〔二〕

「劉孝孫者，荆州人。」硃筆眉批：「十八學士。」

「李玄道者，本隴西人。」硃筆眉批：「十八學士。」

「李守素者，趙州人。王世充平，召署天策府倉曹參軍。」〔三〕硃筆眉批：「十八學士。」又硃筆旁批：「不言爲世充何職，而但曰『世充平，召爲』云云，文義疏略。」

「姚思廉本名簡，以字行。」硃筆眉批：「十八學士。」

「聽扶王至順陽閣，泣辭去。觀者歎曰：仁者有勇，謂此人乎！」「泣辭去」旁硃筆批：「似略差些。」

「昔宣榭火，周世延，建章焚，漢業昌。且彌勒成佛，七寶臺須臾散壞。」末句旁墨筆批：「可笑！」

「浮屠理中謀殺璹，據劍南。」墨筆眉批：「理中一僧，如何便有此興頭？」

「其二曰：漢文帝身弋綈，足革舄，齊高帝闌檻用銅者，皆易以鐵」云云。墨筆眉批：「此事見說苑。」

「以後墨令及覆事，並請内印畫署，冀免詐繆。」墨筆眉批：「繆，所銜切，旌旗之斿。用之此何義？初謂似『謬』字之訛，然其本義，又似不用『謬』字者。」又墨筆眉批：「畢竟是『謬』字耳。」

〔二〕此條，傅山全書初版本脱，據手稿補。

〔三〕「曹」字，傅山全書初版本脱，據批點底本補。

「凡八代，合二書百八十篇上之，其書頗有條理，删落釀辭，過本書遠甚。」墨筆眉批：「『釀』字生用。」

「峘在吏部，因尚書劉晏力。時楊炎爲侍郎，〔二〕故峘内德晏。至分闕，以善闕奉晏，惡闕與炎，炎心不平。」墨筆眉批：「劉晏被楊炎陷後，峘惡之，當如何？」

「峘謝使者曰：得公手署，峘得以識。炎不疑，署送之」云云。墨筆旁批：「主意只欲倐殺劉晏之怨，而險急如此。」

「齊映爲江西觀察使，按部及州。峘輕映後世先至宰相。」末句旁墨筆批：「句都不明白。」

「今雖屬刺史」云云。墨筆旁批：「更不了了。」

「映至，峘入謁，從容步進，不袜首屬戎器，映以爲恨。」墨筆眉批：「不袜首屬戎器，『袜首』不解當時是何等制。」

卷一百三

卷一百三至一百七之封面墨筆批：「蘇世長自撻。好個可意伍伯！」

「初在陝，邑里犯法不能禁，乃引咎自撻於廛。伍伯疾其詭，鞭之流血，世長不勝痛，呼而走，人笑其不情。」硃筆旁批：「妙，妙！」

「孫伏伽，貝州武城人。」墨筆眉批：「命名伏伽，是何義？」

「當時非無直言之臣，卒不聞悟者，君不受諫，而臣不敢告之也。」硃筆旁批：「既云非無直言

〔二〕「時」，傅山全書初版本誤作「同」，據批點底本改。

之臣，而又曰不敢告之，何也？」

「帝大悅，卽詔：周隋之晚，忠臣結舌，是謂一言喪邦者。朕惟寡德，不能性與天道，然冀弼諧以輔不逮，而羣公卿士罕進直言」云云。又硃筆旁批：「有皇帝意。」

卷一百七

「子昂貌柔野，少威儀，而占對慷慨，擢麟臺正字。」墨筆眉批：「『柔野』兩字又捏。」〔一〕

卷一百一十九

硃筆旁批：「不解以此數人同傳之義，且于中間獨于香山有（以下闕）」

「韋氏之變，詔令嚴促」云云。下句旁墨筆批：「四字說得不分明。」

「則去榮非至德罪人，乃貞觀罪人也。其罪祖宗所不赦」云云。墨筆眉批「畢竟殺了王去榮是。」

「太和初，二李黨事興，險利乘之，更相奪移，進退毀譽，若旦暮然。」墨筆眉批：「『險利乘之』，是指人言險而好利者，然句做。」

「宣宗立，以兵部侍郎同中書門下平章事。」硃筆旁批：「相了。」

「德裕貶，敏中抵之甚力，議者皆惡。」硃筆改「抵」爲「詆」。又硃筆旁批：「柬核。」

〔一〕此下，批本缺卷一百五至一百一十八。

「顯與盧氏婚，將授室而罷，銜之。」墨筆旁批：「又不明白了。」又「銜之」旁硃筆批：「此銜銜誰？」

卷一百二十

桓彥範傳傳前墨筆旁批：「周利貞害桓、敬、袁三王，張、崔二王皆不遇其害而自卒。」

「彥範不欲廣殺，因曰：三思机上肉爾，留爲天子籍手。」墨筆旁批：「腐貨！」

「彥範亦曰：主上昔爲英王，故吾留武氏，使自誅之。」硃筆旁批：「何英？」

「今大事已去，得非天乎！」硃筆旁批：「當斷不斷！」

「薛季昶者，絳州龍門人。武后時上書，自布衣擢監察御史。」墨筆旁批：「此時上書，來頭不佳！」

「復拜御史，屢按獄如旨。」墨筆眉批：「此時『旨』如何『如』得？」

「季昶馳至軍，斬味虛以聞，威振北方。」墨筆旁批：「敗軍之將，殺之亦得。」

「季昶杖殺之。」墨筆旁批：「可。」

「或傳季昶曩爲味虛笞辱，故深文報怨。」墨筆旁批：「也是有底。」

「預誅易之等功，進戶部侍郎。」墨筆旁批：「可是不專始謀者。」

「而敦愛故舊，禮有名士，其長可蓋所闕云。」墨筆尾批：「『長可』不知何語。」

「渙博綜經術」，「卽日拜門下侍郎，同中書門下平章事。」墨筆旁批：「相了。」

「憤懣，抔土以食，爪甲盡，不能絕，乃擊殺之。謚曰貞烈。」墨筆旁批：「『爪甲盡，不能絕』

是何語？」

卷一百二十一

「幽求謂彥範曰：公等無葬地矣！」墨筆旁批：「是，是。」

「而自用崔隱甫，隱甫繇是怨說。」墨筆旁批：「崔隱甫之怨張說，寫得不明。」

「在外惟聞太平公主，不聞有太子。太子本有功於社稷，孝於君親，安得此聲？」墨筆旁批：「此三句在此，是連上說來，不甚關生。與『不聞有太子』句無味。」

「太子命坐，且泣曰：計將安便？」墨筆旁批：「何泣？」又墨筆旁批：「舊書『泣曰』下有『四哥仁孝，同氣惟有太平，言之恐有違犯，不言憂患轉深』數句，不知『四哥』何謂？」

「侍兒數十，寶帳備具，閽門三百口。」墨筆旁批：「『閽門三百口』，在此又無謂。」

「今汝無攻城野戰勞，以諂佞取容，海內切齒，吾恐汝家墳墓無人復掃除也。」墨筆旁批：「此等句，斷不是婦人口語，太文，太掉書袋，可厭！」

「太平之誅，張暐還爲大理卿，封鄧國公。」墨筆旁批：「前不曾說張暐在何處，此處突云召還。」

卷一百二十二

「賜錦袍，給千騎四人侍，賜銀千兩。元忠到家，於親戚無所賑施。」墨筆眉批：「蕭至忠平生奉賜，無所遺施，同老魏。」

「此道板築所成，非自然之固。千金子且誡垂堂，況萬乘可輕乘危哉？」墨筆旁批：「又可笑了。」

「而宗楚客、韋温擅削相王輔政語，安石無所建正。」硃筆旁批：「何以解免？」

「及肅宗擇相，自謂必得，以後至不用。」墨筆眉批：「宰相有甚好處，都想要做？」

「武后知所爲，召欲語，既與語，奇之，索所爲文章。上寶劍篇，后覽嘉歎，詔示學士李嶠等，即授右武衛鎧曹參軍，進奉宸監丞。」硃筆旁批：「看此淫媪！」

卷末「贊曰」云云。墨筆眉批：「韋少强，于魏而黄混混。」

卷一百二十三

「初，中宗崩，嶠嘗密請相王諸子不宜留京師。」墨筆批旁：「縠而胡。」

「至忠曰：寧有與期可以失信？」墨筆眉批：「小信之不足憑如此。」

「韋后嘗爲其弟洵與至忠殤女冥婚。」墨筆旁批：「没主意了！」

「至忠又以女妻后舅崔從禮子無詖，兩家合禮。」墨筆旁批：「大没主意了！」

「更因武三思得中丞，附安樂公主爲宰相。及韋后敗，遽發韋洵壟，持其女柩歸。後依太平，復當國。」墨筆眉批：「因武三思得中丞，附安樂爲宰相，依太平得當國。」

「以簡儉自高，故生平奉賜，無所遺施。」墨筆眉批：「魏元忠於親戚無所賑施，與此同。」

「戶部員外郎李邕以巨源附武三思爲相，託韋后視屬，謚『昭』爲非。」墨筆眉批：「北海駁巨源謚議。舊唐書載此傳。」

「中宗時有巫趙挾鬼道出入禁掖，彥昭以姑事之。嘗衣婦服，乘車與妻偕謁，其得宰相，巫力也。」「嘗衣婦服」旁墨筆批：「是何等行逕？」

「默啜聞曰：漢使至吾國衆矣，斯食鐵石人，不可易。」墨筆眉批：「如此，何遽稱爲『食鐵石人』也？」

卷一百二十四

「父懿，字善懿，貞觀中爲嶲州都督，贈幽州大都督，謚文獻。」墨筆眉批：姚懿謚文獻。父子謚同。」

「然事天后久，違舊主而泣，人臣終節也。」墨筆旁批：「深姦乎哉！」

「崇第睬僻，因近舍客盧。」墨筆旁批：「『睬僻』何說？」又墨筆眉批：「睬僻，睬有遠之一解，謂僻遠耳。」

「帝欲崇自近，詔徙寓四方舘。」墨筆眉批：「『欲崇自近』是何語？」

「宋璟，邢州南和人。七世祖弁，爲元魏吏部尚書。」墨筆眉批：「廣平神道碑：弁，魏吏部尚書。祖欽道，北齊黃門侍郎。高祖元節，定州田曹。曾祖弘峻，大理丞。祖務本，櫟陽令。父玄，戶部尚書。」

「聖曆後，突厥默啜負其疆，數窺邊侵九姓。拔曳固負勝輕出，爲其狙擊斬之。」末句旁墨筆批：「此處寫得最胡塗。」

卷一百九　新唐書批注（下）

卷一百二十五

「遂不發書。俊臣未至，追還，恨之。由是連外徙，不得入。」墨筆旁批：「是誰恨？寫得恁地可笑！」

「張易之誣陷魏元忠也，援說爲助。說廷對『元忠無不順言』，忤后旨，流欽州。」墨筆眉批：「說不助易之，實由宋璟教之。」

「中書舍人陸堅以學士或非其人，而供擬太厚，無益國家者，議白罷之。」「學士」旁墨筆批：「秀才家數。」

「祿山盜國，爲僞中書令。」墨筆旁批：「何爾爾？」

「均曰：此婦翁遺壻，非天子賜學士也。」墨筆旁批：「說得好！」

「帝以語國忠，國忠曰：所告者必張垍。」墨筆旁批：「如此稼禍。」〔二〕

〔二〕此下，批本缺卷一百二十六至一百九十二。

卷一百九十四

「大夫弱無固，性無專，老無在，死無餘。」硃筆旁批：〔一〕「造語皆别。」

「自春秋三家後，非訓齊生人不録。」墨筆眉批：「非訓齊生人不録，此句不甚解。」

卷一百九十五

「南金當重法，弟趙壁詣旭自言：〔二〕『匿崇道者我也，請死。』南金固言弟自誣不情」云云。墨筆眉批：「迺同孔褒兄弟事。」〔三〕

「張説、陸象先以賢謂之。」墨筆旁批：「『以賢謂之』四字亦捻。」

「父死凶手，歷二十年不克報，乃今刷憤，願歸死有司。州上狀，帝爲貸死。」末句旁硃筆批：「是。」

「元慶報父讎，束身歸罪，雖古烈士何以加？然殺人者死，畫一之制也，法不可二，元慶宜伏辜。」墨筆眉批：「陳伯玉一好詞客，而論此事愚腐不堪！」

〔一〕「硃筆」，傅山全書初版本誤作「墨筆」，據手稿改。

〔二〕「旭」，傅山全書初版本誤作「昶」，據批點底本改。

〔三〕「事」，傅山全書初版本脱，據手稿補。

卷一百九十六

「借人書，篇帙壞舛，必爲輯褫刊正。」墨筆眉批：「輯褫。褫从衣者，奪也。廣韻曰：衣絮編也。褫从示者，福也。此似當从褫，猶云裝輯成裹之義。」

「李蔚、盧攜素與善，及當國，召拜左拾遺。」末句旁硃筆批：「何必！」

卷一百九十七

卷一百九十七至一百九十九之册封面墨筆批：「陸德明傳『王玄恕入拜牀垂』，不知『牀垂』兩字本之何書。張柬之論三年廿五月，見一百九十九卷王元感傳。柳芳姓族論見柳沖傳中。〔二〕劉伯莊，附見敬播傳後。伯莊有史記音義，見司馬禎序文，此全不及。張後胤授太宗經學。」〔三〕

卷一百九十八

「多藏古圖畫、器物、書帖，亦性所篤愛。」墨筆眉批：「『亦性所篤愛』五字何用？」

「又年最少，老師宿儒恥出其下，陰遣客刺之。」硃筆旁批：「可笑！」

「以孔穎達正義繁釀，故掎摭其疵，當世諸儒服其精。」墨筆眉批：「『繁釀』字亦捏。」

〔二〕 自「張柬之」至此，傅山全書初版本脱，據手稿補。

〔三〕 末句八字，傅山全書初版本脱，據手稿補。

「初，帝在太原，嘗問：隋運將終，得天下者何姓？答曰：公家德業，天下繫心」云云。墨筆旁批：「此問亦自難對，而公然作此語。」

「臣翼贊一人，乃王天下，計臣之功，過於先聖。」墨筆旁批：「不會説話亦至於此。」末句旁硃筆批：「胡説！」

「從太宗出獵，遇雨沾漬，因問曰：油衣若爲而無漏邪？」墨筆旁批：「何不作『着油衣可無漏』耶？」

「後惟岳被殺於王武陵，如其揣云。」「如其揣云」旁墨筆批：「不成史話！」

羅道琮傳傳首墨筆眉批：「羅道琮傳中略無儒學事，何也？」

卷一百九十九

「隋大業中，爲尚書民曹郎。」硃筆於「大業中」下加「楚之」二字。又墨筆眉批：「此處少『楚之』兩字不得。」

「咸亨初，詔突厥酋長子弟得事東宮。」〔一〕硃筆旁批：「何謂？」

「鳳閣舍人元萬頃、范履冰等議」云云。墨筆眉批：「二百卷有盧履冰。」

「到官，有梟嘯其屏，鼠數十走於前，左右驅之，擁杖而號，敬濳不爲懼。」墨筆眉批：「梟嘯、鼠走不爲異。」

「少貧俠，嗜學，工草隸。客居僧坊，寫書取庸自給。」墨筆眉批：「以工草隸列儒林，不

〔一〕「事」，傅山全書初版本誤作「侍」，據批點底本改。

稱！」

「徐敬業起兵，聞其行，以幣劫之，稱疾篤。」「武后召赴東都，謁殿中，褒慰良厚，擢太子文學。累進祕書少監。」墨筆旁批：「以奇節論之，謁武后殿中，不如從敬業。」

「終邠王傅，謚曰景。」墨筆眉批：「景，布義行剛。」

「時散騎常侍解琬亦罷歸，與知章覃思經術，舉訢訢然。」墨筆眉批：「『舉訢訢然』四字在此亦無味。」

「於易、老、莊書尤縣解。」墨筆眉批：「『縣解』兩字，本之莊子，而此處用之亦別。」

「於是舊主長尺有六寸，方尺七寸。」硃筆旁批：「逕是方徧。」

「且陛下操生殺柄，欲加之罪，自當處決聖心。既付臣按狀，惟知守陛下法爾。」墨筆旁批：「此等句極害事，卽張釋之爲此語，後人多因之，不可，不可！」

卷二百

卷二百至二百二之册封面墨筆批：「『寧道孔聖悞，諱言服鄭非』，元行沖傳引王邵語，儒學家護門戶不通往往如此。崔信明亦五月五日生，文苑上。李旻射虎事附見太白傳中，無謂。二百二蘇源明傳有『覂』字。」

「武后簒國，孝和中興有功。今內主別祠，不得列於世，亦已薄矣」云云。墨筆眉批：「孝和中宗，不足理論之人。在唐本朝爲臣者，拘禮見學耳。當時上謚『和』字，不知是正義耶？予但取其能和於武韋耳。」

「其職省起居，執虎賁，蓋褻臣也。」墨筆眉批：「『執虎賁』，『賁』字恐誤。看下『褻臣』，當云『執虎子』。」

「盧履冰，幽州范陽人。」墨筆眉批：「沈伯儀傳有鳳閣舍人范履冰。」

「王仲丘，沂州琅邪人。」墨筆眉批：「馬懷素傳有劉仲丘。」

「神龍初，上書曰：古律條目千餘」云云。墨筆眉批：「儒學明律。」

「有詔起復，遣中官敦諭，不就。以給事中兼學士。善書。」墨筆眉批：「『不就』下，接『以給事中兼學士』，[一]想就耶？下別無文，而按以『善書』，何也？」又硃筆旁批：「文章如此，眞少手折脚矣。」

「善爲春秋，考三家短長，縫綻漏闕，[二]號集傳，凡十年乃成。」墨筆眉批：「綻，除莧切。玉篇：『解也。』卽破組之義。縫綻闕漏。『綻』字逕是與『縫』一義，猶補綴也。與本字義乖。」

「以夏爲本，不壹守周典。」「苟有善惡，當以周法正之。」末句旁硃筆批：「又不夏邪？」

「且論語孔子所引，率前世人老彭、伯夷等，類非同時」云云。墨筆眉批：「此亦何足爲證？」

「後人謂左氏，便傳著丘明，非也。」墨筆旁批：「晦菴極喜此說。後來文學家便傳會以爲必然。」

「杜預議：古天子三年喪，既葬，除服。」硃筆旁批：「名三年喪，而既葬除服，不解。」

「今太子以衰服侍膳至葬，可乎？」硃筆旁批：「此只欲少日耳！」

[一]「接」，傅山全書初版本脱，據手稿補。

[二]「縫綻」，傅山全書初版本誤作「補綻」，據批點底本改。

「十五月禫，内謁卽墨服。」「内謁」旁硃筆批：「此句尚少數字。」

卷二百一

「從父弟承序亦有名，王召爲文學舘學士。」墨筆根批：「『從父』上，還當加某人字，曰朗從父。」

「誼曰：夫門戶者，歷世名節，爲天下所高，老夫是也。」末句旁墨筆批：「亦可笑！」

「初，道出鍾陵，九月九日，都督大宴滕王閣，宿命其婿作序以夸客。因出紙筆，徧請客，莫敢當。至勃，沆然不辭。都督怒，起更衣，遣吏伺其文輒報。一再報，語益奇。乃矍然曰：天才也！請遂成文，極歡罷。」墨筆根批：「王保定摭言：王勃著滕王閣時，年十四。都督閻公不信。令人伺其下筆。初報云：『南昌故郡，洪都新府。』公曰：『老生常淡。』又云：『星分翼軫，地接衡廬。』公不語。至『落霞』二句，公矍然曰：『此眞天才，垂不朽矣。』詳載摭遺。」

「自黄帝至漢，五運適周，〔一〕土復歸唐，唐應繼周、漢，不可承周、隋短祚。乃斥魏、晉以降非眞主正統，皆五行沴氣。遂作唐家千歲曆。」墨筆眉批：「舊唐書，勃謂：自黄帝至漢，並是五運眞主。五行已遍，土運復歸，唐德承之，宜矣。魏、晉至於周、隋，咸非正統，五行沴氣，故不可承之。」

「高宗命作文，常以金銀桮蘄酒飲之。」墨筆旁批：「是何語？」

〔一〕「運」，傅山全書初版本誤作「動」，據批點底本改。

卷二百二

「宋之問字延清，一名少連，汾州人。」墨筆旁批：〔二〕「不得。」

「于時張易之等烝昵寵甚。」墨筆旁批：「此『烝』字亦不當。易之于后，不可謂烝。」

「之問與閻朝隱、沈佺期、劉允濟傾心媚附。」墨筆旁批：「老沈也幹下了來！」

「至爲易之奉溺器。」墨筆旁批：「好幫客！」

「諂事太平公主，故見用。」墨筆旁批：「正經。」

「及安樂公主權盛，復往諧結。」墨筆旁批：「是。」

「窮歷剡溪山，置酒賦詩，流布京師，人人傳頌。」墨筆旁批：「好山水遇着若人，也没法躲避。」

「至是亦流嶺南，並賜死桂州。」墨筆旁批：「不虧！」

「后有疾，令往禱少室山，乃沐浴，伏身俎盤爲犧，請代后疾。」墨筆旁批：「世間萬事何不有！」

「還奏，會后亦愈，大見褒賜。其資佞諂如此。」墨筆旁批「武婆又不濟了！」

「詔起爲右補闕時又有富嘉謨、吳少微皆知名。」墨筆旁批：「不成傳。」

「善曰：『試爲我補益之。』邕附事見義，善以爲不可奪。故兩書並行。」墨筆旁批：「可恨此書不見！」

〔二〕「墨筆」，傅山全書初版本誤作「硃筆」，據手稿改。

「邕之文，於碑頌是所長，人奉金帛請其文，〔二〕前後所受鉅萬計。」墨筆旁批：「何至乃爾多？」

「呂向字子回」，「工草隸，能一筆環寫百字，若縈髮然，世號『連錦書』。」墨筆眉批：「一筆環寫百字。其實俗話。」

「彊志于學，每賣藥，即市閱書，遂通古文。」墨筆旁批：「『每賣藥』何說？」

「玄宗開元十年，召入翰林，兼集賢院校理。」墨筆旁批：「何由得召？」

「帝自爲文，勒石西嶽，詔向爲鐫勒使。」墨筆眉批：「鐫勒使，官名瑣。」

「或荆卿詭動，何羅竊發，逼嚴蹕，冒清塵，縱醢單于，汙穹廬，何以塞責？」墨筆旁批：「自然該諫，卻不必説到此處，掉故事之不通者，往往。」

「嘗以李善釋文選爲繁釃。」墨筆旁批：「妄了！」

王翰傳傳末墨筆批：「晉陽有此王子羽耶？」

「舉手筆儁拔、哲人奇士、隱淪屠釣及文藻宏麗等科。」墨筆旁批：「不成科目名。」

「李邕負才，自陳州入計，裒其文示逖。」墨筆旁批：「此句不曾說個主意，與上句自負之意沒合殺。」

「是時，嘉之且八十，猶爲令，逖求降外官，增父秩。帝嘉納，拜嘉之宋州司馬。」墨筆旁批：「八十爲令，亦可謂無廉恥。」

「然喜縱横術，擊劍，爲任俠，輕財重施。」墨筆根批：「『然』字又何爲？」

「爲酒八仙人。」墨筆於「酒」、「八」之間批一「中」字。

〔二〕「人」，傅山全書初版本脱，據批點底本補。

「旭，蘇州吳人。」「或以頭濡墨而書。」末句墨筆旁批：「此句專得相傳之。」〔一〕

「在官貧約甚，澹如也。」墨筆旁批：「可厭！那里便倩此三字來！」

「嘗謂：仲尼作春秋，爲百王不易法，而司馬遷作本紀、書、表、世家、列傳，敍事依違，失褒貶體，不足爲訓。」墨筆旁批：「有何不足訓？」

「乃起漢元年訖隋義寧，編年依春秋義類，爲傳百篇。」墨筆旁批：「又來了！」

「以唐土德，承梁火德，皆自斷，諸儒不與論也。」墨筆旁批：「者個是甚春秋？」

卷二百三

卷二百三至二百六之册封面墨筆批：「裴儆謂柳載曰：『邵說事賊爲劇官，掌其兵，大小百戰，掠名家子爲奴婢不可勝計。』看來是實，以今驗之，非吹求也。此輩沒正經貨，原不足惜，當時法綱之寬大如此。吳武陵在文苑好看，是一個，是一個！李翰是一個。傅仁均見李淳風傳，滑州人。葉法善傳中，『卒亘之測』是何語？李脩橋道事，事可笑，而文也可笑。郡主字見武承嗣。明崇儼四月得瓜，獻于高宗。甄權百三歲。大歷十才子見盧綸傳。」〔二〕

「華母在鄴，欲間行輦母以逃，爲盜所得，僞署鳳閣舍人。」墨筆眉批：「遐叔落草了！」

「臣聞聖主褒死難之士，養死事之孤」云云。墨筆旁批：「只起頭帽子嘽，可以不用。」

「議者罪巡以食人，愚巡以守死，臣竊痛之！」中句旁硃筆批：「其愚不可及也！」

〔一〕此條，傅山全書初版本脫，據手稿補。

〔二〕自「郡主」至此，傅山全書初版本脫，據手稿補。

「今者乃欲議巡之罪，是廢教絀節，不以功掩過，不以刑恕情」云云。墨筆旁批：「此處又嘽了！」

「假巡守城之初，已計食人，損數百衆以全天下，臣尚謂功過相掩，況非素志乎？」墨筆旁批：「此是沒奈何事，不必爾論。」「況非素志乎」旁硃筆批：「五字又嘽！」

「嘗以少游擬桓、文，爲義士所訾。」墨筆旁批：「是何言？」

「逮朝義敗，歸郭子儀。子儀愛其才，留幕府。遷累長安令、祕書少監。」墨筆旁批：「此種人不卽令人見之，欲殺者，只是此點奴才。」

「而方謁郊廟，大赦各士，誠恐雲雨之施未普，鬱結之氣未除。」「大赦各士」旁硃筆批：「『各士』何謂？」

「臣知回紇利野戰，陰勸其行，以破賊計。」墨筆旁批：「虧你！」

「彼且鼓讒說以投疑于上，此臣所大懼也。」墨筆旁批：「自不穩便。」

「說事賊爲劇官，掌其兵，大小百戰，掠名家子爲奴婢不可計」云云。硃筆旁批：「其實如此，非追求也。」

「邵孝悌有行，逸塗益脩絜。」墨筆旁批：「『逸塗益脩絜』是何語？」

「其訓辭温厚，有典誥風；然性剛褊，不能取容於時，孤特自恃。」墨筆旁批：「此『然』字用此處何謂？」

「怨陸贄、李充，乃附裴延齡，延齡表鉤校京兆妄費」云云。墨筆眉批：「怨陸贄、李充而附裴延齡，不長進！」

「時又有太子庶子李益同在朝。」墨筆眉批：「一時兩個李益。」

「其子稹拒命，秬方休假還家，稹表斥損時政，或言秬爲之」云云。「子稹」旁墨筆批：「從諫。」又墨筆眉批：「其子混帳，自當補『從諫』兩字。」

「日者，張太尉厭垣捍之勤，謝易、定爲國老，田尚書知慮絕俗，又以魏博來歸，幽、檀、滄、景皆爲信臣，然而與足下者，獨齊、趙耳。」墨筆旁批：「憲宗紀：元和五年十月，義武軍節度使張茂昭以義、定二州歸于有司。七年十月，魏博節度使田興以六州歸于有司。」

「出帛百萬，以給士大夫，則孰不爲丞相之人？」硃筆旁批：「其言亦不可廢。」

「太和初，禮部侍郎崔鄲」云云。墨筆於「太和」旁批「文宗」。〔一〕

「因出袖中書搢笏鄲，鄲讀之」云云。墨筆旁批：「『搢笏鄲』何語？」又硃筆改前一「鄲」字爲「爲」字。

「瑑稍親近，逢不得意，遂相忿恨。」硃筆旁批：「奴文士往往爾。」

卷二百四

「若李淳風諫太宗不濫誅，許胤宗不著方劑書，嚴譔諫不合乾陵，乃卓然有益于時者，茲可珍也。」硃筆眉批：「『茲可珍也』是何文？」

「所撰脈經、針方、明堂等圖傳於時」云云。墨筆眉批：「舊唐書：權撰脈經、針方、明堂人形圖各一卷。立言撰本草音義七卷，古今錄驗方五十卷。俠撰經心錄十卷。」

「或勸其著書貽後世者，答曰：醫特意耳，思慮精則得之。脈之候幽而難明，吾意所解，口莫

〔一〕此條，傅山全書初版本脫，據手稿補。

能宣也」云云。墨筆眉批：「舊唐書：或謂胤宗曰：『公醫術若神，何不著書以遺將來？』胤宗曰：『醫者意也，在人思慮。又脈候幽微，苦其難別，意之所解，口莫能宣。且古之名手，惟是別脈，脈既精別，然後識病。夫病之於藥，有正相當者，惟須單用一味，直攻彼病，藥力既純，病即立愈。今人不能別脈，莫識病源，以情臆度，多安藥味，譬之於獵，未知兔所，多發人馬，空地遮圍，或冀一人偶然逢也。如此療疾，不亦疏乎！假令一藥偶然當病，復共他味相和，君臣相制，氣勢不行，所以難差，諒由於此。脈之深趣，既不可言，虛設經方，豈加於舊？吾思之久矣，故不能著述耳。』年九十餘卒。」

「文仲曰：風狀百二十四，氣狀八十，治不以時，則死及之」云云。墨筆眉批：「文仲曰：風有一百廿四種，氣有八十種。大體醫藥雖同，人性各異。庸醫不達藥之性，使冬夏失節，因此殺人。」又墨筆根批：「文仲善療風疾，則天令文仲集當時名醫，共撰療風氣諸方。文仲撰四時常服及輕重大小諸方十八首，隨身備急方三卷。」

「雅不喜浮圖法，常力詆毀，議者淺其好憎，然以術高，卒叵之測。」硃筆眉批：「『卒叵之測』是何語？」

「至爲武后作厭勝事，又言章懷太子不德。」墨筆旁批：「胡做了，該死了！」

卷二百五

「史思明之叛，衞州女子侯，滑州女子唐，青州女子王，相與歃血赴行營討賊。」墨筆旁批：「奇哉！」

「滑濮節度使許叔冀表其忠，皆補果毅。雖敢決不忘於國，然不如楊烈婦忼慨知君臣大義云。」墨筆旁批：「不知胡論底是甚！」又硃筆旁批：「此三女子不知君臣之義耶？」

卷二百六

「故用福甚者得禍酷，取名少者蒙責輕。」下句旁硃筆批：「此處用此句，眞嘽！」

「募兵既集，以劉弘基、長孫順德統之。」〔一〕墨筆眉批：「長孫順德卽無忌子。」

「又娶楊氏，生三女。元女妻賀蘭氏，早寡。」硃筆旁批：「仲卽后。」

「士䕶卒後，諸子事楊不盡禮，銜之。」「諸子」旁墨筆批：「元慶等。」

「后立，封楊代國夫人，進爲榮國，后姊韓國夫人。」「韓國」旁墨筆批：「亦是武氏。」

「乾封時，惟良及弟淄州刺史懷運」云云。墨筆於「乾封」旁批：「高宗第五改號。」〔二〕

「卽導帝幸其母所，惟良等上食，后寘堇焉。賀蘭食之，暴死。」墨筆旁批：「此母是誰之母？若是所幸韓國之女之母，母卽韓國矣。」

「后取賀蘭敏之爲士䕶後，賜氏武。」墨筆旁批：「此是暴死者之族耶？〔三〕亦當明列爲暴死者之何等人。」

「敏之韶秀自喜，烝於榮國。」「榮國」旁墨筆批：「楊氏。」

〔一〕「順」，傅山全書初版本脱，據批點底本補。

〔二〕此條，傅山全書初版本脱，據手稿補。

〔三〕「者」，傅山全書初版本脱，據手稿補。

「榮國卒。」墨筆旁批：「老楊婆子。」

「宮人從者，敏之悉逼亂之。后疊數怒。」墨筆眉批：「『疊數怒』是何語？」

「士稜字彥威，少柔願，力于田，官司農少卿。」墨筆旁批：「老莊家。」

「而攸寧爲納言，故皆罷。」墨筆旁批：「此『故』字何承？」

「長安初，與妻永泰郡主及邵王私語」云云，墨筆於「與」字旁批：「延基。」〔一〕

「景龍時，遷右羽林，卒。」墨筆旁批：「中宗予爵號。」〔二〕

「知微等潛約默啜執延秀，進寇嬀、檀，故延秀不得歸。」墨筆旁批：「此下不及閻知微、楊鸞莊。」

「頗通突厥語。」墨筆旁批：「延秀。」

「時疾三思姦亂竊國，比司馬懿。」硃筆旁批：「比亦無倫。」〔三〕

「王同晈、周憬、張仲之等不勝憤，謀殺之。爲冉祖雍、宋之遜〔四〕、李悛所白，皆坐死。」硃筆眉批：「大唐新語曰：張仲之、宋之遜、祖延慶等謀于袖中，發銅弩射之。之遜子曇知之，以告冉祖雍，祖雍以聞。」

「始，李林甫給帝天下無事，請已漏出休，許之」云云。墨筆眉批：「三郎轂至此！」

「民爭其貲，富埒國忠。」墨筆眉批：「此處之『民爭其貲，富埒國忠』，甚不倫脊。」

〔一〕此條，傅山全書初版本脱，據手稿補。
〔二〕此條，傅山全書初版本脱，據手稿補。
〔三〕「比」，傅山全書初版本誤作「此」，據手稿改。
〔四〕「遜」，傅山全書初版本誤作「遜」，據批點底本改。

「太后崩，詔脩爲橋道置頓使，嗇官費，物物裁損，爲可喜者。」墨筆眉批：「『爲可喜者』四字是何義？」又墨筆旁批：「是以儉省媚上義耶？」

「梓宮至灞橋，從官多不得食，始議更造渭城門」云云。墨筆旁批：「此三句文義何說？是因不得食而造渭城門耶？」

「柱危不支。」墨筆旁批：「此柱是何柱？」

「方過喪而門壞，轀輬僅免。」墨筆旁批：「逕是李多見處分牛頭入甕形狀。」

「徹門乃得行。」墨筆旁批：「門壞于過喪之後，何又云『徹門乃得行』？」又墨筆眉批：「此一段須老宋自家注解！」〔一〕

卷二百七

卷二百七至二百九之册封面墨筆批：「唐詩紀事廿卷高力士後，書段柯古敘力士事證云凡十三事，如六尺五寸，陪葬泰陵，五磾，呼將軍，王、公主呼爲翁，略見本傳，餘不載也。末掇。吉温傳：『不爲末掇。』掇，桑葛切。韻會小補云：一日抹掇，掃滅也。若不有『末』字單用『掇』，則側手擊也。」

「所至郡縣，奔走，獻遺至萬計。脩功德，市禽鳥，一爲之使，猶且數千緡。」末句旁墨筆批：「此句又誰甚？若承上萬計，亦應明白。」

「至慓士奇材，則養以爲子；巨鎮彊藩，則爭出我門。」墨筆眉批：「我門，爲誰我之？」又

〔一〕「注解」下，傅山全書初版本衍「注解」二字，據手稿删。

「我」字旁墨筆批：「其。」

「楊思勗，羅州石城人。」墨筆旁批：「李多祚傳有楊思勖。」

「已平韋氏，乃啓屬内坊，擢内給事。」墨筆旁批：「『啓屬』兩字何説？」

「當是時，宇文融、李林甫、蓋嘉運、韋堅、〔二〕楊慎矜、王鉷、楊國忠、安禄山、安思順、高仙芝等，雖以才寵進，然皆厚結力士」云云。墨筆旁批：「舊書此十人外，尚列李適之之名。吾意適之似不爾者。新書删去，不知的知無此事耶？亦護賢者爲隱之耶？」

「張皇后謀立越王，元振見太子，發其姦。」「張皇后」旁硃筆批：「肅宗。」又於「太子」旁硃筆批：「代宗。」〔三〕

「王仲昇者，初爲淮西節度使，與襄州張維瑾部將戰申州，被執。」墨筆旁批：「此句又寫得不明白，被執是那個被執？」

「瑱等上將，冕、光弼元勳，既誅斥，或不自省，方帥繇是攜解。」墨筆眉批：「『或不自省』説甚？」

「御史劾按，長流溱州，景詮貶新興尉。元振行至江陵死。」墨筆旁批：「如此等不竟殺訖，直與長流，是怕誰？」

「朝恩資小人，恃功岸忽無所憚。」墨筆眉批：「『資小人』、『岸忽』句皆可笑！」

「朝恩好引輕浮後生處門下，講五經大義，作文章，謂才兼文武，徼伺誤寵。」墨筆眉批：

〔二〕「堅」，傅山全書初版本誤作「監」，據批點底本改。

〔三〕此條，傅山全書初版本脱，據手稿補。

「『誤寵』兩字是何義？」

「衛士朱華，以按摩得幸文場，參慮補置，索賕數萬緡，而藩鎮贈遺累百鉅萬，畧士妻女無所憚，詔殺之于軍。其隆赫如此。」墨筆眉批：「殺朱華耶？『其隆赫如此』一句，當在『詔殺之』之上。」又硃筆旁批：「者一段又胡塗！」

「吾聞上晝夜獵，出入無度，可圖也」云云。墨筆旁批：「染匠忽然有此大志！」

「至是，存亮出迎，捧帝走，泣負而入。」墨筆旁批：「捧帝走，不知如何捧？」

「楊復光，閩人也。本喬氏，〔一〕有武力。」墨筆眉批：「不說閹否。」

「復光有謀略，累監諸鎮軍」云云。墨筆眉批：「大好個楊復光！」

「乾符初，佐平盧節使曾元裕」云云。「乾符」旁墨筆批：「僖之初號。」〔二〕

「威疾其功，密請僖宗誅之，故仙芝怒。」「誅之」旁墨筆批：「尚君長。」〔三〕

「復光父嘗監忠武軍」云云。硃筆旁批：「玄价。」〔四〕

「復光曰：胡不殺之？」硃筆旁批：「胡了。」

「其後忠武周岌受賊命，嘗夜宴，召復光」云云。墨筆旁批：「此『賊』字都該明寫出賊某人。」

「復光固往酒所語時事。」硃筆眉批：「『酒所』使上了。」

〔一〕「氏」，傅山全書初版本誤作「民」，據批點底本改。
〔二〕此條，傅山全書初版本脫，據手稿補。
〔三〕此條，傅山全書初版本脫，據手稿補。
〔四〕此條，傅山全書初版本脫，據手稿補。

「復光遣使鐫諭溫以所部降。」硃筆眉批：「『鐫』字又使上。」

「存亮豈通記書道理之人邪？何其識君臣大誼明甚？」硃筆旁批：「此句亦不知所套。」

卷二百八

「李揆當國，以子姓事之，號五父。」硃筆眉批：「李揆也還算好些底，何至是？」

「上元中，劍南奏事，吏過樓下，因上謁，太上皇賜之酒，詔公主及如仙媛主之。」墨筆旁批：「賜奏事吏酒，令公主、仙媛主之，是何等事？」

「力士厲聲曰：五十年太平天子，輔國欲何事？」墨筆旁批：「此一句說得不了了。」

「輔國失轡，罵力士曰：翁不解事。斬一從者。」墨筆眉批：「斬一從者，是誰之從者？」

「既得志，乃厭然驕觖，求宰相。」墨筆眉批：「『驕觖』兩字又揑。」

「帝密擿蕭華，使喻止冕。」墨筆旁批：「『擿』字又俏。」

「既嗣位，不欲顯戮，遣俠者夜刺殺之。」墨筆眉批：「代宗紀，乾元元年十月壬戌，書盜殺李輔國。」

「然猶秘其事，刻木代首以葬。贈太傅，謚曰醜。」墨筆旁批：「又何必贈謚？」

「咸通時，歷小馬坊使。」墨筆於「咸通」旁批：「懿號。」[一]

「倚寵暴橫。」硃筆旁批：「誰倚寵？」

「攜欲寵高駢使有功，不聽賊。」硃筆眉批：「『不聽賊』三字又可笑。」

[一] 此條，傅山全書初版本脫，據手稿補。

「令孜叱之，以羽林騎馳斬。」〔一〕硃筆根批：「『斬』字句，又禿手。」

「帝和之，不從。」硃筆眉批：「『和之』何謂？」

「王建以義勇四軍扈帝，夜亂牢水，遂次陳倉。」硃筆眉批：「『亂』字又俏。」

「及帝病，中外屬壽王。」墨筆眉批：「壽王即昭帝。」

「楊復恭字子恪，本林氏子，楊復光從兄也。」墨筆旁批：「且如此處，當先云其父某，既姓楊於喬，復光爲從兄。」又墨筆眉批：「亦不知閹否。」

「當減省侈長示天下。」硃筆旁批：「『長』字又何謂？」

「環聞怒甚，至禁中，見復恭詬辱之，遂居中任事。」墨筆旁批：「誰遂耶？」又墨筆根批：「似環遂之耳。」

「而兄子守亮方領節度，陰勒利州刺史覆環舟於江。」墨筆旁批：「楊守亮見復光傳。」

「大順二年，罷復恭兵，出爲鳳翔監軍。」墨筆於「大順」旁批：「昭帝二改號。」〔二〕

「會日入，復恭與守信舉族出奔，遂走興元。」墨筆眉批：「興元是守亮節度之地。」〔三〕

「景福元年，破其城，復恭、守亮、守信奔閬州。」墨筆於「景福」旁批：「昭帝三改號。」〔四〕

「帝衣晝服夜涴。」後四字旁墨筆批：「四字何說？」

「全誨、彥弘及彥弼合勢恣暴，中官倚以自驕。」墨筆旁批：「前無彥弼，此不列姓，但云彥

〔一〕「騎」，傅山全書初版本脫，據批點底本補。
〔二〕此條，傅山全書初版本脫，據手稿補。
〔三〕「是」，傅山全書初版本誤作「係」，據手稿改。
〔四〕此條，傅山全書初版本脫，據手稿補。

弼。」

「全誨等懼帝誅己，與繼誨、彥弼、繼筠交通謀亂。」「繼誨」旁墨筆批：「又不列姓。」

「克用部將李。」墨筆根批：「脫一葉。」

「胤以鎮人性謹厚」云云。墨筆旁批：「鎮人是鎮州之人。」

「而人謀泂刺乃然邪！」墨筆眉批：「『泂刺』何義？」

卷二百九

「對曰：是囚不褫巾服，何肯服罪？」墨筆旁批：「此句不解其意。」

「會赦宰相李嶠等同訊，執政畏禍，〔一〕麤滅無所問。」墨筆眉批：「『麤滅』何說？」

「玄宗目之曰：『是丞不良，我不用。』罷之。蕭炅爲河南尹，御史遣溫到府，有所訊詰，〔二〕乃并治炅，不爲末擬。」墨筆旁批：「前云罷之矣，此御史遣溫到府，〔三〕是以何官爲御史所使？若仍是以新豐丞使，則前『罷之』字是不曾罷了丞職，但且不用爲近職耳。則『罷之』兩字大失分曉。」〔四〕

「力士止之。語炅曰：『吾故人也。』炅揖乃去。」「炅揖」旁墨筆批：「此當于『揖炅』于文

〔一〕「執」，傅山全書初版本誤作「報」，據批點底本改。

〔二〕「訊」，傅山全書初版本誤作「詢」，據批點底本改。

〔三〕「此」字上，傅山全書初版本衍一「此」字，據手稿刪。

〔四〕「兩字」，手稿作「之」，據文義改。

便。」〔一〕

「諸史迎懾其酷，及引前，不訊皆服。」墨筆眉批：「迎懾其酷，『迎』字亦挺捻。」

「羣臣不舒息。」〔二〕墨筆旁批：「又是一句不合樣文章。」

卷二百一十一

「祿山反，遁歸，更爲祿山假子。」硃筆旁批：「賊性。」

「史思明度河，忠志復叛。」硃筆旁批：「兩遭。」

「使裨將王武俊殺萬寶，絜恆、趙、深、定、易五州以獻。」硃筆旁批：「又來了。」

「與薛嵩、田承嗣、李正已、梁崇義相姻嫁，急熱爲表裏。」墨筆於「田承嗣」旁批：「魏博。」

於「李正已」旁批：「橫海。」〔三〕

卷二百一十二

「過武俊境，武俊勞之，牛酒芻米皆具。」墨筆眉批：「唐詩紀事卅二卷王表後云：大曆十四年，潘炎下登第時，謂榜有『六異』：朱遂爲朱滔太子，王表爲李納聟，彼軍呼爲駙馬。」

朱克融傳傳末墨筆批：「柳公綽傳：道士獻丹藥，云鍊于薊門。時克融方叛，柳公投藥於江而

〔一〕「當于」疑「當作」之誤。

〔二〕「不」字下，傅山全書初版本衍一「得」字，據批點底本删。

〔三〕此條，傅山全書初版本脱，據手稿補。

逐道士。」

卷二百一十三

「正己批其頰，回紇矢液流離，衆軍哄然笑。」墨筆旁批：「一批頰如何便得矢液流離？」

「德宗詔諸軍合討，其從父洧以徐州歸。」墨筆眉批：「周寶傳云：周光濟從李脩，以徐歸天子。」又墨筆旁批：「德宗紀：建中二年，洧以徐州降。」

「師道，異母弟也。」「師道」下墨筆補「師古之」三字。

「初宗道至，邸東都，多買田伊闕、陸潭間，以舍山棚。」硃筆於「潭」旁批「渾」字。

卷二百一十四

「劍南韋皋上言，以爲不如擇重臣爲統帥。因薦渾瑊、賈耽。陛下若重煩元老，更求其次」云云。墨筆眉批：「『因薦』兩字，當云『請用』。」又墨筆旁批：「『因薦』字，既是作史人語，而下之『陛下』上，不加一字別之，何其無分數如此！」

「賈人子獻口馬金幣，卽署牙將。」墨筆眉批：「『口馬』何說？」

「使行賈州縣，所在暴横沓貪，責子貸錢。」墨筆旁批：「此謂賈人子暴横也。」

「或遣客游刺。」墨筆旁批：「刺是刺州縣吏也。」

「故天下怨怒。」墨筆旁批：「若單指從諫何至言『天下怨怒』？」

「從子稹。父從素，仕右驍衛將軍。」墨筆眉批：「『從子稹』下係『父從素』，文法倒而無味。」

當先云從素，後云禛。

「後使者繼往，爲知從諫已死者，未至數舍。」墨筆旁批：「此句是何文法？」

「詔從素書敕禛護喪還東都。禛不奉詔。」墨筆旁批：「此句亦混。若詔禛，當逕與禛，何爲又詔從素，〔一〕是以父劫其子耶？自視詔爲何物？」

「或言：其兵犯王略深，朝廷且怒，節益不可至。」墨筆旁批：「何説？」

「它日會裴黨復出詔，裴抵去曰」云云。墨筆旁批：「『會裴黨』是何語？」

卷二百一十五上

「虜已踰石嶺，圍幷州，攻靈州，轉擾潞、沁。」墨筆旁批：「此靈州不知何在。」

「帝不納，詔歸所俘於我。」硃筆旁批：「此『俘』字失。」

「於是羣臣更言處突厥中國非是，帝亦患之。」墨筆眉批：「太宗亦患處突厥於中國非是矣。」

「及諸部納款，思摩獨留，與頡利俱禽，太宗以爲忠。」墨筆旁批：「與頡利俱禽，不解何謂？」

「請與之，乃歸粟。」墨筆根批：「脱廿五、六之二葉。」

〔一〕「爲」，傅山全書初版本誤作「必」，據手稿改。

卷二百一十六上

卷二百一十六上至二百一十七上之册封面墨筆批：「動輒以公主和親，極不長俊事，而李唐不恥，習以爲常。劉元鼎所經歷山川，見吐蕃，二百十六卷下。吐蕃傳中有李暠，在唐時當諱者。」

「永昌元年，詔文昌右相韋待價爲安息道大總管，安西大都護閻温古副之，以討吐蕃。兵逗留，坐死、徙。」末句旁墨筆批：「此坐是一人是二人？當云某坐死，某坐徙。」

「又請五經，敕祕書寫賜，并遣工部尚書李暠往聘，賜物萬計。」墨筆眉批：「李暠，此姓名不諱，何也？」

卷二百一十六下

「結贊大懼，屢請盟，天子不許。即以貴將論頰熱厚賂乞和於燧，燧以爲情，身入見天子。」硃筆眉批：「『情』字何說？」硃筆改「情」爲「清」。

「結贊伏精騎三萬于西，縱邏騎出入瑊軍，瑊將梁奉貞亦肄馬入虜軍營，陰執之，而瑊不知也。」墨筆眉批：「『陰執之』三字何說？」

「而靈武單露，鄜、坊侵迫，寇日以驕，數入爲邊患。帝復詔城之。」墨筆眉批：「『城之』兩字失分曉。上曰靈武、鄜、坊云云，〔一〕下不的指城何所。」

〔一〕「坊」，手稿誤作「防」，據文義改。

「平涼鎮遏使郝玼又破虜兵二萬，[一]夏州節度使田縉破其衆三千。」墨筆眉批：「傳中凡言破虜幾萬人之句，往往見。此句想來甚混帳！」

「哭而出，[二]用事者共殺之。」墨筆旁批：「此句又不分明。殺結都那耶？當云殺某人。以下文觀之，是殺贊普，而但云『用事者共殺之』，尤糊塗。」

卷二百一十七上

「天子方招寵遠夷，作絳黄瑞錦文袍、寶刀、珍器賜之。帝坐祕殿，陳十部樂，殿前設高坫，置朱提瓶其上，潛泉浮酒」云云。墨筆眉批：「寫得不好看。」

卷二百一十七下

卷二百一十七下至二百二十之册封面墨筆批：「點戛斯之高松，仰射不能及顛，奇哉！苩字，見百濟，云八氏之一，或作苩，音白。」

卷二百一十八

「而虜多魚擷尤苦之。」墨筆眉批：「『虜多魚擷』何語？」

[一]「玼」，傅山全書初版本誤作「玭」，據批點底本改。
[二]「出」，傅山全書初版本誤作「去」，據批點底本改。

卷二百一十九

「山多草木鳥獸，然苦飛蚊。」墨筆根批：「『然』字何謂？」

「從父仁秀立，改元建興，〔一〕其四世祖野勃，祚榮弟也。」墨筆旁批：「『其』字不如仍押『仁秀』兩字爲快。」

卷二百二十

「大姓有八：沙氏、燕氏、劦氏、〔二〕解氏、〔三〕貞氏、國氏、木氏、苩氏。」墨筆眉批：「苩，字書無『苩』字，有『苩』字，云百濟有苩氏，即引此。不知的從何字。」

「二十一年，善德死，贈光祿大夫，而妹眞德襲王。」墨筆眉批：「女人贈光祿大夫。」

「帝美其意，擢法敏太府卿。」墨筆眉批：「女人太府卿。」

「知其心不叛，〔四〕知其心，難也；忿必見短，知其材，益難也。」墨筆旁批：「兩三句時文靡弱套子，可厭！」

〔一〕「元」，傅山全書初版本誤作「年」，此據批點底本。

〔二〕「劦」，傅山全書初版本作「劦」，此據批點底本。

〔三〕「解氏」，傅山全書初版本脫，據批點底本補。

〔四〕「心」，傅山全書初版本脫，據批點底本補。

卷二百二十一上

卷二百二十一上至二百二十二中之册封面墨筆批：「傳中有獻越睒統倫馬，不解『統倫』是何義。饉字、讖字皆不知音，或云音如斷，見康者國。賨字，見拂林傳，疑蕢之訛。騪，康者傳、波斯傳皆有之，無音，玉篇：騪，字叟，馬類。」

「君集，道宗行空荒之二千里，盛夏降霜，乏水草，士糜冰，馬秣雪。」墨筆眉批：「行空荒之二千里，『之』字在中，是何文法？」

「國人立順爲君，〔一〕稱臣内附，詔封西平郡王，號趉胡呂烏甘足可汗。」硃筆旁批：「是何語？」

「戰無前敵，將帥樂也；四海寧一，帝王樂也。朕今樂矣！遂徧觴之。」墨筆眉批：「何樂？唐虞決無此言。」

卷二百二十一下

「有獸名賨，大如狗，獷惡而力。」墨筆眉批：「字書不見『賨』字，恐是『蕢』之訛。」

卷二百二十二上

「有十瞼，夷語瞼若州，曰：雲南瞼、白厓瞼亦曰勃弄瞼」云云。墨筆眉批：「後往往有『越

〔一〕「立」，傅山全書初版本誤作「主」，據批點底本改。

睒』字，此十瞼中無之。瞼、睒兩字通用。」

卷二百二十二中

「坦綽至新津而還，回寇黔中，經略史奏匡謀懼，奔荆南。」墨筆眉批：「奏匡謀，『奏』是姓邪？」

卷一百一十 新五代史批注〔一〕

目錄

目錄、卷一至八之册封面墨筆批：「此書在丙寅、丁卯年間，卽取坊版單行者看看。至丁丑、戊寅年間，又取從好園藏全史中者，及桂子園王氏藏者，亦略略看之。至庚寅、辛卯年，專攜此書，隨處細細批抹之。前略略者，皆失之矣。細批者，在祁縣。此又是樂平趙公子藏本，復理前論涉獵之。十世家大勝崔鴻十六國春秋矣。」

「承德郎、右春坊、右中允、管國子監司業事臣黃汝良等奉勑重校刊。」硃筆眉批：「司業，歸崇敬曾辨『業』字不當用之國學。」

卷二十五：「史建瑭。」硃筆眉批：「石敬瑭、史建瑭兩名字，不知何取『瑭』？」「元行欽。」

墨筆尾批：「改姓名李紹榮。」

卷四十：「温韜。」硃筆尾批：「劫陵賊。」

卷一

「王益怒，遣人告樞密使蔣玄暉與何太后私通，殺玄暉而焚之，遂弑太后于積善宮。又殺宰相柳

〔一〕 此篇據山西博物院藏批點手稿整理。批點底本爲明萬曆二十八年刊本。由吳運城先生釋文。重複書中詞句的批語未錄。

璨，太常卿張延範車裂以徇。」墨筆眉批：「蔣玄暉、張延範早已乃心于温，而卽爲信殺之，妙。」

卷二

「予應之曰：是春秋之志爾」至「然後知予不僞梁之旨也。」硃筆眉批：「五代史最嘽之文，可厭之甚！」又硃筆尾批：「賣壁虱藥者云：『拏住壁虱，以藥抹嘴中，卽死。』買者曰：『不如我捉住卽抿殺，豈不痛快！』如此等套先師春秋之旨，以誅後世亂賊者，皆壁虱藥也，可笑可厭之極！且看老歐一段婆媽蘿莎。自己大俏，令我牙癢！」

卷四

「十一月，克用擊破邠州，王行瑜走至慶州，見殺。」「王行瑜」旁硃筆批：「此奴該殺久矣。」

卷十

「莫不以歲月一二數之，乃理之自然也。」末句旁硃筆批：「厭！」

「蓋其於出帝無復君臣之義，而幸禍以爲利者，其素志也，可勝歎哉！」硃筆旁批：「如此事，不必深責，恰是理之當然。」又硃筆眉批：「若以世時世界言之，〔二〕當把君臣兩字打在空處，不必還拘五倫裏面話説。諄諄與之較論，君也叫不得君，臣也叫不得臣。便當以五代看五代耳！」

〔二〕「世時」，疑爲「當時」之誤。

卷十五〔一〕

「從榮出，見范延光、趙延壽等曰」云云。墨筆眉批：「兀欲傳中有趙延壽。」

「其判官任贊已下皆走出定鼎門，牙兵劫嘉善坊而潰。」墨筆旁批：「卽前請嚴衞、捧聖千人爲牙兵者。」〔二〕

卷十九

卷十九至二十六之册封面墨筆批：「元行欽本混帳人耳，卽李紹榮。符存審之不死，以一妓之言釋之，光景極似仁川之不死，得妓永福之救。」

卷二十一

「嗚呼！孟子謂『春秋無義戰』，予亦以謂五代無全臣。」硃筆旁批：「襯貼起義甚不倫。」

「已而水至，兵不能戰，遂見殺。」硃筆旁批：「妙！」

〔一〕「卷十五」，傅山全書初版本脫，據批點底本補。

〔二〕「捧」，傅山全書初版本誤作「奉」，據手稿改。

卷二十二

「棣州刺史張蟾叛，師範遣指揮使盧洪討蟾，洪亦叛。」硃筆旁批：「唐書云：師範使僕鄩。」

「存節顧其徒曰：天下洶洶，當得英雄事之。乃率其徒十餘人歸梁太祖。」「梁太祖」旁硃筆批：「此奴可謂英雄乎？」

「是時歲饑，兵行乏食，存節以金帛就民易乾葚以食軍。」硃筆眉批：「乾葚自足救饑，若全用作軍食，亦不堪久恃，且那得多。」

卷二十五

「因戒其部兵曰：見白馬朱甲者，當佯走以避之。」硃筆旁批：「者就是要擒章底計。」

「部下見白馬朱甲者，因退走，章果奮矟急追之。」硃筆旁批：「章逕是一瞎獃！」

「爲徒坦下，而主將方飲酒，顧其愛妓，思得善歌者佐酒」，至「存審因得不死。」硃筆旁批：「人不當死，便有如此因緣。」墨筆眉批：「明宗室仁川者，甲申爲流賊搜獲，縛見賊帥，帥適擄得晉府官妓永福兒在賊所，仁川不知也。忽然賊命解仁川縛，與之飯食，令寘别所，不令出，恐他賊殺之也。既乃知永福在中救之。永福之母陽河，老妓也，狎仁川二十餘年矣。福兒是其所養者，認仁川爲父也。因緣亦似此妓。」

「守光篡其父仁恭，使行欽以兵攻仁恭於大安山而囚之，又使行欽害諸兄弟。」墨筆眉批：「爲子攻父，又爲殺其兄弟。」

「嗚呼！死之所以可貴者，以其義不苟生爾。故曰：主在與在，主亡與亡者，社稷之臣也。」墨筆眉批：「『主在與在，主亡與亡』二句，引用義非漢書本義。」

卷三十四

「鄭遨字雲叟」，「見天下已亂，有拂衣遠去之意，欲攜其妻、子與俱隱，其妻不從，遨乃入少室山爲道士。」硃筆旁批：「人各有志。」

「遨與李振故善，振後事梁貴顯，欲以祿遨，遨不顧。後振得罪南竄，遨徒步千里往視之，〔二〕由是聞者益高其行。」硃筆旁批：「振傳不言得罪南竄事。此賊也，而尚爾。」又硃筆眉批：「李振傳：温卽位，累迁戶部尚書。李天下滅梁，振謁郭崇韜。已而伏誅。」

「其迹雖遠而其名愈彰，與乎石門、荷蓧之徒異矣。」硃筆旁批：「正是不如石、荷處。」

卷三十五

卷三十五至四十二之册封面墨筆批：「伶官傳序，是永叔極意之文，其中『自然之理』一句，又何必厭于其中？李茂貞逕得善終。」

「哀帝遺貽矩來勞，貽矩以臣禮見」云云。硃筆旁批：「好識見。」

「循始至魏州，望州廨聽事卽拜，謂之拜殿。」硃筆旁批：「慣了。妙。」

〔二〕「視」，傅山全書初版本誤作「省」，此處依批點底本。

「晉王益喜，因以循爲節度副使。已而病卒。」硃筆旁批：「乾忙！」

「莊宗卽位，贈左僕射。」硃筆旁批：「此贈又何謂？」

卷三十七

「書曰：滿招損，謙得益。〔一〕憂勞可以興國，逸豫可以亡身，自然之理也。」末句旁硃筆批：「厭！」

卷三十八〔二〕

「承業起賀曰：王能如此，天下不足平也。」「天下」旁硃筆批：「嗚之。」〔三〕

卷三十九

「太祖聞之，笑曰：吾常攻燕不能下，今紹威折簡，乃勝用兵十萬。」硃筆眉批：「折簡勝用兵十萬，温奴何處抹得此書袋？」

「匡威爲弟匡儔所逐。」墨筆眉批：「北夢瑣言十二卷記匡威淫匡儔之妻，匡威羞而出城事。」

〔一〕「得」，傅山全書初版本誤作「受」，據批點底本改。
〔二〕「卷三十八」，傅山全書初版本脱，據手稿補。
〔三〕此條，傅山全書初版本脱，據手稿補。

「乾寧元年，晉擊破匡儔。」「乾寧」旁硃筆批：「唐昭宗。」

「光化元年，遣其子守文襲滄洲。」「光化」旁硃筆批：「昭宗。」

「天祐三年，梁攻滄州。」「天祐」旁硃筆批：「昭。」〔一〕

「滄洲被圍百餘日」，「仁恭求救於晉。晉王爲之攻潞州，以牽梁圍。」墨筆眉批：「晉攻梁之潞州，以解滄州之圍，是有恩於劉氏。」

「仁恭有愛妾羅氏，其子守光烝之。」「其子」旁硃筆批：「烝。」〔二〕

「執仁恭而幽之。其兄守文聞父且囚」至「囚之於別室，既而殺之。」硃筆旁批：「囚父。殺兄。」〔三〕

「守光聞晉王空國深入梁，乃治兵戒嚴，遣人以語動鎮、定曰」云云。墨筆眉批：「此是劉守光負晉前解圍之恩。」

「於是晉王率天德宋瑤、振武周德威、昭義李嗣昭、義武王處直、成德王鎔等，以墨制册尊守光爲尚書令、尚父。」墨筆旁批：「隱忍與好。」

「令曰：『敢諫者死。』孫鶴進曰」云云，墨筆眉批：「孫鶴獃奴。」〔四〕

「守光怒，推之伏鑕，令軍士割而啖之。」硃筆眉批：「喫訖鶴一隻！」

「有司迫承勳稱臣，承勳不屈，以列國交聘禮入見。守光怒，殺之。」墨筆眉批：「公然殺晉使

〔一〕此條，傅山全書初版本脫，據手稿補。
〔二〕此條，傅山全書初版本脫，據手稿補。
〔三〕此條，傅山全書初版本脫，據手稿補。
〔四〕「奴」，傅山全書初版本誤作「貨」，據手稿改。

亦有此志氣！」

矣。」

「守光去歲妄自尊崇，本不能爲朱温下耳，豈意大國暴師經年，幸少寬之。」硃筆旁批：「妄人

卷四十

傳前墨筆旁批：「李茂貞逕得善終，眞不可解。子從曦又爲鳳翔人愛之。總之，事無正經。」

「茂貞與保鑾都將李鋋等，敗行瑜於大唐峯。」墨筆旁批：「一功。」

「僖宗遣茂貞追擊，殺昌符，以功拜鳳翔隴右節度使。」墨筆旁批：「又一功。」

「大順元年封隴西郡王。」「大順」旁墨筆批：「昭第二號。」

「茂貞擅發兵，攻破興元，復恭父子見殺。」墨筆旁批：「反了！」

「茂貞不奉詔，上表自論曰」云云。墨筆旁批：「反！」

「唐軍敗潰，茂貞遂犯京師。」墨筆旁批：「一犯。」

「茂貞等怒，率三鎮兵犯京師。」墨筆旁批：「二犯。」

「晉兵至河中，繼鵬與行瑜弟行實等爭劫昭宗出奔，京師大亂。」墨筆旁批：「出奔。」

「昭宗以謂晉遠而茂貞近，因欲疪之以爲德，而冀緩急之可恃也。」硃筆旁批：「差了！」

「克用歎曰：唐不茂茂貞，憂未已也。」墨筆旁批：「是。」

「昭宗自石門還。」墨筆旁批：「回來了。」

「居人亡入山谷，茂貞遂犯京師。」墨筆旁批：「三犯。」

「昭宗出居於華州。」墨筆旁批：「又出。」

「全誨等懼，與繼筠劫昭宗，幸鳳翔。」墨筆旁批：「又出。」

「天子於宮中設小磨，遣宮人自屑豆麥以供御。」硃筆旁批：「到也不俗。」

「從曮有田千頃，竹千畝，在鳳翔。」硃筆旁批：「賊子受用哉！」

「太祖崩，許州軍亂，見殺，年五十八。」硃筆旁批：「該！」

「韜在鎮七年，唐諸陵在其境内者，悉發掘之，取其所藏金寶。」硃筆眉批：「劫陵賊。」

「雖有高談善說之士，極陳其禍福，有不能開其惑者矣」云云。硃筆眉批：「篤嘽，篤嘽！不知待怎地說兩句痛切語。而拖長磨短，只是宋人小注子語。」

卷四十二

「唐廣明元年，無棣人洪霸郎爲盜齊、棣間，平盧節度使安師儒遣敬武率兵擊破之。敬武反兵逐師儒，自稱留後。」「平盧」旁墨筆批：「在青州。」墨筆根批：「王敬武反兵逐安師儒，盧洪又以兵反襲青州。」

「洪以師範無能爲，遽還，不爲備。」墨筆旁批：「此『還』字是去棣州，未至而回。」

「詔至青州。師範泣曰：諸鎮有兵，所以藩扞天子。今天子危辱，而諸鎮反以兵自衛」云云。墨筆眉批：「師範卻又知此大義。」

「遣張居厚以壯士二百爲輿夫，伏兵輿中，西馳梁軍，稱師範使者聘梁，因欲劫殺太祖。」墨筆旁批：「好來！惜乎不成！」

卷四十三

「李振字興緒，其祖抱眞，唐潞州節度使。」「抱眞」旁硃筆批：「佳人也。」

「過梁，以策干太祖，太祖留之。」硃筆乂去「干太祖」三字，並旁批：「不是了！」

「今梁王百萬之師，方仗大義尊天子，君等無爲此不祥也！」硃筆於「方仗大義」旁批：「轂！」

「時人目振爲鴟梟。太祖之弑昭宗也，遣振至京師，與朱友恭、氏叔琮謀之。」硃筆旁批：「此其所以謂仗大義耶？」

卷四十四

「丁會字道隱，壽州壽春人也。少工輓喪之歌，尤能悽愴其聲以自喜。」硃筆旁批：「也是這般長處。」〔一〕

卷四十五

「太祖兵敗蓨縣，道病還洛，幸全義會節園避暑。留旬日，全義妻女皆迫淫之。其子繼祚憤恥不自勝，欲剚刃太祖，全義止之曰：『吾爲李罕之兵圍河陽，啖木屑以爲食，惟有一馬，欲殺以餉軍，

〔一〕「這」，手稿作「也」，據文義改。

死在朝夕，而梁兵出之，得至今日，此恩不可忘也。』繼祚乃止。」硃筆眉批：「老彀恩有重報。」又於「欲剸刃太祖」句旁墨筆批：「商量不得！」於「繼祚乃止」旁墨筆批：「者止不得！」「全義妻儲氏明敏有口辯，遽入見，厲聲曰」云云。硃筆旁批：「養漢婆來了！」

卷五十一

卷五十一至五十七之册封面墨筆批：「安重榮到也是面上有血人，只是無造化耳。石敬瑭尚可稱天子，重榮有何不可！唐制，吏部分爲三銓：尚書一人，曰尚書銓；侍郎二人，曰中銓、東銓。」

「唐明宗爲節度使，置延光麾下，而未之奇也」云云。硃筆眉批：「秦王從榮傳中有。」「下延光獄，搒掠數百，脅以白刃，延光終不肯言晉事。」墨筆眉批：「乃心於唐。」「高祖卽位，延光賀表又頗後諸侯至。又其女爲末帝子重美妃，以此遂懷反側。」墨筆眉批：「延光尚有心於唐。」

「非徒彥珣不自知爲大惡，而高祖亦安焉，不以爲怪也。」墨筆旁批：「此處還嘽哩！」「嘗謂人曰：天子寧有種邪？兵强馬壯者爲之爾！」硃筆旁批：「也不差甚。」「重榮憤然，以謂『詘中國以尊夷狄，困已弊之民，而充無厭之欲，此晉萬世恥也！』」硃筆眉批：「此非晉恥。」又硃筆旁批：「在瑭不爲恥。」「晉軍不知其來降，爭殺而分之。」硃筆旁批：「妙！」

卷五十三

「王景崇，邢州人也。」「唐明宗鎮邢州，以爲牙將。」墨筆眉批：「唐。」

「後事晉，累拜左金吾衛大將軍。」〔二〕墨筆眉批：「晉了。」

「漢高祖起太原，景崇取庫金，奔迎高祖。」墨筆眉批：「又漢了。」

「暉乃令千人潛之城南一舍，僞爲蜀兵旗幟，循南山而下，聲言蜀救兵至矣。須臾塵起，景崇以爲然」云云。末句旁硃筆批：「獃貨草草！」

「思綰謂其下常彥卿曰：趙公已入人手，吾屬至幷死矣，奈何？」「趙公」旁墨筆批：「思綰自稱趙公。」「吾屬至幷死矣」旁墨筆批：「此句上下不承，何也？」

卷末墨筆批：「王景崇輩人何足道，而其欲爲萬有一得之計，則不可廢。何也？君子師其不肯降人之義，事正人，幹正事，尚是血性一邊人。」

卷五十五

劉昫傳傳首硃筆眉批：「作舊唐者昫耶？傳中不及，想非此昫。」

「文紀爲人，形貌魁偉，語言琅然，廢帝奇之。」墨筆眉批：「世界至爾，形貌語言亦復何足論！」

〔二〕「累」，傅山全書初版本誤作「屢」，據批點底本改。

「顧文紀曰：吾自鳳翔識卿，不以常人爲待，自卿爲相，詢于輿議，皆云可致太平，今日使吾至此，卿宜如何？」墨筆眉批：「到也難答應。」

「胤孫卒後，其家婢有爲胤孫語者。」硃筆眉批：「死而後語。」

卷五十八

「然自堯命羲、和見於書，中星閏餘，略存其大法。而三代中間千有餘歲，遺文曠廢，六經無所述。而孔子之徒，亦未嘗道也。」末句硃筆旁批：「不知何故，遂不道此。」硃筆眉批：「革之大象曰：『治曆明時。』春秋書日食及閏月之事。是先師極知、極重曆法。不知門牆士何無一人談論此學者，惟告顏子曰：行夏之時耳。」

「今以黃道一周，分爲八節；一節之中，分爲九道」云云。硃筆眉批：「此等須隨晝以圖，乃可少醒。」

卷五十九

在「開平二年」、「乾化元年」、「同光元年」、「天成元年」、「長興元年」、「應順元年」、「清泰元年」、「天福元年」、「開運元年」、「天福十二年」、「乾祐元年」、「廣順元年」、「顯德元年」旁分別硃筆批：「漢」、「漢」、「勖」、「嗣源」、「嗣源改號」、「敬塘」、「石重貴」、「劉知遠」、「知遠

改」、「郭威」、「柴榮」。〔一〕

「嗚呼！聖人既沒，而異端起」云云。硃筆眉批：「天文不得以異端斥之！」

卷六十一

「行密益懼，其客袁襲曰：吾以新集之衆守空城，而諸將多駢舊人」云云。〔二〕墨筆眉批：「爲行密謀，必竟是亂人！」

「可求謂温曰：今捨衙兵而出外郡，禍行至也。温患之，可求因説顥曰」云云。墨筆眉批：「徐温大得嚴可求力。」

「行軍副使李承嗣與張顥善，覺可求有附温意，諷顥使客夜刺殺之。客刺可求不能中。」墨筆眉批：「張顥使人刺嚴可求不中。」〔三〕

「温與信博，信斂骰子厲聲祝曰：劉信欲背吳，骰爲惡彩，苟無二心，當成渾花」云云。硃筆眉批：「事與宇文周時事同。」

卷六十二

卷六十二至六十八之册封面墨筆批：「江州陳氏七百口。畜犬百餘共一牢食，一犬不至，諸犬

〔一〕此條，傅山全書初版本脱，據手稿補。

〔二〕「而」字，傅山全書初版本脱，據批點底本補。

〔三〕此條，傅山全書初版本脱，據手稿補。

不食。見南唐世家。張遇賢改元永樂，南唐。」〔一〕

在「武義元年」、「太和三年」、「天祚三年」旁硃筆批：「楊隆演」。「楊溥」。「楊溥」。〔二〕

卷六十六

「今天子囚辱，中國無主，眞霸者立功之時。」「天子」旁墨筆批：「也不成甚天子。」

卷六十七

「歲除，畫工獻鍾馗擊鬼圖，倧以詩題圖上，進思見之大悟，知倧將殺己。」硃筆旁批：「不知詩是何句，定當好。」

卷六十八

傳前墨筆旁批：「王延鈞鏻之歸郎，王延羲曦之李仁遇，皆以色見嬖。閩中此風，至今熾甚，想來久矣。」

「審知歲遣使汎海，〔三〕自登、萊朝貢于梁。使者入海，覆溺常十三四。」硃筆旁批：「此是不必

〔一〕此條，傅山全書初版本脫，據手稿補。
〔二〕此條，傅山全書初版本脫，據手稿補。
〔三〕「歲」，傅山全書初版本誤作「嵗」，據批點底本改。

來底。」

王鏻傳傳首墨筆眉批：「王鏻卽延鈞。」

「長興三年，鏻上書言：『楚王馬殷，吴越王錢鏐皆爲尚書令，今皆已薨，請授臣尚書令。』唐不報。』硃筆旁批：「此還是卑劣處，又何必請命于唐？要做就做。」

「初，文傑爲鏻造檻車，以謂古制疎濶，乃更其制。」墨筆眉批：「檻車自受用。」

「晉天福二年，昶遣使朝貢京師。」硃筆旁批：「又何必！」

「日焚龍腦、薰陸諸香數斤，作樂于臺下，晝夜聲不輟。」硃筆旁批：「且聞香聽樂，不亦樂乎！」

「李仁遇，曦甥也，以色嬖之，用以爲相。」墨筆眉批：「外甥小官。」

「以雪峰寺僧卓儼明示衆曰：『此非常人也。』被以衮冕，率諸將吏北面而臣之。」墨筆旁批：「禿頭忽衮冕。」

卷七十

「珙曰：漢政將亂矣！晉陽兵雄天下，而地形險固，十州征賦，足以自給。」「而地形險固」旁硃筆批：「此句是陪帶語。」

「旻乃遣宰相鄭珙致書兀欲，稱姪皇帝。」硃筆旁批：「奴才嘴臉！」

卷七十三

「然喜賓客，好飲酒，工畫，頗知書。」「工畫」旁硃筆批：「怪事！」

「延壽左右曰：契丹大人聚而謀者詾詾，必有變，宜備之。」硃筆旁批：「好左右。」

「食頃，兀欲出坐，笑謂礪等曰：〔一〕燕王謀反，鎖之矣。諸君無慮也。」墨筆旁批：「此謂趙延壽爲燕王。」

「昨聞寢疾，無遺命，燕王安得自擅邪？」墨筆旁批：「兀欲本受晉追封爲燕王，而此稱延壽爲燕王，爲其自稱知軍國事。」

「予讀周日曆，見世宗取瀛、漠，定三關，兵不血刃，而史官譏其以王者之師，馳千里而襲人」云云。硃筆旁批：「眞奴話！非儒者不能爲此王道之言。」

「自幽州至此，無里堠，其所向，不知爲南北。」硃筆旁批：「豈無定南針耶？」

〔一〕「笑」，傅山全書初版本脫，據批點底本補。

卷一百一十一　宋史批注〔二〕（一）

目錄

卷二百五十：「王審琦。」硃筆旁批：「審琦侍宴醉飲事亦異。」

卷二百五十二：「王晏。」硃墨筆旁批：「後有。」

卷二百六十三：「石載熙子中立。」墨筆下批：「中立字表臣。」

卷二百六十九：「王著。」墨筆下批：「五十五卷有王著。」

卷二百七十四：「王繼勳。」硃墨筆下批：「四百六十三有王繼勛。」

卷二百七十六：「張觀。」硃筆下批：「五十一卷又有張觀。」

卷二百八十一：「寇準。」墨筆眉批：「王曙字晦叔，謚文康，萊公婿也。宋史有傳，見二百八十六。」

卷二百八十七：「王嗣宗。」硃筆下批：「狀元。」

卷二百九十二：「張觀。」硃筆下批：「卅五卷有張觀。」「王堯臣。」硃筆下批：「玉照新志有堯臣。」「孫卞。」墨筆改「卞」爲「抃」。又墨筆下批：「諫官，不爲讒諂。」

〔二〕此篇據山西博物院藏批點手稿整理。批點底本爲明萬曆二十七年刊本。卷一至三六五由馮捷釋文，卷三六六至四九五由崔柯青釋文。全文由谷錦秋校補。重複書中詞句的批語未錄。

卷二百九十三：「張詠。」墨筆眉批：「乖崖。」

卷二百九十四：「胥偃。」硃筆下批：「歐陽泰山。」

卷三百一：「鄭驤。」墨筆下批：「四百四十八有鄭驤。」

卷三百三：「黄震。」墨筆下批：「後有。」

卷三百四：「王濟。」墨筆下批：「與王湛侄同名。」

卷三百六：「孫何。」墨筆下批：「平平。」

卷三百九：「王延德。」「王延德。」後一「王延德」下硃筆批：「上有。」又硃筆旁批：「一時兩王延德。」又墨筆眉批：「兩王延德。」

卷三百一十：「王曾弟子融。」墨筆下批：「同姓名。」〔一〕

卷三百一十二：「曾公亮。」墨筆根批：「公亮性吝嗇。」「王珪。」墨筆下批：「任福傳有王珪。」

卷三百一十八：「張方平。」墨筆下批：「安道。」於「張昇」下墨筆補「趙槪。」

卷三百二十：「王素。」墨筆下批：「素字仲儀。王鞏附見素傳。」

卷三百二十三：「張忠。」墨筆下批：「三百二十六有張忠。」

卷三百二十五：「任福王珪」。墨筆根批：「王珪前有。」

卷三百二十六：「張忠。」墨筆下批：「同三百二十三。」「田敏。」墨筆下批：「四百三十一有。」「侍其曙。」硃筆旁批：「姓侍。」又硃墨筆眉批：「姓侍。」

〔一〕此條，傅山全書初版本脫，據手稿補。

卷三百二十九：「陳繹。」墨筆下批：「玉照新志第一卷有江寧府陳繹知廣州日換檀木觀音事，不知是此人否？」

卷三百三十四：「沈起。」硃筆下批：「孫沔傳中有之。」

卷三百三十七：〔一〕「范鎮。」墨筆首批：「蜀公。」又墨筆旁批：「字景仁。」

卷三百四十五：「鄒浩田晝、王回、曾誕附。」硃筆根批：「四百三十二有回。」〔二〕「陳瓘。」墨筆下批：「瑩中。」

卷三百四十九：「賈逵。」硃筆下批：「同魏人。」

卷三百五十五：「賈易。」墨筆下批：「字叔明。」「呂嘉問。」硃筆尾批：「富公弼奏書以示王安石者。」

卷三百五十八：「李綱。」〔三〕墨筆下批：「同唐人。」

卷三百六十二：「呂好問。」墨筆下批：「希哲之子。」

卷三百七十三：「張邵。」墨筆下批：「同宋人。」

卷三百七十六：「呂本中。」硃筆下批：「東萊先生。」

卷三百八十：「楊愿。」墨筆旁批：「近。」又硃墨筆下批：「楊學愿，豈學愿耶？此愿安足學？」

〔一〕「七」，傅山全書初版本誤作「六」，據批點底本改。

〔二〕「三十二」，手稿誤作「廿三」。

〔三〕「李」，傅山全書初版本誤作「孝」，據批點底本改。

卷三百八十一：「王居正。」墨筆下批：「字剛中。」
卷三百八十六：「王剛中。」墨筆下批：「八十一卷王居正字剛中。」
卷三百九十：「張綱。」墨筆下批：「同漢人。」
卷四百二：「陳敏。」墨筆下批：「同晉甘卓傳陳敏。」
卷四百一十二：「陳咸。」墨筆下批：「陳咸同漢人。」
卷四百一十五：「葛洪。」硃墨筆下批：「葛洪，同晉人。」
卷四百二十七：「道學一。」墨筆眉批：「道學，平空立此一種。」
卷四百三十一：「儒林一。」硃筆下批：「儒林八卷中無姓張者。」
卷四百三十二：「石介。」墨筆下批：「守道，作慶曆聖德詩。」「王回。」硃筆下批：「鄒浩傳有王回。」
卷四百三十四：「葉適。」硃筆下批：「石林。」
卷四百三十六：「儒林六：陳亮。」墨筆眉批：「同父如何入儒林？」
卷四百三十八：「黄震。」硃筆下批：「三百三卷有一黄震。」
卷四百四十五：墨筆眉批：「此書少四百四十五至四百四十九，五卷。」「葉夢得。」硃筆下批：「少藴。」
卷四百四十六：「楊震。」墨筆下批：「同東漢。」「孫益。」硃筆尾批：「後四百五十二有孫益。」
卷四百五十二：「孫益。」硃筆下批：「前有。」
卷四百五十三：「鄭覃。」墨筆下批：「與唐人同姓名。」

卷四百六十三：「王繼勳。」墨筆下批：「同二百七十四。」
卷四百七十：「張說。」墨筆下批：「同唐人。」
卷四百七十二：「姦臣二：趙良嗣。」墨筆眉批：「趙良嗣，本是馬植。」又墨筆旁批：「少趙良嗣列之姦臣傳，不當。」
卷四百八十四：「李重進。」墨筆下批：「重進傳中，翟守珣可恨。卽守珣不倍重進，重進亦敗。但說所任之人不可信如此，可畏哉！」

卷二

「三年春正月癸酉朔，以出師不御殿。」硃筆眉批：「壬戌。」
「三月春正月癸卯朔，雨雪，不御殿。」墨筆改前「月」爲「年」。

卷三

「太宗嘗病亟，帝往視之」云云。墨筆眉批：「此處言太宗。古文從後稱謂，固嘗有此體，然不若以家庭兄弟行稱之，語更醞藉。」

卷九

卷首硃筆批：「赤脚大仙，事見養痾漫筆。」

卷十二

卷十二至十八之册封面墨筆批：「巡檢趙普，神宗熙寧三年。」「嘉祐七年三月，徐州、彭城、濠州、鍾離地生麪十餘頃，民皆取食。」

卷三十三

「以建炎元年十月戊寅生帝于秀州青杉牐之官舍，紅光滿室，如日正中。」「紅光滿室」旁硃筆批：「也不必。」

「藝祖在上，莫肯顧歆，此金人所以未悔禍也。」硃筆旁批：「不關于此。」

「内降御札：皇太子可卽皇帝位，朕稱太上皇帝。」硃筆旁批：「構不早死。」

「遣國信所大通事王抃持周葵書如金帥府，請正皇帝號，爲叔侄之國。」墨筆眉批：「叔侄之號。如此，宋君臣尚何生活？要怎地？」

「做大遼書題之儀，正皇帝之稱，爲叔侄之國」云云。墨筆眉批：「可憐，可憐，遼行赦。」

「至正二年春正月辛酉朔。」硃筆將「至正」二字鈎掉，並眉批：「乾道二年。」

卷四十七

卷四十七至五十三之册封面墨筆批：「陸秀夫，負昺入海之人也，而前何乃有求爲侄孫之請？此時便該死矣。知見獲之爲辱，而昧爲侄孫之辱。見獲而死，尚是亡國之義；爲侄孫以生，尚有臉于祖宗耶？」

「己卯，賜婺州處士何基謚文定」云云。墨筆眉批：「此時尚謚甚麽處士文定。」

「甲寅，留夢炎入朝，王爚請相夢炎，乞以經筵備顧問。」墨筆眉批：「還嚷經筵。」

「陸秀夫等至大元軍中，求稱姪納幣，不從；稱姪孫，不從。」墨筆眉批：「陸丞相後既能負昺入海，此時何必有此求侄求侄孫之舉？」

「遣監察御使劉岊奉表稱臣，上大元皇帝尊號曰仁明神武皇帝」云云。墨筆眉批：「陪了夫人。」

「遣監察御使楊應奎上傳國璽，降其表曰：宋國主臣㬎謹百拜奉表言」云云。墨筆眉批：「是誰主此？左來是亡是死，折此舉爲何？」

卷四十九

「六甲，六星，在華蓋杠旁，主分陰陽，配節候，故在帝旁，所以布政教、授農時也。」硃筆眉批：「六甲。杜詩『五雲高太甲』，説者云恐是六甲之訛。」

卷五十二

「客星有五：周伯、老子、王蓬絮、國皇、温星是也。」硃筆眉批：「前景星下有周伯，此云

周伯何相異？」〔二〕

「當父服應終之月，皆服祥祭之服，如除喪之禮。卒事，父母之服。」硃筆改「父母之服」之「父」字爲「服」。

卷一百二十五

「又增姨舅同服緦麻及堂姨舅祖免，至今遵行。」硃筆改「祖」爲「袒」。

「豈可夫處若塊之中，婦被綺紈之飾？」硃筆改「若」爲「苦」。

「祖父卒者，適謂孫無父而爲祖後。」硃筆改「適謂」爲「謂適」。

「祖父已卒，今遭祖母喪，故云祖母俊也。」硃筆改「俊」爲「後」。

「又按令文，爲祖後者，〔三〕卒爲祖母。」硃筆於「卒」字上加一「祖」字。

卷一百二十八

「用左手中指三節三寸謂之君」，「又用第四指三節三寸謂之臣」。墨筆眉批：「可笑。」

〔二〕　此下批本缺卷五十四至一〇六。

〔三〕　「祖」字下，傅山全書初版本衍一「母」字，據批點底本删。

卷一百五十六

「翰林學士洪邁言：貢舉，令賦限三百六十字，論限五百字。」硃筆旁批：「也可笑，文章豈可以字限之！」又硃筆眉批：「朱子私議。」〔二〕

「月禮、儀禮及二戴記爲一科，而卯年試之。」「月」字旁硃筆批：「周。」

卷一百五十七

「隸以二王、歐、虞、顏、柳眞行爲法，草以章草、張芝九體爲法。」硃筆旁批：「恭然以隸屬楷書矣。」

「蔡攸上諸州選試道職法，其業以黃帝内經、道德經爲大經。」「黃帝内經」旁硃筆批：「此非其所習。」〔三〕

卷二百二

「尚書十二卷。漢孔安國傳。」硃筆眉批：「唐志：古文尚書，孔安國傳，十三卷。此不云古文。」

「伏勝大傳三卷。鄭玄注。」硃筆旁批：「唐志云伏勝注大傳三卷。」

〔二〕 硃筆眉批文字，傅山全書初版本脫，據手稿補。

〔三〕 此下批本缺卷一五八至一九九、二二九至二三〇。

卷二百四十三

「及長，以姿納宮中。」硃筆眉批：「醜筆。」

「初，執中與其微時妻至京，宮人諷使出之，擇配貴族，欲以媚后，執中弗爲動」云云。硃筆眉批：「弟賢而姊愈丑。」

「妃性妬悍，嘗訴太子左右於高、孝二宮。」硃筆眉批：「是病婦人多有。」

卷二百五十

卷二五〇至二五五之册封面墨筆批：「孫行友狼山捍禦，難道不是有用好事？」

「召僚屬飲宴，引所犯以手捽斷其耳，大嚼，卮酒下之。」墨筆眉批：「此事王闢之澠水燕談中記之。」

「前後啗者數百人。」墨筆眉批：「前後啗者數百人，不知只是如前捽啗其耳邪，亦全啗其人也？」

卷二百五十三

「方諫懼主帥捕逐，乃表歸朝，因署爲東北西招牧指揮使。」「朝」字旁硃筆批：「此『朝』字謂何朝？」硃筆眉批：「脩宋史，此處以歸石晉曰朝，皆習無分數之言。」

「然亦陰持兩端，以圖自固。」硃筆旁批：「此亦不得不然。」

「尋以蕃將耶律忠代方諫於雲州。」「代」字下硃筆批：「此處似少一字。」
「授行友易州刺史，行義泰州刺史。」「行義」上硃筆批：「此處又少一字。」
「行友弟易州刺史方進」云云。墨筆旁批：「以方諫『方』字倫之，『方』字當是行友侄輩。」
「方進德州刺史。子全照。」墨筆尾批：「此全照若是方進之子，當云方進子全照，不得省文。」
「時契丹請和，朝廷遣曹利用就其行帳議事。全照疑非誠懇，勸判府王欽若留不遣，故德清軍不能守。」墨筆旁批：「此處寫得最不分明。」「留不遣」旁墨筆批：「此處當云留其人不遣。」

卷二百五十五

「繼敗其衆二千，餘衆遁去。」硃筆旁批：「不成語。」

卷二百五十六

卷二五六至二六〇之册封面墨筆批：「（前缺）末附張瓊事，突曰『瓊性暴』亦（缺文）繼明傳文情略不相關，不知何也？楊信瘖而爲將，倚童奴田玉達其意，亦行不將告之事。逕如此者，多麽年載。亦奇事也。二百六十卷。」

卷二百五十九

「瓊性暴無機，多所凌轢。」墨筆眉批：「忽書瓊一段，有脱。」

卷二百六十一

卷二六一至二六五之册封面墨筆批：「李昉尋洛中九老故事。九人姓名見昉傳。」

卷二百六十二

「遼人在洛者遽欲恣摽掠，廷廣僚吏部曲悉遁，獨居潤力保護，其家以安。」墨筆眉批：「當時出處五十年中，總不足以人理賢責。如居潤保護景廷廣之家，〔一〕自不可廢。」

卷二百六十三

「熙政惡熙導以異姓居己上，乃詐傳上旨，令己籍熙導家財。」墨筆眉批：「何至詐傳上旨？」

「中立字表臣，年十三而孤。性踈曠，好諧謔。」墨筆眉批：「蘇子美彈文云：石中立以諧謔多飲，公卿間大鄙倠語。」

「詔中立與張觀兼行外制。」墨筆眉批：「張觀亦爲蘇子美彈。」

「諫官韓琦言：中立在位，喜詼笑，非大臣體。」墨筆旁批：「蘇子美亦云爾。」

〔一〕「廷」，手稿誤作「延。」

卷二百六十四

「太祖好讀書，每取書史館，多遜預戒史令白己。」墨筆改後一「史」字爲「吏」。

卷二百六十五

「在西京日，上數謂中貴人將命至，蒙正待之如在相位時。」硃筆改「謂」字爲「使」字。〔一〕

「下其事於御史，乃齊賢子太子中舍宗誨教柴氏爲詞。」硃筆旁批：「何也？」

卷二百六十九

「質字子野。」硃筆眉批：「王。」

卷二百七十六

卷二七六至二八〇之册封面墨筆批：「雷有鄰訐王洞之遺金、劉偉之僞印，事雖不誣，而于同年交游，負心反面，小人之情乃爾。白晝見偉，杖箠其背而死。〔二〕雷簡夫忘卻乘牛戴鐵冠，正可笑耳。」

〔一〕此條，傅山全書初版本脱，據手稿補。

〔二〕自「白晝」至此，傅山全書初版本脱，據手稿補。

「張觀，字仲賓，常州毗陵人。」硃筆眉批：「本南唐人。」

卷二百七十七

「清遠據積石嶺，在旱海中，去靈、環皆三四百里，素無水泉。文寶發民負水數百里外。」硃筆旁批：「豈有此等經濟！」

卷二百七十八

「自是累上疏密告人陰事。俄被病，白晝見偉入室，以杖箠其背。有鄰號呼聞于外，數日而死。」硃筆眉批：「論事則王洞遺胡贊，實；劉偉僞印充銓，實。但以同年交游，負心反面以要進取，而偉箠其背而死。告陰之情不爲鬼神所庇如此。」

「德用狀貌雄毅，面黑，頸以下白晳，人皆異之。言者論德用貌類藝祖。」硃筆旁批：「奴才口語。」

「御史中丞孔道輔繼言之，且謂德用得士心。」硃筆眉批：「老孔亦爾。」

卷二百八十一

卷二八一至二八七之册封面墨筆批：「王欽若賣貢舉事極可笑，闞白者乃兩和尚。」

「呂端字易直，幽州安次人。」墨筆眉批：「呂正惠公。」

「畢士安字仁叟，代州雲中人。」墨筆眉批：「畢文簡公。」

卷二百八十二

「王旦字子明，大名莘人。」墨筆眉批：「王文正公。」

「向敏中字常之，開封人。」墨筆眉批：「向文簡公。魏泰東軒筆録載敏中女婿皇甫泌事，青箱雜記又曰是畢文簡公士安之婿。」

「有書生過門，見敏中，謂鄰母曰：『此兒風骨秀異，貴且壽。』鄰母入告其家，比出，已不見矣。」墨筆旁批：「化陣清風去了。」

「會居正子惟吉嫠婦柴將攜貲産適張齊賢。」墨筆旁批：「老張也幹此事耶？」

卷二百八十三

「欽若咸平中嘗知貢舉，懿舉諸科，寓僧仁雅舍。仁雅識僧惠秦者與欽若厚，懿與惠秦約，以銀三百五十兩賂欽若。」硃筆眉批：「從來和尚過錢關通如此。」

「昺等遂誣湛受懿銀，湛適使陝西還，而獄已具。」墨筆眉批：「湛遂頂欽一紅瓨。」

「後使蜀，至褒城道中，遇異人，告以他日位至宰相。既去，視其刺字，則唐相裴度也。」硃筆旁批：「晉公何爲？」

「所在陰間僚屬，使相猜阻，以鈎致其事，遇家人亦然。」墨筆旁批：「小人。」

卷二百八十四

「以太子太師致仕，卒，贈司空兼侍中，謚文惠。」墨筆眉批：「魏泰東軒筆錄云：李淑在翰林，奉詔撰文惠神道碑，不稱其功烈文章，但云平生能爲二韻小詩而已。文惠子述古等懇乞改去『二韻』等字，李答以已經進呈，不可刊削。」

卷二百八十五

「久之，嬖妾笞小婢出外舍死，御史趙抃列八事奏劾執中。」硃筆鈎去「久之」二字，並添「執中」二字。

「子世儒，官至國子博士，妻李與羣婢殺世儒所生母。」「妻」字旁墨筆批：「執中妻耶？世儒妻耶？」又墨筆眉批：「此『妻』字上不言誰妻，連上文看來似是世儒之妻。」

「馮拯字道濟。」墨筆眉批：「泊宅篇載：『陸軫云，天聖中，侍中馮拯薨。次年，京城南錫慶院側人家生一驢，腹下白毛成『馮拯』二字。馮氏以金贖之，瘞育于槽中，四方皆知之。』拯亦不大惡劣，且有救丁謂一事，何至墮此畜道？殆必同姓名者耳。」

「京師茶賈負公錢四十萬緡」云云。〔二〕墨筆眉批：「茶賈是賣茶之商人。」

〔二〕「京師」，批點底本誤作「宗師」，據中華書局標點本改。

卷二百八十七

「鄉舊移書敦諭，礪乃赴官。」墨筆旁批：「其實此句也可不要。」

「嗣宗秉間極言其闕失，〔一〕沖大怒，繫嗣宗於獄。」墨筆眉批：「王嗣宗是個粗厲物。」

「尋以秘書丞通判澶州，並河東西，植樹萬株，以固堤防。」墨筆眉批：「固堤防還是末事，河邊茂林，且好游覽。」

「至道初，移河東轉運使，以爲攻暴卒聞。」「攻暴卒聞」旁墨筆批：「四字何說？」

「州境有臥龍王廟，每窮冬，闔境致祭，值風雪寒甚，老幼踣于道，嗣宗亟毀之。」墨筆眉批：「臥龍王廟，此亦可以不毀。」

「初，嗣宗就試講武殿，搏趙昌言幘，擢首科。」墨筆旁批：「好拳棍。」

「嗣宗嘗游是州，別墅在焉，時人以爲榮。」墨筆旁批：「此句說甚？」

「其甥董靈運尚幼，躬自訓導，爲畢婚娶。」墨筆旁批：「此亦常事，何足爲難。」

卷二百八十八

卷二八八至二九三之册封面墨筆批：「孫沔劾呂夷簡疏，深刻可畏，但糾劾大臣事，亦易得追求揑造。孫沔發放優人事甚好。孫抃爲諫官不事矯激亦好。孫沔强取許明所藏郭虔暉畫鷹，以『大

〔一〕「極」，傅山全書初版本脱，據批點底本補。

王兒』小名刺配。高瓊傳索然無甚可觀事。范廷召不喜驢鳴，聞之必擊殺之，二百八十九。妖賊王則，詳明鎬傳，二百九十二。澠水燕談奇節部有馬遂擊王則。〔一〕鄭戩，蘇州人。」

「章獻太后時，〔二〕嘗上武后臨朝圖，人以此薄之。」硃筆旁批：「無恥之人，何所不至。」又墨筆尾批：「獻此圖爲媚章獻耶？若以曌比章獻，則得罪章獻矣。若以爲諷耶，則琳似不敢。」

「在永興，太后嘗詔營浮屠，遵毀漢、唐碑碣代磚甓。」硃筆旁批：「可恨！」

「沔奏：喪未祥禫而行嘉禮，非制也。」硃筆旁批：「是。」

「陛下果召夷簡還，自大名入秉朝政，于茲三年，不更一事」云云。硃筆眉批：「夷簡自有好處，沔是會做作參疏者。」

「沔曰：此朝廷特賜，何敢妄言動衆！命斬之狥。」「命斬之狥」旁硃筆批：「是。」〔三〕

「將佐爭言：此特戲爾，不足深罪也。沔徐呼還。」硃筆旁批：「又好。」

「杖脊配嶺南，謂之曰：汝賴戲我前，卽私議動衆，汝必死，而告者超遷矣。明日，給特支，士無敢讙者。」硃筆旁批：「又大好發放。」又硃筆眉批：「如此眞可以爲邊帥。若當時無將佐之言，卽斬此優亦不爲失刑。」

「徙秦州，時儂智高及沔入見，帝以秦事勉之。」「儂智高」下硃筆旁批：「脫。」

「沔在處州時，於遊人中見白牡丹者，遂誘與姦。」「白牡丹」旁硃筆批：「娼耶？良耶？」

〔一〕手稿作「奇節部」，誤，應作「忠孝部」。

〔二〕「太」，傅山全書初版本誤作「大」，據批點底本改。

〔三〕此條，傅山全書初版本脫，據手稿補。

「沔居官以才力聞，彊直好所憚。」「好」字旁硃筆批：「有訛。」又墨筆改「好」爲「少」。

卷二百八十九

「今邊鄙無警，爾等坐飽甘豐，且知幸也。」「且知幸也」旁硃筆批：「是何文？」〔二〕

「瓊曰：『敵師已老，陛下宜親往，以督其成。』上悅，即日進幸澶淵。」〔三〕硃筆眉批：「通鑑此處與萊公共勸澶淵之行，此傳不引萊公，何也？」

卷二百九十二

「有告士元受賕藏禁書者，戬窮治之，辭連宰相呂夷簡」云云。硃筆眉批：「眞正多事。」

「然憑氣近俠，用刑峻深，士民多怨之。」硃筆旁批：「此非俠。」

「車行，娼婦多從之。」墨筆改「車」爲「軍」。

「時知州張得一方與官謁天慶觀」云云。「州」字旁墨筆批：「恩州。」

「抃久居侍從，泊如也，人以爲長者。」「泊如也」旁硃筆批：「可厭！」

〔二〕此條，傅山全書初版本脫，據手稿補。

〔三〕「進」，傅山全書初版本脫，據批點底本補。

卷二百九十三

「咸平初，預修太祖實錄，直書其事。」「咸平」旁墨筆批：「眞宗。」

「果至郡未踰月而卒，年四十八。」墨筆旁批：「咸平四年。」又墨筆眉批：「自太平興國八年擢進士，至此咸平四年，凡十九年。是得第時整三十歲，則生當在周世宗顯德初年。」

卷二百九十四

「掌禹錫字唐卿，許州郾城人。」硃筆眉批：「東軒筆錄載章衡云：頃年迎駕于此，眼看凍倒掌禹錫，倏忽已十年矣。」

「紳鋭於進取，善中傷人，陰中王德用，其疏至有『宅枕乾罔，貌類藝祖』之語。」硃筆改「罔」爲「岡」，又眉批：「『宅枕乾罔』二語，又云是孔道輔語。」

「人有告稹冒祖母譚」云云。硃筆旁批：「此何説？」

卷二百九十五

「甫曰：交子可以□造，錢亦可以私鑄。」墨筆於「□」處添「私」字。

「且朝廷恃久安之勢，法令綱紀弛而不葺。」硃筆旁批：「義少複第二條。」

「又西戒之鹽，味勝解池所出，而出産無窮。」硃筆改「戒」爲「戎」。

「甫嘗言參知政事陳執中不學亡術，不可用。帝難之，由是永補外。」硃筆改「永」爲「求」，又墨筆旁批：「時爲秘閣校理。」

卷二百九十六

「雍熙二年，復舉進士。」「雍熙」旁墨筆批：「太宗。」

「景德元年，權知開封。」「景德」旁墨筆批：「眞宗。」又墨筆眉批：「景德元年遡九十二年，當至朱梁末帝稍前。」

「有直史館錢熙者，與昌言厚善，詣徽之，徽之語次及之。熙遽以告昌言，昌言以告洎」云云。墨筆眉批：「官場裏面半句話也說不得。」

「著善攻書，筆迹甚媚，頗有家法。太宗以字書訛舛，欲令學士刪定」云云。墨筆眉批：「閣帖有『王著奉勅』字者，此可證。」

卷二百九十七

「孔道輔字原魯，初名延魯。」墨筆眉批：「道輔嘗自言：『我豈姓李、姓張底？』當時人以爲笑，其實不必。孔之學原足動人觀聽，若聖裔個個能顧姓思勵，亦足爭氣門風。」

「又座鞫陳絳獄失實，徙邵州。」墨筆改「鞫」爲「鞠」。

「以尚書禮部員外郎兼侍御史知雜事」云云。硃筆於「以」字上加「詠」。

卷二百九十八

「彭乘字利建，益州華陽人。」硃筆眉批：「今行有墨客揮犀，云宋彭乘著。傳中不及。」

「司馬池字和中，自言晉安平獻王孚後。」墨筆眉批：「侯鯖録載池小詩一絶云：冷于陂水澹于秋，遠陌初窮見渡頭。賴得丹青無畫處，畫成應是一生愁。」

卷二百九十九

「有司循五代故事，必六年，乃聽調。沖援古制，以書于宰相，不納。」硃筆眉批：「此是不欲居喪六年，急于做官耳。」

「然無家法，晚節尤寡廉聲。」墨筆眉批：「然無家法，不知是何等事。」

卷三百

卷三〇〇至三〇三之册封面墨筆批：「魚周詢見蛇影，蛇當毒而周詢平平。」

卷三百三

「張昷字景山。」墨筆眉批：「『昷』字，依説文，從囚從皿，曰以皿食囚也。字有何好處，用以爲名？」

卷三百四

卷三〇四至三〇七之册封面墨筆批：「孫何本平平人耳，無甚可觀。樂史、樂黄目父子著述最多。董儼、王濟姻家，見儷傳，狡詐，前後塗飾，自敗，可笑！」

「代還，治逋欠於淄州，轉運使稱其能，轉左贊善大夫，就知淄州。」墨筆旁批：「山東人官山東。」

「諷字補之，以蔭補將作監主簿，獻東封賦。」「獻東封賦」旁墨筆批：「不是。」

「又獻所爲文，召試入等，出知平陰縣。」墨筆旁批：「山東人官山東。」

「諷分別疆畔，著爲券，民持去不復爭。」「民持去不復爭」旁墨筆批：「此句不必有。」

「舉進士第，遷大理評事、通判淄州。」硃筆眉批：「既爲知縣而舉進士第。」「通判淄州」旁墨筆批：「又淄州官。」

「諷輒留迪數日，爲治裝祖行。」墨筆旁批：「像個人。」

「尚御藥張懷德至觀齋祠，諷頗要結之，懷德薦于章獻太后。」墨筆旁批：「鑽營太醫。」

「遂召還，問所欲言」云云。墨筆旁批：「使上了。」

「諷奏：惟演嘗爲樞密使，以皇太后姻屬，罷之，示天下以不私，固不可復用。」墨筆旁批：「破了錢惟演宰相了。」

「慨然曰：『此爲戰地，不亦信哉！』遼人相目不敢對。」「遼人相目不敢對」旁墨筆批：「此句說得無關生。」

「帝語及郭后亡子，諷言亡子大義當廢」云云。墨筆旁批：「夷簡意。」

「既出兗州，乃給言貧，假翰林白金器數千兩自隨。」墨筆旁批：「此是誰底物件？」

「置獄于南京劾之」云云。〔一〕墨筆旁批：「此句何謂？」

「宰相呂夷簡嫉諷詭激，特貶諷武昌軍節度行軍司馬。」墨筆旁批：「又罔使了廢后議了。」

「歲中徙保信軍，聽居舒州持母喪，又許歸齊州。日飲酒自縱。」墨筆旁批：「服中飲酒。」

「入見帝言：『元昊不可擊』」云云。墨筆旁批：「是。」

「倘内修百度，躬節儉」云云。硃筆旁批：「老套話。」

「王濟字巨川。」墨筆眉批：「王濟與董儼姻家，儼傳有託濟與黄觀薦儼事，此傳不及。」

「然卒從齊賢議，人以濟爲刻。」硃筆旁批：「誠然。」

卷三百五

「眞宗在京府，徽之爲首僚，邸中書疏，悉億草定。」墨筆眉批：「龍川别志云：〔二〕眞宗晚年得風疾，自疑不起，嘗臥宦者周懷正股，與之謀，將命太子監國。懷正，東宫官也，出與寇準謀之，遂議立太子，廢劉氏、黜丁謂等，使億草具詔書。億私語其妻弟張演曰：『數日之後，事當一新。』稍洩。丁謂夜乘婦人車與曹利用謀之，誅懷正，黜準。召億至中書，億懼，便液俱下，面無人色。謂素重億，無意害之，徐曰：『謂當改官，煩公爲作一好麻耳。』億乃少安。」

〔一〕「置」，傅山全書初版本誤作「治」，據批點底本改。
〔二〕「云」，傅山全書初版本誤作「去」，據手稿改。

「舊稱朔方，地在要荒之外」云云。墨筆旁批：「日辟日蹙，何謂？」
「今靈州蓋朔方之故墟，僻介西鄙」云云。墨筆眉批：「靈州之棄，實有不可。億主此議，吾不謂然。」
「昔西漢賈捐之建議棄朱崖」云云。墨筆眉批：「靈州似不比朱崖。」
「儻寇擾内屬，撓之以勁兵，示之以大信」云云。墨筆旁批：「套話。」
「一子早卒，田盧沒官」云云。墨筆眉批：「無故而田盧沒官，何也？」

卷三百六

「其三，請復制舉。」硃筆眉批：「請復制舉，是制舉罷矣。」
「而宇文融爲租調地稅使，始開利孔，以構禍階。」墨筆旁批：「開元中，融爲覈田勸農使，諸道得客戶八十萬，田亦稱是。」
「會凝由内署拜端明殿學士，署門不接賓客，誼聞之」云云。硃筆眉批：「仕石晉之人，便是瞎漢。」
「澹以所對不應問，降秩，即擢去華爲右補闕」云云。硃筆眉批：「眞躁進了。」
「除將作監丞、通判耀州。」硃筆旁批：「耀州，祖誼亦爲耀州團練推官。」

卷三百七

「他日面陳：自以孤直不爲權要所容，況黄觀庸淺無操持」云云。墨筆旁批：「狡詐乃爾。」

「儼卽矍然，且言：觀、濟嘗議益州須得臣往彈壓之。」墨筆旁批：「又是一張嘴。」
「嘗令引贊吏改制朱衣，每夕納儼第，而潛以輕帛製衣易之。」墨筆眉批：「此不解是何意。」
「命胥吏市物，及請其直，則呵責之。」墨筆旁批：「者是做官底常事。」

卷三百八

卷三〇八至三一二之册封面墨筆批：「三百九卷兩王延德，一開封東明人，一大名人。東明者專主庖膳，太平興國初授御厨副使。大名者，雍熙中授崇儀副使，亦使掌御厨。」

卷三百九

「陰結賊帥子，日與飲博，陽不勝。」墨筆眉批：「博，佯不勝。」

卷三百一十

「帝顧謂迪曰：『尚可辭邪！』拜吏部侍郎兼太子少傅」云云。「吏」字旁墨筆批：「相。」
「迪奏所部鄰兗州，欲行縣因祠岳爲上祈年，禱皇子。」墨筆眉批：「何爲作如此事？」

卷三百一十一

「上章告老，尋以太子太保致仕，封潁國公。」墨硃眉批：「石林宴語云：潁公家饋王珪潤筆，金帛外，古玩三十種，而杜荀鶴試卷亦是一種。」

「明道中，爲江淮安撫使，還拜戶部侍郎，參知政事。」硃筆旁批：「將相。」

「爲莊惠皇太后園陵監護使，拜門下侍郎，同中書門下平章事。」硃筆旁批：「眞相了。」

「爲相一年，無所建明。與陳堯佐、韓億、石中立同執政，數爭事。」墨筆眉批：「孫沔劾呂夷簡曰：乃薦王隨、陳堯叟代己。才庸負重，謀議不協，忿爭中堂，取笑多士。」

「章得象字希言。」墨筆眉批：「陳同父上孝宗書：慶曆諸臣，亦常憤中國之勢不振矣，而其大要，則使羣臣爭進其說，更法易令，而廟堂輕矣；嚴按察主權，邀功生事，而郡縣又輕矣。豈惟於立國之勢無所助，又從而朘削之，雖微章得象、陳執中以排沮其事，亦安得而不自沮哉！獨其破去舊例，以不次用人，而勸農桑，務寬大，爲有合於因革之宜，而其大要已非矣。此所以不能洗契丹平視中國之恥，而卒發神宗皇帝之大憤也。」

「一夕負錢三十萬，而酣寢自如。」硃筆旁批：「不酣寢當奈何？」

「馮士元獄既具，帝以決獄問士遜。」墨筆眉批：「龐籍傳：令開府吏馮士元市女口。」

卷三百一十二

「人主有疾，而必使親臨，處之安乎？」硃筆旁批：「『使』字下得無分數。」

卷一百一十二　宋史批注（二）

卷三百一十三

卷三一三至三一七之册封面墨筆批：「韓縝傳中，醉漢傅勍頗類蘇具眼。范堯夫熟寐而卒。」〔二〕

「對曰：人主好惡，不可令人窺測。」墨筆旁批：「此亦非無病之言。」又眉批：「堯舜心迹，有何不可令人見測處？」

「文彥博立朝端重，顧盼有威」云云。墨筆眉批：「東軒筆錄載：唐介言彥博以燈籠錦媚貴妃事，梅堯臣有詩委曲言之。」

卷三百一十四

「對曰：愚人村野無所知，若以叛逆蔽罪，恐辜好生之德。」墨筆眉批：「此事正當笑而趕之耳，林亦不必。」

「後畏叛大防，凡有以害大防者，無所不至。」墨筆旁批：「大棗核耳。」

「敕許、洛官給其葬，贈開府儀同三司，謚曰思宣。」墨筆改「思」爲「忠」。

〔二〕末七字，傅山全書初版本脫，據手稿補。

卷三百一十五

「有奏擿拾官吏小過者，輒顏色不懌，曰：天下太平，聖主之心，雖昆蟲草木，皆欲使之得所」云云。硃筆眉批：「盛德之言。」

「會盜張海剽劫至境上，綱師禁兵乘城。給餅餌多不時，民具酒食犒軍，輒收其羊豕，士錢制兵器，士皆憤怒。」硃筆改「師」爲「帥」。硃筆眉批：「韓，大官大不濟。」「輒收其羊豕」旁硃筆批：「何便爾狼狽？」

「與中國通好久，父子俱使我，宜酌我酒。」硃筆旁批：「達子。」

「綜子宗道，歷官至戶部侍郎、寶文閣待制。」硃筆旁批：「此句前既有之矣。」

「有男子冷青」云云。硃筆眉批：「冷清。」

「明年，卒，年七十七。」硃筆旁批：「大壽。」

「中書以爲僖祖與稷、契等，不應毀其廟。」硃筆眉批：「僖祖不可比稷、契。」

「是歲卒，年八十二。」硃筆旁批：「大壽。」〔一〕

「傅勍被酒，誤隨入州宅」云云。硃筆眉批：「醉漢。」

「論縝才鄙望輕，在先朝爲奉使，割地六百里以遺契丹」云云。墨筆旁批：「該死！」

「紹聖四年卒，年七十九。」硃筆旁批：「大壽。」

「官累大中大夫，年八十二卒。」硃筆旁批：「大壽。」

〔一〕此條，傅山全書初版本脫，據手稿補。

卷三百一十六

「京師爲之語曰：『閻節不到，有閻羅包老。』」墨筆改前一「閻」字爲「闗」。

「遷禮部侍郎，辭不受，尋以疾卒，年六十四。」墨筆眉批：「前云『臣年七十』，此乃云六十四，何也？」

「崔密撫其母，使謹視之。繶死後，取媵子歸，名曰綖。」墨筆旁批：「好事。」又墨筆眉批：「崔婦大賢。」

「人有赦前僞造印，更赦而用者」云云。墨筆旁批：「此便當毀訖者，如何尚留？」

「於是至者相繼，悉授以舟，並給其道里費。」墨筆旁批：「好事。」

「其爲政，善因俗施設，猛寬不同，在處與成都」云云。墨筆改「處」爲「虔」。

「要之，以惠利爲本。」墨筆旁批：「『要之』二字可笑。」

卷三百一十七

「兵興之後，不無猖率」云云。墨筆眉批：「『猖』是何音？」

「累官右諫議大夫，以秘書監于家。」墨筆於「監」字下加一「卒」字。

「試崇政殿，三篇，日未中而就。言者惡其輕俊。」「惡其輕俊」旁硃筆批：「此亦可笑。」

「今四方長吏競爲殘暴，婺州先斷賊手足」云云。「婺州」旁墨筆批：「有缺文。」

卷三百一十八

卷三一八至三二四之册封面墨筆批：「撰字，見孫洙傳。孫思恭著堯年至熙寧曆，別無甚可觀。」

「張方平字安道，南京人。」墨筆眉批：「張邦基墨莊漫錄云，張宣徽安道守成都，眷籍娼陳鳳儀。後數年，王懿敏仲儀出守蜀，安道屬仲儀致書與之。仲儀至蜀，呼鳳儀曰：『張尚書頃與汝留情乎？』鳳儀泣下。鳳儀曰：〔二〕『亦嘗遺尺牘。』仲儀曰：『尚書有信到，汝可盡索舊帖，吾欲觀之，不可隱也。』遂盡取呈，韜錦囊甚密。仲儀曰：『尚書以剛勁立朝，少與多𬺈，汝毋以此黷公。』乃取書付鳳儀，幷囊盡焚之。〔三〕後語安道，張甚感之。王、張姻家也。」

「而請四路帥臣，各自任戰守。」硃筆旁批：「權宜之便。」

「僚吏鄭陶、饒奭挾持郡事，爲不法」云云。硃筆眉批：「僚吏不知是何官。州官收之抵罪，非如今同僚佐貳耶！」

「授侍臣劉六符素扇，寫之納袖中」云云。硃筆旁批：「不成話。」

「蓋以趣仲朴於死，蘄合上意」云云。硃筆改「仲」爲「种」。

〔二〕「鳳儀」，傅山全書初版本脫，據手稿補。
〔三〕「幷」，傅山全書初版本誤作「拜」，據手稿改。

卷三百二十

「參劾其借官麴作酒，以私貨往河東貿易，及違式受餽黷，事下大理議。」〔二〕墨筆眉批：「東軒筆録又云，呂溱見此議，又歎以爲風義之可惜，何也？」

「素曰：『臣之憂正恐在左右爾。』」墨筆眉批：「素爲其姻張安道焚所與營妓陳鳳儀書札者，〔三〕那得容進女帝前？」

卷三百二十一

「詔自今封贈蔭補，每大禮一易，他皆隨等撰定。」墨、硃筆眉批：「撰，字書無此字。文義似當作『撰』字。」

「文詞典麗，有西漢之風。」硃筆旁批：「難。」

卷三百二十四

「張亢字公壽，自言後唐河南尹全義七世孫。」硃筆旁批：「不必引此。」又硃筆眉批：「張全義是朱温之老龜子耳，何必引之爲祖宗也？」

〔二〕「理」，傅山全書初版本誤作「論」，據批點底本改。
〔三〕「道」，手稿無，據文義補。

「敵既不得鈔，遂以兵數萬趨柏子砦宋邀。」墨筆眉批：「『宋』字差。」
「詔既下，明鎬以爲不可，屢牒止之。」墨筆旁批：「不知何見。」

卷三百二十五

卷三二五至三三〇之册封面墨筆批：「『笑駡從汝，好官我爲』，鄧綰之言也。李定、了元、蔡奴、部六，是仇氏隔山弟兄。」
「匿其功狀，止免其短使而已。」硃筆眉批：「免其短使，『短使』何説。」

卷三百二十七

「貸穀與民，立息以償，〔一〕俾新陳相易，邑人便之。」硃筆旁批：「此新法青苗之計。」〔二〕
「彼二子皆有道者所羞，何足道哉？」硃筆旁批：「胡説。」
「後世所謂儒者，大抵皆庸人。」硃筆旁批：「是。」
「聽人賒貸縣官財貨，以田宅或金帛爲抵當。」墨筆旁批：「官開當鋪。」
「脩附麗韓琦，以琦爲社稷臣。如此人，在一郡則壞一郡」云云。硃筆旁批：「胡説！」

〔一〕「立」，傅山全書初版本誤作「出」，此據批點底本。
〔二〕「計」，傅山全書初版本未識出，作「口」，據手稿改。

「中國行青苗、〔一〕助役之法，窮因生民。」硃筆改「因」爲「困」。〔二〕

「省吏告惠卿于陳，惠卿以狀聞」云云。「陳」字旁硃筆批：「時宋陳。」〔三〕

「又配食文宣王廟，列于顔、孟之次，追封舒王。」硃筆旁批：〔四〕「無忌憚至此。」

「甚者謂『天變不足畏，祖宗不足法，人言不足恤』。」硃筆旁批：「無賴至此。」

「庶幾復見二帝三王之盛。」硃筆旁批：「至可厭語。」

卷三百二十八

「宗孟率爾對曰：人才半爲司馬光邪説所壞。」硃筆旁批：「敢胡説至此。」

「詔命別將田竹牛嶺路張軍聲」云云。墨筆眉批：「田竹牛嶺路，『田』當是『由』字。」並墨筆改「田」爲「由」。

「入洮州境，道陿隘，釋馬徒行，或日至六七。」「日至六七」旁墨筆批：「不成句。」

「因習行其術，纔能什七八」云云。「纔能什七八」旁硃筆批：「此何義？」

〔一〕「行」，傅山全書初版本誤作「作」，此據批點底本。

〔二〕「硃」，傅山全書初版本誤作「墨」，據手稿改。

〔三〕「硃」，傅山全書初版本誤作「墨」，據手稿改。

〔四〕「硃」，傅山全書初版本誤作「墨」，據手稿改。

卷三百二十九

「縉曰：笑駡從汝，好官須我爲之。」墨筆旁批：「妙。」又墨筆眉批：「仕途第一種妙語，眞正令人無可奈何。」

「定自辯言，實不知爲仇所生，故疑不敢服。」墨筆眉批：「老學庵筆記一卷云：藩子賤題蔡奴傳神云，嘉祐中風塵中人亦如此。嗚呼盛哉。然蔡實元豐間人也。仇氏初在民間，生子爲浮屠，曰了元，所謂佛印禪師也。已而爲廣陵人國子博士李問妾，生定。出嫁郜氏，生蔡奴。故京師人謂蔡奴爲郜六。」

「併論安石，章六七上，安石又白罷兩人。」硃筆於「罷」下添「林、薛」二字。

「念陶奉母寒餒，荷一鋪劖雪，行二十里訪之。」硃筆改「鋪」爲「鍤」。

「陶對之邈然，但出尊酒而已。」硃筆層批：「秦人無義，王陶是矣。」

「子與婦一夕俱殞於卒伍之手。」硃筆旁批：「不知是何等事。」

「庫有檀香佛像，繹以木易之。」墨筆眉批：「『木』上脫一字。」

卷三百三十

「孫瑜字叔禮，博平人，以父任爲將作監主簿。」「父」字旁硃筆批：「奭。」

「徙知蔡州，毁吳元濟像，以其祠事裴度。」墨筆眉批：「蔡人何知是吳元濟，至宋尚有像耶？」

「或教使自言，曰：已知之」云云。硃筆改「日」爲「曰」。

卷三百三十一

卷三三一至三三六之册封面墨筆批：「孫長卿鑿慶州百井，開馬嶺唐故道，皆是實實好事。司馬温公將棄河、湟，孫路挾輿地圖示之而止。孫構喜功名，殺夔州部夷，降北江酋彭師晏。」

「天禧中，巽守雍，命隨所取浮圖像入見。」硃筆旁批：「此何爲？」

「長卿爲酌新舊均渫之，〔一〕吏罪得免。」墨筆眉批：「均渫之，『渫』字是何義？」

「長卿鑿百井，皆及泉。」硃筆旁批：「好。」

「長卿訪得唐故道，闢爲通塗。」硃筆旁批：「好。」

卷三百三十二

「以避高魯王諱，改字爲名，而字達道。」墨筆眉批：「達道事蹟散見之宋人筆記者，如避暑錄，甚奇偉，不一二數。傳中都寫得寥落無可觀。」

「王安石方立新法，天下洶洶然。元發有言，神宗信之也。」墨筆眉批：「『神宗信之也』，是何文章？」

〔一〕「爲」字下，傅山全書初版本衍一「之」字，據批點底本删。

卷三百三十三

「今欲師仁祖之忠厚，而患百官有司不舉其職，或至於婾」云云。硃筆眉批：「極明白易見之言，而胡指『偷』、『刻』兩字激怒上聽。」

「宣仁后曰：詳覽文意，是指今日百官有司、監司守令言之」云云。硃筆眉批：「后，大聖人。」

卷三百三十七

「又乞訪求眞黍，以定黄鍾。」墨筆眉批：「訪求眞黍，亦可笑。」〔二〕

「百祿受學於鎭，故其議論操脩，粹然一出於正。」墨筆旁批：「好古文。」

卷三百四十

「時郡糴民粟，〔三〕豪家因之制操縱之柄。」「豪家」句旁墨筆批：「不成一句文章。」

「馬涓以進士舉首入幕府，自稱狀元。」墨筆旁批：「磣鬼。」

「縣比不得入，俗化凋敝」云云。硃筆改「入」爲「人」。

〔二〕「亦」，傅山全書初版本脱，據手稿補。

〔三〕「糴」，傅山全書初版本誤作「纇」，據批點底本改。

戾從來爾爾。」

「國朝角音，木也，故畏庚辛。」「木」字旁硃筆批：「胡。」

「甚可怪者，博士、諸生禁不相見。」「禁不相見」旁墨筆批：「胡，胡。」

「邢恕謫官永州，以書抵處摯。」硃筆旁批：「『抵處』何說？」

「初，摯與呂大防爲相，文及甫居喪」云云。「文及甫」旁墨筆批：「彥博之子。」

「『粉昆』者，世以駙馬都尉爲『粉侯』」云云。「粉昆」旁硃筆批：「韓忠彥。」

「時章惇、蔡卞誣造元祐諸人事不已，因是欲殺摯及梁燾、王巖叟等。」墨筆旁批：「小人之歪

卷三百四十一

「固知神宗志欲經略西夏，欲先事以戒。」硃筆旁批：「難說西夏不當經略。」

卷三百四十二

「雍、畏釋其語曰：俟休復者，俟他日太后復辟也。」墨筆旁批：「偶爾，亦有何罪？」

「雍雖以此結惇，然卒罷政。」墨筆眉批：「忽然，何也？」

「御史張琥劾永棄卽異」云云。「棄」字下墨筆批：「當有脫字。」

卷三百四十四

「神宗以爲希旨，奪官兩級。」硃筆眉批：「不差。」

「熙寧二年，詔知諫院，同修起居注，知審官院。」「熙寧」旁硃筆批：「神。」

「青苗法行，首議者謂：周官泉府，民之貸者，至輸息二十而五」云云。墨筆旁批：「今周禮泉府文：『民之貸者，與其有司辨而授之，以國服爲之息，凡事國之財用取具焉。』無『至輸息二十而五』七字，〔一〕此七字在載師任地一節中，〔二〕曰『惟桼林之徵，二十而五』，亦非貸而輸息之例，〔三〕不知當時引此者如何挾二片三而爲言也。」〔四〕又墨筆眉批：「解泉府『國息』之義。」

「況載師所任地，漆林之徵特重，所以抑末作也。」硃筆旁批：「此抑末作之義，亦不圓。假如不用漆林，何如？」又硃筆眉批：「周禮載師注釋桼林之稅特重，〔五〕以桼財自然所生，非人力所作故也。」

「以此見民實不愿與官中相交。」硃筆旁批：「若令今日行之，窳民無不愿者矣。」

「覺請自軍功、保甲進者補指使，宗室祖免從員外置。」墨筆眉批：「宗室祖免從員外置，何說？」

「安石退居鍾山，覺枉駕道舊，爲從容累夕。迨其死，又作文以誄。」墨筆眉批：「安石逐覺，覺終與安石爲好。」

「夏人據橫山，並河爲寨，秦晉之路皆塞，覽謀復取葭蘆戍」云云。墨、硃筆眉批：「橫山葭

〔一〕「七」，手稿爲「六」，據文義改。
〔二〕「七」，手稿爲「六」，據文義改。
〔三〕「而」字下，手稿衍一「而」字，據文義删。
〔四〕「爲」字下，傅山全書初版本衍一「之」字，據批點底本删。
〔五〕「師」，手稿爲「人」，據阮刻十三經注疏改。

蘆戌，竟成葭蘆。」

「文仲曰：上新即位，宜廣敦睦之義」云云。墨筆眉批：「敖英綠雪雜言載，文仲悔作伊川彈文。」

卷三百四十五

「後讀揚雄法言『君子避礙則通諸理』，意乃釋。」墨筆眉批：「法言君子篇：水避礙則通于海，君子避礙則通于理。」

「陳瓘字瑩中，南劍州沙縣人。」墨筆眉批：「瓘即了翁。癸辛志載：了翁之父尚書，以了翁之母借潘氏而生良貴。本傳不云父爲誰何，然爲尚書者，亦非無名微賤士，不知何以不入敍，且亦不及了翁之號。」

「惇曰：司馬光姦邪」云云。硃筆旁批一大「×」。

卷三百四十六

卷三四六至三五一之册封面墨筆批：「趙遹生猱負炬破蠻囤。田單火牛之後，又有此火猱。」

「次升乞戒有司無得觀望。」墨筆旁批：「此句不明白。」

「愿修省消復，罷幸西池及寢内降除授。」[二]墨筆眉批：「幸西池似無害，亦不許皇帝難做。」

[二]「寢内」，傅山全書初版本誤作「内寢」，據批點底本改。

「妻孫氏與蔡確之妻，兄弟也。確時爲相，安民惡其人，〔二〕絕不相聞。」硃筆眉批：「讀此等事最長人志氣，柰何世遂有以瑣瑣姻婭爲富貴地者？」〔三〕

卷三百四十七

「既相，出提點江東刑獄。」硃筆於「既相」前添「京」。

「注釋詩語，近於捃摭，不可以長告訐之風」云云。墨筆眉批：「不宜捃摭以開告訐。盛陶不爲失憲，劉安世不諒其言。」

「然德業器識，有所不足，爲翰林學士，已極其任矣。」「任」字旁硃筆批：「彀。」

「『若使輔佐經綸，願以安石爲戒。』世譏其失言。」墨筆眉批：「眞妄說，不但失言。」

卷三百四十八

「卷首「黃花光」之「花」字，墨筆改作「葆」。

「鍾傅字弱翁，饒州樂平人。」墨筆眉批：「鍾弱翁所至好彈駁題署。所謂顏魯公定慧額事，極可笑。」

「言者論遹欺罔朝廷以軍功，永裔遂放罷。」墨筆眉批：「遹之欺罔，不言何如欺罔。」

〔二〕「其」字下，傅山全書初版本衍一「爲」字，據批點底本刪。

〔三〕「以」，傅山全書初版本脫，據手稿補。

卷三百四十九〔一〕

「賈逵，眞定藁城人。」墨筆眉批：「賈逵遥用梁道之名。」

卷三百五十

「劉仲武字子文，秦州成紀人。」墨筆眉批：「仲武之不死，見侯蒙傳。」

卷三百五十一

「趙挺之字正夫。」墨筆眉批：「趙挺之即陳無己友壻，無己卻不肯衣其衣者。」

「至是，劾奏軾草麻有云『民亦勞止』。」墨筆根批：「『至是』兩字何承？」

「禍拏不解，兵民肝腦塗地，豈人王愛民恤物意哉！」硃筆改「王」爲「主」。

「卒，年六十八，贈司徒，謚口清憲。」硃筆改「口」爲「曰」。又墨筆眉批：「曾經東坡云，聚斂小人，『清』字何據？謚法：博聞多能曰憲。」

「且取商英所作元祐嘉禾頌及司馬光祭文，斥其反覆。罷知亳州，入元祐黨籍。」墨筆眉批：「商英入元祐黨籍，豈不便宜？」

「京久盜國柄，中外怨疾，見商英能立同異，更稱爲賢」云云。墨筆眉批：「商英與京立同異，

〔一〕「卷三百四十九」，傅山全書初版本脫，據批點底本補。

又騙一賢名。」
「商英因僧德洪、客彭几與語言往來」，墨筆旁批：「已信。」
「京憾劉逵次骨，而逵善正夫，京雖賴其助，亦惡之。」墨筆旁批：「枉了附翼。」
「正夫曰：朝廷長欲人材，規爲時用」云云。墨筆改「欲」爲「育」。
「長子阜民夜入坐。從容及燕雲事」墨筆旁批：「少一字。」〔二〕
「何執中字俗通，處州龍泉人。」墨筆眉批：「『俗』字或差。」
「嘗有幾事蒙獨受旨，京不知也；京偵得之，白于帝。」「京偵得之」旁墨筆批：「此處少了委曲。」

卷三百五十二

卷三五二至三五九之册封面墨筆批：「李邦彦之父李浦，銀工也，死而得謚曰宣簡。不知當時何所憑據。謚法：聖善周聞曰宣，又曰施而不成曰宣。〔三〕一德不懈曰簡，平易不訾曰簡。孫傅，獃瓜而能死。」
「令吳幵、莫儔入城取推戴狀，恪既書名，仰藥而死。」硃筆旁批：「總死矣，又何書名？」
「李邦彦字士美，懷州人。父浦，銀工也。」墨筆眉批：「此銀工不知是如何工，可是打盤器者？設是如今纍絲爲首飾者，亦是傾銀者耶。」

〔二〕此條，傅山全書初版本脱，據手稿補。
〔三〕後一「曰」字，手稿無，據文義加。

「浦死，贈龍圖閣直學士，謚曰宣簡。」墨筆眉批：「銀工而得謚宣簡。」

「廷臣輒箋表賀，徽宗觀所作，稱爲奇才。」硃筆於「觀」字下添「安中」。

「藥師跋扈，府事皆專行，安中不能制，第曲意奉之。」墨筆旁批：「能詩文之人，自然於此等事沒法。」

「王康開元帥府于相州，金人請欽宗詔召之。」硃筆鈎「王康」爲「康王」。

卷三百五十三

「孫傅字伯野，海州人。」墨筆眉批：「孫家老阿獃，何取版築氏而爲名？可笑之極。」

「乃啓宣化門出，戒守陣者悉下城，無得竊覘。」硃筆改「陣」爲「陴」。

「京遽白叔夜曰：『須自下作法。』因下城，引餘衆南遁。」墨筆旁批：「妙哉！」

「傅曰：我宋之太臣，且太子傅也，當死從。」硃筆眉批：「此處明白，只轂于郭、京。」

「叔□乃矍然起，仰天大呼，遂不復語。」墨筆改「□」爲「夜」。

「嘗從後執其帶尾，安石反顧，公度笑曰」云云。墨筆眉批：「崔公度奉承安石。」

卷三百五十五

「軾頃在揚州題詩，以奉先帝遺詔爲『聞好語』」云云。〔二〕硃筆眉批：「胡說。」

〔二〕「先帝」，批點底本作「上帝」，應誤，此據中華書局標點本。

「尋落職，知虢州，入元祐黨。」「入元祐黨」旁硃筆批：「此人那得入。」〔二〕
「安石曰：嘉問奉法不公，以是媒怨。」硃筆旁批：「不公，差。」

卷三百五十八

「士遣李梲，綱曰：安危在此一舉」云云。硃筆改「士」爲「上」。
「种師道、姚求仲亦以陘原、秦鳳兵至。」硃筆改「求」爲「平」。
「綱入見，泣拜請死，帝亦泣。」「帝亦泣」旁硃筆批：「泣甚？」
「耿南仲議欲屏太上左右，車駕乃進。」硃筆旁批：「眞胡説！」
「上乃許幸南陽，候黄潛善、汪伯彦實陰上巡幸東南之議。」「候」字旁硃筆批：「何也？」

卷三百五十九

「秦師三伐晉，以報殽之師。」硃筆旁批：「此事非所言之例。」
「次年薨，年五十八。訃聞，上爲軫悼。」硃筆旁批：「悼甚？」

〔二〕「此人」，手稿作「此入」，當爲筆誤，故改爲「此人」。

卷三百六十〔二〕

卷三六〇至三六五之册封面墨筆批：「張魏公次子名杓，從木從勺，不知何字。呂好問封東萊郡公，其子本中，人號爲東萊先生。孫則祖謙、祖讓。祖謙傳但云好問之孫，而不言誰之子。好問子五人。」

「王善者，河東巨寇也，擁衆七十萬。」墨筆旁批：「一盜而擁衆七十萬。」

「執政謂其多以義師爲名，請下令止勤王。」墨筆旁批：「執政好權略。」

「劉光世遣人諷鼎曰：相公自入蜀，何事爲他人任患？」硃筆旁批：「只樣奴話，多。」

「世忠亦謂人曰：趙丞相眞敢爲者。」墨筆眉批：「『世忠亦謂人曰』『亦』字何説？」

「暨浚還，乞乘勝攻河南，且罷劉光世軍政。鼎言：擒豫固易」云云。硃筆眉批：「此處膽略，趙不及張。」

「鼎嘗闢和議，與檜意不合。」硃筆於「闢」字旁批一「×」，又眉批：「『闢』字何説？」

卷三百六十一

「高宗召諭曰：卿知無不言，言無不盡，朕將有爲」云云。墨筆旁批：「老趙不知有爲底是甚。」

〔二〕「三」，傅山全書初版本誤作「五」，據批點底本改。下一條同。

「呼諸將校至前，抗聲問曰：今日之舉，孰順孰逆？」墨筆旁批：「若我當此，連此問亦不用。」

「未至，瓊等舉軍叛，執呂祉以歸劉裕。」墨筆改「裕」爲「豫」。

「高宗問可代者，且曰：秦檜何如？」硃筆於「秦檜」二字批一大「×」。

「浚從容言：人主之學，以心爲本，一心合天，何事不濟？」墨筆旁批：「說著要怎地。」又墨筆眉批：「難說不是好話，只是來頭厭人。若我當此任，萬不爾論。」

「論曰：儒者之於國家，能養其正直之氣」云云。墨筆旁批：「蘿莎齷齪，大可厭！」

「時論以浚之忠大類漢諸葛亮」云云。墨筆旁批：「差些了。」〔二〕

卷三百六十二

「金人攻城，勝非逃去。」硃筆旁批：「何說？」

「上疏言：仁義者，天下之大柄」云云。硃筆旁批：「只是話多。」

「勝非曰：君與馬參議皆燕中名人」云云。墨筆旁批：「只得爾宛宛挑動。」

「及金人過江，勝非請尊禮邦昌，錄其後以謝敵。」墨筆旁批：「何也？」

「人以此少之。及著閑居錄，亦多其私說云。」墨筆尾批：「朱勝非畢竟非君子。」

「張浚乘輕舟迓之，相持而泣。」「相持而泣」旁墨筆批：「我不待見。」又墨筆眉批：「相持而泣，當初亦未必有，作傳者好如此寫忠激模樣，是塡札間話，可厭！」

〔二〕此條，傅山全書初版本脱，據手稿補。

「蔡卞爲帥，欲扳附善類，待好問特異。好問以禮自持，卞不得親。」硃筆眉批：「好問也還亮得。」

「丞相李綱以羣臣在圍城中不能執節，欲悉按其罪。」墨筆眉批：「李綱主此議豈不正，然事至此，有不能行矣。待得我行時，而欲盡行之，試想之于不得行之時，正足一笑。」

卷三百六十三

「朕退而歎息，方寄卿以腹心，何乃引去？」硃筆旁批：「逕是假話。」

「孟傳字文授，光幼子也。」墨筆眉批：「李孟傳，四百一有傳。」

「暨車駕駐揚州，怵於傳聞，不得已下還京之詔。」硃筆旁批：「信王榛。」

「後李綱入相，欲薦所經畧兩河，以其嘗言潛善故，難之。」硃筆旁批：「用一人而不得如意，必周旋于小人如此，難哉！」

卷三百六十四

「世忠曰：還我兩宫，復我疆土，則可以相全。」「還我兩宫，復我疆土」旁硃筆批：「者兩句話亦不必與之言，但以禽之爲王。」

「世忠撤炊爨，紿良臣有詔移屯守江。」硃筆改「紿」爲「給」。

卷三百六十五

「三年，賊黄善、曹成、孔彦舟等合衆」云云。墨筆旁批：「前云宣和四年矣，此三年，何也？」

「令夜斫營縱火，飛衆亂縱擊，大敗之。」墨筆於「飛」字下添「乘」。

「四年，兀朮攻常州，宜興令迎飛移屯焉。」「四年」旁墨筆批：「宣和耶？」

「光世等皆不敢前，飛師孤力寡，楚遂陷。」「光世等」旁墨筆批：「奴貨！」

「飛陽曰：『姑反茶陵。』已而顧諜若失意狀」云云。墨筆旁批：「要者奴才有餘。」

「參政席益與浚語，疑飛玩寇，欲以聞。」墨筆旁批：「奴嘴會多。」

「至是，甚；聞詔卽日啓行，未至，麟敗。」墨筆眉批：「至是甚，不成語。」又墨筆旁批：「此句何指？單謂武穆召得動耶？」

「奏圖蔡以取中原，不許。」「不許」旁墨筆批：「何見？」

「帝稱善，曰：『卿今議論極進。』拜太尉，繼除宣撫使兼營田大使。」墨筆旁批：「看瞎搗。」

「詔諭德等曰：聽飛號令，如朕親行。」墨筆旁批：「是話。」

「帝答曰：有臣如此，顧復何憂，進止之機，朕不中制。」墨筆旁批：〔二〕「又像個人底話。」

「浚艴然曰：浚固知非太尉不可。」墨筆旁批：「糟，小人之腹度君子之心。」

「未報而酈瓊叛，浚始悔。」墨筆旁批：「遲了。」

〔二〕「旁批」，傅山全書初版本誤作「眉批」，據手稿改。

「飛復奏：『願進屯淮甸，伺便擊瓊，期於破滅。』不許。」墨筆旁批：「又何見？」

「吾向遣汝至齊，約誘至四太子，汝往不復來。」墨筆改「至」爲「致」。

「飛奏：『宜乘廢豫之際，擣其不備，長驅以取中原。』不報。」「不報」旁墨筆批：「檜。」

「李通、胡清、李寶、李興、張恩、孫琪等舉衆來歸。」墨筆旁批：「前有劇賊李通。又一李寶耶？」

「飛憤惋泣下，東向再拜曰：十年之力，廢於一旦。」飛班師，民遮馬慟哭」云云。墨筆旁批：「若我小人，此時便不能迴矣，明明白白做了個違旨擅進。左來是左來，只與河北義勇合夥滅此，而後朝食，把中原抵定了，束身待罪，是個第二等君子。不然則便自據中原，與趙家膿包做個跋扈外護，中原百姓豈不樂之？另外創一個乾坤，未有底一局，不是臣，不是不臣，廢卻膿構，逕請老孝即位，圖籍版宇總是宋底。而線索把帳盡屬岳王，校之西涼張軌局面稍別，而忠義威聲又萬倍過之，省得後來沒法，又與元虜猫兒狗子地仍舊囫囫圇圇送與元虜，遺下百年後中原一個大害。」

「帝趣飛應援，凡十七札。」硃筆於「帝」字批一大「×」，又墨筆旁批：「惡貨又來纏。」

「帝得奏大喜，賜札曰：卿苦寒疾」云云。墨筆旁批：「又喜甚麼？」

「飛在諸將中年最少，以列校拔起，累立顯功，世忠、浚不能平」云云。墨筆眉批：「浚奴才不足言，世忠也未免有此意邪？」

「好賢禮士，覽經史，雅歌投壺，恂恂如書生。」墨筆旁批：〔二〕「湊來閒話妝點語，可厭！」

〔二〕「旁批」，傅山全書初版本誤作「眉批」，據手稿改。

「然忠憤激烈，議論持正，不挫於人，〔二〕卒以此得禍。」墨筆旁批：「卻該怎地？」

「檜今親黨王會搜其家，得御札數篋。」墨筆改「今」爲「令」。

本卷多次於「檜」、「禼」上硃筆批「×」，又於「孝宗」、「浚」、「光世」上批「×」。

〔二〕「於」，傅山全書初版本誤作「以」，據批點底本改。

卷一百一十三　宋史批注（三）

卷三百六十六

卷三六六至三七二之册封面墨筆批：「讀李顯忠傳，〔一〕教人下淚。〔二〕㬎，見魏勝傳。曩游東海，歷伊山一帶，未嘗不羹牆魏忠壯公也。傅選兩見，一王彥傳，一牛皋傳。牛皋傳有趙雲。劉光世一不成才貨，死謚武僖，或取威强敵德曰武，與有德者敵。小心畏忌曰僖耶？與有德者敵，爲其同名于張、韓、岳耶！張俊亦不成才者，然而立功處頗多，不躲避，卒以傅會和議，是武官本色。死後配享高宗，而獨不得謚，又似當時有主持人。『不向關中興事業，卻來江上泛漁舟。』以此爲指斥乘輿，眞寃曲端。」

「城垂破，朝廷以驛書詔璘班師，〔三〕世將浩歎而已。」硃筆旁批：「此詔可且不從，待城破後奉詔何妨？」〔四〕

〔一〕「忠」，手稿爲「中」，據宋史改。
〔二〕「下淚」，傅山全書初版本誤作「淚下」，據手稿改。
〔三〕「驛書」，傅山全書初版本脫，據批點底本補。
〔四〕「妨」，傅山全書初版本誤作「方」，據手稿改。

卷三百六十七

「顯忠曰：顯忠年小，膽氣不小」云云。硃筆眉批：「賢于秦舞陽矣。」

「顯忠戒吳俊往探淮水可度馬處，欲執兀术歸朝」云云。硃筆眉批：「者一段事成，千古大快。」

「願得二十萬人生擒撒里曷，取陝西五路歸于夏，顯忠亦得報不共戴天之讎。」硃筆旁批：「亦只得爾。」

「又擒害其父母弟姪者，皆斬于東城之内。」墨筆旁批：「『又』字可厭。」

「行至鄜州，已有馬步軍四百餘。」硃筆旁批：「前云旬日得萬人矣，此何馬步四百餘？」

「吳玠遣張振來撫諭云：兩國見議和好，不可生事。」墨筆旁批：「一個『和』字，阻人多少義氣。」

「時邵宏淵圍虹縣未下，顯忠遣靈壁降卒」云云。「邵宏淵」旁硃筆批：「奴才。」

「宏淵欲發倉庫犒士卒，顯忠不可」云云。硃筆旁批：「此固不宜妄費，然宏淵先有此說而顯忠不從，則怨府矣，要知之。」

「顯忠謂宏淵并力夾擊，宏淵按兵不動。」硃筆眉批：「邵宏淵可斬。」

「歎咤曰：天未欲平中原耶？何沮撓若此？」墨筆旁批：「此等惡套話，是脩史者應急塡札貨，可厭之極。」

「大丈夫當以武功取富貴，焉用俯首爲腐儒哉！」硃筆旁批：「話套。」

卷三百六十八

「檜、俊謀以憲、貴、俊皆飛將，使其徒自相攻發。」墨筆於前一「俊」字上添「張」，後一「俊」字上添「王」。

「俊自爲狀付王俊，妄言憲謀還飛兵。」墨筆於前一「俊」字上添「張」。

「憲未至，俊預爲獄以待之。」墨筆於「俊」字上添「張」。

「論曰：王德素有威略，蚤隸劉光世」云云。墨筆眉批：「如此論贊何爲？」

卷三百六十九

卷首「張俊」下墨筆批：「循王無謚。」「劉光世」下墨筆批：「鄜王，謚武僖。」

「金人攻太原，城守，命制置使种師中往援。」墨筆眉批：「『城守』兩字著此處何說？」

「王德願爲諸軍先，士鼓譟而行。敵已據之」云云。墨筆旁批：「字句不知是要省要繁。」

「俊知朝廷欲罷兵」云云。墨筆旁批：「看着箭頭不快了。」

「俊力贊和議，與秦檜意合，言無不從。」墨筆眉批：「一場好事，一個主和了卻。」

「岳飛冤獄，韓世忠救之，俊獨助檜成其事。」墨筆眉批：「高宗私氣貨張俊、秦檜之合，乃得行。」「俊獨助檜」旁墨筆批：「了了。」

「帝於諸將中眷俊特厚」、「臨奠哭之慟」。墨筆眉批：「俊卒配享高宗之廟。始而勸進，終爲主和，極合著不長進心事。配字，配此也。」

「又請並封其三妾爲孺人。」墨筆旁批：「無忌憚至此。」

「律身不嚴，馭軍無法，不肯爲國任事，逋寇自資。」墨筆旁批：「四句了卻一生伎倆。」

「隨令獄吏縶維之，糊其口，熁之以火。」墨筆旁批：「何爲爾爾？」

卷三百七十

「李寶，河北人。」墨筆眉批：「武穆傳：紹興五年，兩河豪傑以待王師，下云李通、胡清、李寶等舉衆來歸，金人動息，山川險要，一時皆得其實。是此李寶耶？非也？」

「明年，以保衡爲統軍，將繇海道襲浙江。」墨筆旁批：「是那個明年？」

「寶之功亦大矣。」墨筆旁批：「此句何用？」

卷三百七十一

「倫乘勢徑造御前曰：臣能彈壓之。」硃筆旁批：「光棍。」

「倫下樓，挾惡少數人。」硃筆旁批：「光棍。」

「建炎元年，選能專對者使金」云云。硃筆旁批：「胡澹菴謂宰相無識。」

「虛中嘗撰宮殿牓署，本皆嘉美之名」云云。墨筆改「牓」爲「榜」。

卷三百七十三

「且奏言：土疆實利不可與，禮際虛名不足惜。」「禮際虛名不足惜」旁硃筆批：「難說。」

「必欲居尊如故，正復屈己，亦何所惜。」硃筆旁批：「狗糟。」「邁奏：三省事無巨細，必先經中書書黃」云云。墨筆眉批：「陳俊卿傳：俊卿劾邁奸險讒佞，不宜在左右。不知當時指爲奸險者何事。」

卷三百七十四

「每執書就明，倚立庭磚，歲久雙趺隱然。」墨筆眉批：「雙趺隱然。作文者也不省『趺』是何義。」

「然早與學佛者游，故其議論多偏。」硃筆旁批：「不偏。」

「則檜也不唯陛下之罪人，實管仲之罪人矣。」硃筆旁批：「掉得寬嘽了。」

卷三百七十六

「常同字子正，邛州臨邛人。」墨筆眉批：「姚桐壽樂郊私語載云：『常氏自忠毅公與秦檜不合，退居海上。』似謂常同也，此傳不言謚忠毅，何也？」

「朝論令世忠卻澤等，而械宗誠赴行在。」硃筆旁批：「狗糟。」

「潘良貴，字子賤，婺州金華人。」墨筆眉批：「癸辛雜志載：良貴之母即陳了翁之母，陳了翁之父借潘父而生者。又載其字爲義榮，此云子賤。」又硃筆眉批：「老學菴筆記：潘子賤題蔡奴傳神事。」

卷三百八十

「楊愿字原仲。宣和末，補太學祿。」硃筆改「祿」爲「錄」。

「詞臣曾開以老病辭不草國書，帝欲用如淵代之。」墨筆眉批：「曾開，見曾幾傳後。八十二卷。」

卷三百八十二

「使彼悔禍，果出誠心」云云。硃筆旁批：「『悔禍』兩字如何責望金虜？」

「如其變詐，誘我以虛詞，則包藏終不可測。」硃筆旁批：「有何不可測？」

「陵前石澗水久涸，二使垂至忽湧溢，父老驚歎，以爲中興之兆。」硃筆旁批：「水亦乾，喜歡了。」

「尋詔沿江帥臣條上恢復事宜」云云。硃筆旁批：「終日自家搗鬼。」

「道夫奏：願修德以回天意，定都以繫人心」云云。硃筆旁批：「難說不是正話，只是嘽。」

「武帝亦以荆南居上流，故以諸子居之。」墨筆眉批：「武帝尚當寫出是那個武帝。」

「文氣未有如道夫者，涵養一二年，當命爲詞臣。」硃筆旁批：「皇帝作學究語。」

「徽宗凶問禮儀，多所草定。」硃筆旁批：「此時不知是甚禮儀。」

「軍匠置機買絲虧直，民病之，道夫斷其機。」墨筆旁批：「斷其機，是使不織綾耶？是不許軍匠置織耶？」

「繼自今有所見，可數求對。」墨筆旁批：「趙構想聽甚好話耶？」

卷三百八十三

卷三八三至三八八之册封面墨筆批：「范成大謂兩朝既爲叔侄，受書之禮未稱。難過人！難過人！」

「陳俊卿字應求，興化人。」硃筆眉批：「俊卿只是平靜老成人。」

「因陳選將練兵、屯田減租之策，擇文臣有膽略者爲參佐，俾察軍政、習戎務以儲將材。」「選將練兵」旁硃筆批：「終口講。」「以儲將材」旁硃筆批：「還儲。」

「以俊卿忠義，沈靖有謀」云云。「沈靖」旁硃筆批：「沈靜似之。」

「會主和議方堅，詔璘班師，亦詔俊卿。」硃筆旁批：「又和了。」

「奏陳十事：定規模，振紀綱」云云。硃筆旁批：「擺着擺列一副飣餖古盒。」

「邵宏淵果以兵潰，俊卿退保揚州。」硃筆旁批：「不說將原不濟，只一『果』字，有多少前後顧盼。」

「若欲責其後效，降官示罰，古法也。」硃筆旁批：「可也。」

「論人才當以氣節爲主」云云。硃筆旁批：「者誰不說，幾時不說？」

「受詔館金使，遂拜同知樞密院事。」硃筆於「館」字下批：「伴。」

「俊卿參知政事。」硃筆旁批：「相了。」

「罷江西和糴、廣西折米鹽錢。」「廣西折米鹽錢」旁硃筆批：「罷字連此。」

「四年十月，制授尚書右僕射、同中書門下平章事兼樞密使。」硃筆旁批：「相。」

「每接朝士及牧守自遠至，必問以時改得失，人才賢否。」硃筆旁批：「此亦常事。」

「允文建議遣使金以陵寢爲請，俊卿面陳，復手疏以爲未可。」硃筆旁批：「者椿大事，只仰冀着與人說，可謂猷矣。」

「憚俊卿不敢言，會在告，請於允文，得之。」硃筆於「在告」上添「俊卿」。

「俊卿竟不與，說深憾之。」「說深憾之」旁硃筆批：「此句可不要。」

「俟一二年間，吾之事力稍充乃可，不敢迎合意指誤國事」云云。〔二〕硃筆旁批：「此一節，程史記之極詳。」

「猶勸上遠佞親賢」云云。硃筆旁批：「套話。」

「歸第，弊屋數楹，恬然不介意。」硃筆旁批：「介也罷，不介也罷，此等事總與國家大事無干。」

「上曰：卿言甚當。」硃筆旁批：「答應話兒。」

卷三百八十五

「謀國當思遠圖，如與之和，則我得休息以修内治。」硃筆於「謀國」上批：「此處似缺幾字。」

〔二〕「指」，傅山全書初版本脫，據批點底本補。

卷三百八十六

「王藺字謙仲，廬江人。」墨筆眉批：「辛稼軒傳云：臺臣王藺劾稼軒用財如泥沙，殺人如草芥，旦夕望端坐閩文殿。又是一王藺耶？此傳中不言爲臺臣。稼軒傳，光宗紹熙二年爲福建安撫使，此藺當光宗時參政樞密矣。官又不對，當別是一王藺。」

「上袖出幅紙賜之，曰：此覽陸贄奏議」云云。墨筆改「此」爲「比」。

「詹、南二司馬作通濟堰在松陽、遂昌之間」云云。墨筆眉批：「者是實實有益之事。」

「金迎使者慕成大名，至求巾幘効之。」硃筆旁批：「此句可不必用。即小點綴亦不必即在此處。」

「成大忽奏曰：兩朝既爲叔姪，而受書禮未稱」云云。「叔姪」旁硃筆批：「如何出得口中？」又硃筆眉批：「叔姪，老侄兒子亦難做。」

「竟得全節而歸。」硃筆旁批：「可笑之極！」又墨筆眉批：「全節，全得是甚節？」

「舊法馬以四尺三寸爲限，詔加至四寸以上」云云。硃筆眉批：「馬事說得不明白。此亦靜江事邪？」

「樊漢廣甫五十九，皆掛冠不仕」云云。硃筆旁批：「『甫』字何也？不仕之人，即三四十歲亦各行其志，六十餘五十九矣，還說甫。」

卷三百八十七

「高宗因上過宫，云：汪應辰素不樂吾。」墨筆眉批：「應辰素不樂吾，似即後來買水銀之本。」

「邛之安仁年饑，挺起爲盜，害及旁郡。」硃筆眉批：「『挺』字何謂？」

「高宗指示曰：水銀正乏，此買之汪尚書家。」墨筆眉批：「水銀買之汪尚書家，此事尚須細説。高構之言是恨語耶？是眞寔語耶？」〔一〕

卷三百九十六

卷三九六至四〇〇之册封面墨筆批：「亖，李璧之弟名。亖不知何音。李燾傳末則爲『亖』字，是也。」

卷三百九十七

「渭孫死之，叔似遂自劾委任失當。」墨筆旁批：「『死之』何説？」

〔一〕此下批本缺卷三八九至三九五。

卷三百九十九

「紹興十三年，汝爲亡歸，作恢復方略」云云。「亡歸」旁墨筆批：「如何得歸？」

「檜將械送金人，汝爲變姓名爲趙復」云云。「檜」旁墨筆批：「狗奴。」

卷四百

「置槊水其前，玩視終日，夜臥常醒。然少長，讀東都黨錮傳」云云。墨筆旁批：「然字何用？」

卷四百一

卷四〇一至四〇六之册封面墨筆批：「匽字，見辛棄疾傳。安丙之成誅曦之功，楊巨源之功，而丙主意殺巨源，不解是甚肚腸。張威之弟彪棄迷竹關，忠義總管李好古遇而殺之。彪兄威遂兵不進救蜀，丁焴殺好古，威乃進救，事見張威傳，然張威自好漢。」

「始筮仕，決以著，懷英遇坎」云云。硃筆旁批：「此亦何待決以著？」

「金主亮死，中原豪傑並起。」墨筆旁批：「亮死而中原豪傑始起，可憐哉！」

「揣僧必以虛實奔告金帥。」墨筆旁批：「禿奴乃爾！」

「與衆謀曰：我緣主帥來歸朝」云云。墨筆旁批：「此句亦不彀，不成話。」

「安國方與金將酣飲，即衆中縛之以歸」云云。硃筆旁批：「寫得寥落。」

「棄疾受而藏之，出責監辦者」云云。「受而藏之」旁硃筆批：「任事之誠當爾。」

「事未行，臺臣王藺劾其用錢如泥沙」云云。〔二〕「王藺」旁硃筆批：「眞奴才語。」又墨筆眉批：「藺是鏖糟貨。」

「帥長沙時，士人或愬考試官濫取第十七名春秋卷，棄疾察之信然。」墨筆眉批：「當時試制不知如何，而士人逕訴試官于帥，豈帥亦預試事如監臨者耶？」

「棄疾嘗同朱熹遊武夷山，賦九曲櫂歌，熹書『克己復禮』、『夙興夜寐』，題其二齋室。」硃筆旁批：「此八字不知何取于稼軒之家？」

「棄疾爲文往哭之曰：所不朽者，垂萬世名。孰謂公死，凜凜猶生。」硃筆旁批：「當時文定別有好句，此十六字何足爲晦翁痛癢？」

「謝枋得過棄疾墓旁僧舍，有疾聲大呼于堂上」云云。硃筆眉批：「稼軒之神不泯。」

「李孟傳字文授，資政殿學士光季子也。」墨筆眉批：「光傳有。」

卷四百二

「『龍鳳之姿，天日之表，疑非北朝祖宗也，敢不拜！』孝宗聞而喜之。」墨筆旁批：「喜甚麼？」

「至是曦還興州，劉丙魚關，已而檄還武興。」硃筆改「劉」爲「留」。

〔二〕「劾」，傅山全書初版本誤作「刻」，據批點底本改。

「嘗夢曦禱神祠，〔二〕以銀杯爲珓擲之，神起立謂曦」云云。硃筆眉批：「好夢。」

「至官，留意學校，請于太常創大成樂。」〔三〕硃筆旁批：「急了些。」

「張方首奏，勳望如丙，今猶可用。」「張方」旁墨筆批：「姓名同晉河間王之人。」

「幕府舉辟，當用經術信厚之士，不可用冒喪之人」云云。硃筆眉批：「是正經話。」

「丙卒。訃聞，以少傅致仕」云云。墨筆眉批：「殺楊巨源一節可恨。」

「彼出則齪巷，從衞且千人，事必難濟。」墨筆眉批：「『齪巷』是何語？」

「丙曰：卿與尊父同僚楊省幹盛談才略」云云。墨筆改「卿」爲「鄉」。

「聞忠銳失守散關，檄其還，欲廢之，先命巨源偕邦寧以沔兵二千策應。」墨筆於「邦寧」上添「朱」字。

「巨源謂人曰：詔命一字不及巨源，疑有以蔽其功者。」墨筆眉批：「當時何以詔命不及楊公？」

「以啓謝丙曰：飛矢以下聊城，深慕魯仲連之高誼」云云。墨筆旁批：「顧是套話，然使之至此者何人？」

「丙命喜鞫之，福、彥威皆抵罪。」墨筆於「喜」上添「王」字。

「曦聞外閧，倉皇而起，露頂徒跣，開寢戶欲遁，見貴復止。」墨筆於「貴」上添「李」字。

「好義指心曰：惟此物不可欺。」硃筆旁批：「有此等公當人。」

〔二〕「禱」，傅山全書初版本誤作「檮」，據批點底本改。

〔三〕「創」，批點底本作「刱」，據中華書局標點本改。

「好義心腹暴痛洞瀉，而昌國遁矣。既殮，口鼻指爪皆青黑」云云。墨筆眉批：「反賊終叵測，看昌國可見。」

「丙不能止，便宜處以節度使知興州，而恨猶未已。」墨筆眉批：「王喜有何難殺？」

卷四百三

「賈涉字濟川，天台人。」墨筆眉批：「宋時姓賈底尚有此人。」

「宗政自幼豪偉，有膽略，常出沒疆埸間。」「出沒疆埸間」旁硃筆批：「此句未盡致。」

「好古出魚關與統領張彪遇，以彪棄迷竹關故，斬之。彪，威弟也。威聞彪死，按兵不進」云云。墨筆眉批：「迷竹關難說該棄，卽當問李好古得斬不得斬耳。若張威以彪爲其弟故，卽懷貳心，亦非忠義。若使前進，救蜀事了，然後問好古斬其弟之由，平心論其功罪始得。」

「乃意創法，名『撒星陣』，分合不常」云云。墨筆眉批：「創名『撒星陣』，可師也。」

「晚以嗜欲多疾，故不壽云。」墨筆旁批：「此亦事武夫不長進一節。」

卷四百四

「詔求直言，疏八事：去蔽諛，親講讀」云云。墨筆旁批：「凡上書，列幾則，幾則便可厭。宋之言事者類如此。」

卷四百六

「與之爲制置使，首檄洛夔自近」云云。墨筆眉批：「首檄洛夔自近，不成話。」

「毁鄧艾祠，更祠諸葛亮，告其民曰：毋事仇讎而忘父母。」墨筆眉批：「蜀有鄧艾祠，小民無知，從來爾。」

「中書之弊端，其大者有四：一曰自用，二曰自專，三曰自私，四曰自固。」墨筆眉批：「上疏有此等題目者，便是做文章買賣，可厭！」

卷四百七

卷四〇七至四一二之册封面墨筆批：「王登、楊掞、張惟孝皆可意人。」

卷四百一十

「彦約搜訪土豪，得許崗俾總民兵，趙觀俾防水道」云云。硃筆眉批：「土豪可用。」

卷四百一十二

「長揖出門，問牛幾何，可盡發犒師。淵慨然曰：事亟矣，奈何？」墨筆旁批：「問是問誰之牛？突然又接個『淵慨然』云云。如此脩書，該打嘴巴百下。」

「制置使孟珙辟于幕，嘗用其策爲『小子房』」云云。墨筆眉批：「『小子房』何説？」「惟孝拔劍殺數人，趨白河，見一舟，壯鉅甚，急登之」云云。「趨白河」旁墨筆批：「奪舟。」〔一〕

「守隘四五百人悉潰，舟趨藕池。開慶元年，卜居江陵，至沙市，衆舟大集，不可涉。」墨筆旁批：「此處惟孝奪隘事未了，又突出『開慶元年』，下又云『卜居江陵，衆舟大集，不可涉』，連上逕似一事。」又墨筆眉批：「如此脩書，可恨。」

「提劍驅左右而出，舉白旗以麾，令衆船登岸。」墨筆旁批：「衆船登岸，亦可笑。」

「逾旬，以三十騎俱擁甲士五千至」云云。〔二〕墨筆於「俱」字下添「來」字。又墨筆眉批：「俱擁，『俱』字句。」

「於是擊鼓耀兵，不數日，衆至萬人，數戰俱捷，江上平。」墨筆旁批：「『耀兵』下云『衆至萬人』，是方募兵耳，上云『擊鼓耀兵』，卻又不是招募之言。總説爾書，把好事經奴才嘴裏一説，便掃興。」

卷四百一十三

卷四一三至四一七之册封面墨筆批：「趙汝談謂周禮宜傅會女主之書，其言亦太易哉。汝談又謂易爲占者作。」

〔一〕此條，傅山全書初版本脱，據手稿補。

〔二〕「以」，傅山全書初版本誤作「與」，此據批點底本。

「及崔與之代丙，始察其大言無實」云云。墨筆旁批：「詳與之傳中。」

「彥吶大敗，貶衡州，其子洸夫用事，亦竄嶺南」云云。墨筆眉批：「四百八卷，吳昌裔云彥吶年老智衰，其子淫刑瀆貨。」

卷四百一十四

「史彌遠字同叔，浩之子也。」墨筆眉批：「彌遠返復秦檜王爵謚，該殺！」

「自罷相歸，又十七年而薨。所著六經集傳、語孟會編」云云。墨筆眉批：「廷鸞子端臨著文獻通考。」

卷四百一十六

「馬光祖字華父，婺州金華人。」墨筆眉批：「汪立信傳中云，馬光祖承似道風旨，誣趙葵支散官物，何也？」

卷四百一十八

「他日以方外備顧問，可也。」硃筆旁批：「失言。」

卷四百二十一

「常楙字長孺，顯謨閣直學士同之曾孫。」墨筆眉批：「姚桐壽樂郊私語載，常忠毅公後有號蒲溪公，亦官參知政事。此公傳云同之曾孫，傳末云拜參知政事，似即謂此，而不言于蒲溪。」

「泰守孫良臣之弟舜臣有軍中來説降」云云。墨筆改「有」爲「自」。

卷四百二十二

「李知孝字孝章，參知政事光之孫。」硃筆眉批：「李光乃有此孫。」

卷四百二十四

「洗凡陋以起事功，昭勸懲以收主柄」云云。硃筆旁批：「厭！」

「洪天錫字君疇，泉州晉江人。」硃筆眉批：「泉州姓洪也有如此人。」

卷四百二十五

「潘牥字庭堅，福州閩人。」墨筆眉批：「癸辛雜識外集載，牥以狂死于瀑泉之寒。」

「會殿中侍御史蔣峴劾方大琮、劉克莊、王邁前倡異論」云云。墨筆眉批：「邁字實之，亦見癸辛雜識。」

「牥得罵曰：天佑仕閩，無毫髮推廣德意，反起銀冶病民」云云。墨筆旁批：「多話了。」

卷四百二十七

「孔子沒，曾子獨得其傳，傳之子思，以及孟子」云云。硃筆旁批：「此種語，相習顢頊。」

「異端邪說起而乘之，幾至大壞。」「幾至大壞」旁墨筆批：「不得壞。」

「周敦頤出於舂陵，乃得聖賢不傳之學，許太極圖說、通書。」「得聖賢不傳之學」旁墨筆批：「從何得？」硃筆改「許」爲「作」。

「無極之眞，二五之精，妙合而凝」云云。墨筆旁批：「靈樞二十五，人之變，具此。」

「惟人也得其秀而最靈」云云。墨筆旁批：「但說靈耳，不說純善。」

「五性感動而善惡分，萬事出矣。」墨筆旁批：「且道此句還是說性純善耶，亦有惡耶？」

「民俗嚴奉不懈，顥捕而脯之。」「捕而脯之」旁硃筆批：「何必？」

「昉後過州，揚言曰：澶卒之潰，蓋程中允誘之」云云。硃筆旁批：「眞蕃僊。」

「脫然欲學聖人，故卒得孔、孟不傳之學，以爲諸儒倡。」墨筆眉批：「不知不傳者是何物，所得者是何物。」

「雍歲時耕稼，僅給衣食。」「稼」，硃筆改爲「稼」。〔一〕

「人無貴賤少長，一接以誠」云云。「一接以誠」旁墨筆批：「句可厭。」

「共議喪葬事外庭，雍皆能聞衆人所言」云云。墨筆旁批：「此亦不異。」

卷四百二十八

「會程頤還自涪，乃往受業，頤賞其穎悟。」硃筆眉批：「董鍾葵只不遇程先生耳。」

〔一〕此條，傅山全書初版本脫，據手稿補。

「尹焞字彦明，一字德允，世爲洛人。」硃筆眉批：「焞只是醒不得文章。性理載其言曰：『聖人文章只有六經，至左氏傳，便把文章做壞了也。』然左傳亦不必求焞讀。」

「發策有誅元祐諸臣議，焞曰：『噫，尚可以干祿乎哉！』不對而出。」硃筆旁批：「若有本領，即當直對以元祐諸臣如何如何云之。」

「頤既没，焞聚徒洛中，非吊喪問疾不出戶。」墨筆改「没」爲「沒」。

「六年，始就道，作文祭頤而後行。」硃筆旁批：「此等何關，而瑣瑣入傳？」

「前年徽宗皇帝、寧德皇后崩問遽來，莫究不豫之狀」云云。硃筆旁批：「者個是不必理論了，總是把個皇帝老子捉了去，好死歹死，總是一般罷不了得事。」

「侵尋朘削，天下有被髮左袵之憂。」硃筆旁批：「已是了，尚何憂？」

「然亦自是未聞金人悔過，還二帝於沙漠。」硃筆旁批：「悔禍、悔過之言，當時往往說此，把人歐殺。」

「今之上策，莫如自治」云云。硃筆旁批：「令人噴飯矣。」

「自治之要，内則進君子而遠小人，外則賞當功而罰當罪」云云。硃筆旁批：「者些話還向檜說？」

「先聖有言：『陳力就列，不能者止。』此當去一也」云云。硃筆眉批：「去則當去，又何必列五則？」

「其歸也，顥目送之曰：吾道南矣。」墨筆旁批：「怕。」

「天下有三本焉，父生之，師教之，君治之，闕其一則本不立。」硃筆眉批：「本不立而道不生。」

「食飲或不充，而怡然自適。」硃筆眉批：「言飽乎仁義也。」

卷四百二十九

「後從建陽之考亭，〔一〕簞瓢屢空，晏如也。」硃筆於「簞瓢屢空，晏如也」文上壓批曰：「可厭之極！」又墨筆旁批：「該打！」

「往往稱貸於人，以給用，而非其道義則一介不取也。」硃筆旁批：「鄉黨自好者卽爾，不必以此稱賢者。」

「右諫議大夫姚愈論道學權臣結爲死黨，窺伺神器。」硃筆眉批：「若道學有個窺伺神器底志氣，到也還教人笑一回。」

「臣謂此心之發，卽天理之所存也。」硃筆旁批：「語氣可笑。」

「孝宗異其言，於是遂定君臣之契。」硃筆旁批：「有甚足異？」

「中外大震，廟堂猶主和議，至勅諸將無得輒稱兵。」硃筆旁批：「至死不變，强哉矯！」

「然亦安知非天欲以是開聖心哉！謂宜深察此理，使吾胸中了然無纖芥之惑」云云。〔二〕硃筆旁批：「概請從黑虎老爺廟以下說。」又硃筆眉批：「眞費紙費筆之言。」

「陛下誠深察之日用之間，念慮云爲之際，亦有私意之發以害吾之誠者乎？」硃筆眉批：「用不著此種話。」

〔一〕「後」，批點底本作「得」，此據中華書局標點本。

〔二〕「芥」，批點底本作「介」，此據中華書局標點本。

「夫欲復中原之地，先有以得中原之心」云云。硃筆旁批：「多。」

卷四百三十

「但聞請總領、運使至玉麟堂賞牡丹，用妓樂，又聞總領、運使請宴賞亦然」云云。硃筆旁批：「若大經濟人，卽理料兵食時賞牡丹，是何方？若本無甚本領，終日鏖糟瞎忙，愁眉蹙額，徒有憂國憂民，卽不賞牡丹，要他做甚？」

「視牡丹之紅豔，豈不思邊庭之流血？」硃筆旁批：「何必輒因？」

「無書不讀，無物不格，日積月累，義理貫通」云云。墨筆旁批：「何易？」

「太極只是理，理本圓，故太極之體渾淪。以理言，則自末而本」云云。墨筆眉批：「纏住理。去了理字盡可。」

「道理初無玄妙，只在日用人事間」云云。下句旁墨筆批：「也是也不是。」

「須萬理明徹於胸中，將此心放在天地間一例看」云云。上句旁墨筆批：「此亦不勞。」下句旁墨筆批：「說得似。」

「須明三代法度，通之於當今而無不宜」云云。墨筆旁批：「來了。」

「必使之於是是非非如辨黑白」云云。墨筆旁批：「者何難？」

「淳性孝，母疾亟，號泣于天，乞以身代。」硃筆旁批：「此事不必爲若人描寫。」

「幅巾深衣，騎驢匡山間，若素隱者。」硃筆旁批：「如此事何足道？」

「灞單車往赴，徘徊不忍去者久之。」墨筆旁批：「可厭！該打！且道終來去了不曾？此奴句與奴鑾貨學古文者，做了千年餖飣。去此等語如去一堆乾屎。」

卷四百三十一

「四年，又將祀汾陰，是時大旱，京師近郡穀踊貴，奭上疏諫曰」云云。硃筆眉批：「說『不可』可也，必于湊成十件，可厭！若要再說，豈止十？」

「上曰：此書豈可令常人見？」硃筆旁批：「是甚肚腸？」

卷四百三十二

「復年四十不娶，李迪知其賢」云云。「四十不娶」旁硃筆批：「到也有個主意。」

「介執杖屨立侍復左右」云云。硃筆眉批：「杖可執也，屨如何執？只因杖字便連出屨字，文章之弊至此，可笑！」

「升降、拜則扶之，其往謝亦然。」硃筆旁批：「老孫尚未老，何至此？」

「石介字守道，兗州奉符人。」墨筆眉批：「夏文莊，初謚文正，劉原父持以爲不可，至曰：天下謂竦邪而陛下謚之正，遂改今謚。宋子京作祭文，乃曰：惟公温厚粹深，天與其正。蓋謂夏公之正，天與之而人不與。當時自有此一種議論，故張文定甚惡石徂徠，詆之甚力，目爲狂生。東坡議學校貢舉狀云：『使孫復、石介尚在，則迂闊矯誕之士也，可施之於政事之間乎？』其言亦有自來。老學庵筆記。」

「以論赦書不當求五代及諸僞國後，罷爲鎮南掌書記。」「論」旁硃筆批：「是。」

「丁父母憂，耕徂徠山下，葬五世之未葬者七十喪。」末句旁硃筆批：「何至多如此？」

「嘗患文章之弊、佛老爲蠹，著怪說、中國論，言去此三者，乃可以有爲。」硃筆旁批：「文章自弊，與佛老何干？」硃筆眉批：「中國儒者不怪其黜佛者，若云文章以此爲蝨，不知何說？」又墨筆旁批：「一偏語，只好占道學地步耳。」「乃可以有爲」旁硃筆批：「可以爲甚？」

「歐陽脩、余靖、王素、蔡襄並爲諫官，介喜曰」云云。墨筆眉批：「魏泰東軒筆錄：慶曆中，余靖、歐陽修、蔡襄、王素爲諫官，時謂四諫。四人者力引石介，而執政亦欲從之。時范仲淹爲參知政事，獨謂同列曰：『石介剛正，天下所聞，然性亦好爲奇異，若使爲諫官，必以難行之事，責人君以必行。少佛其意，則引裾折檻，叩頭流血，無所不爲矣。主上雖富有春秋，然無失德，朝廷政事亦自脩舉，安用如此諫官也。』諸公服其言而罷。」

「衆賢之進，如茅斯拔。大姦之去，如距斯脫。」「大姦」旁硃筆批：「夏竦。」

「周善言理，未至於窮理。窮理，則好惡不繆於聖人。」硃筆眉批：「讀莊子而欲撰論，便是癡人說夢。」

卷四百三十三

「民逋賊者，揭其名市中」云云。硃筆改「賊」爲「賦」。

「動而有事，將何以仰以爲資耶？」硃筆改「何以」爲「何所」。

「孝宗覽疏不悅，曰：萬里以朕爲何如主！」硃筆旁批：「皇帝不許人些些犯着。」

「萬里慟哭失聲，亟呼紙書曰」云云。硃筆旁批：「此不是哭底。」

卷四百三十四

「自其祖始居婺州。祖謙之學本之家庭，有中原文獻之傳。」墨筆眉批：「林之奇傳云：東萊呂祖謙受學。」

卷四百三十五

卷四三五至四三九之册封面墨筆批：「『結闗』兩字見黄震傳。和、扁繼庸醫之後，一藥之誤，代爲庸醫受責。眞西山之言。」

「必志於掃平讎敵，迎復兩宫。」硃筆旁批：「此皆見成話。」

「論養氣謂：用兵之勝負，軍旅之彊弱」云云。硃筆眉批：「儒學套話。」

「雖諸葛復生，爲今日計，不能易此論也。」硃筆旁批：「不必如此自詡。武侯不作如此多羅語。」

「左氏繁碎，不宜虚費光陰，耽玩文采，莫若潛心聖經。」硃筆旁批：「宋儒不濟處，多是如此爲話頭。」

「臣以春秋之時，而與勝非爲列，有違經訓。」首句旁硃筆批：「此句何說？」

「始安國頗重秦檜之大節」云云。硃筆眉批：「檜何節？」

卷四百三十六

「因授以中庸、大學，曰：讀此可精性命之説。」硃筆旁批：「此不必，亦不方。」

「千勝之不可保，糾之百克而卒無後。」硃筆改「千」爲「于」，墨筆改「糾」爲「紂」。

「一士欲中亮，以其事首刑部侍郎何澹，嘗爲考試官」云云。硃筆於「嘗爲」上加「澹」字。

「今者高宗旣已祔廟」云云。硃筆旁批：「幸此貨死了。」

「高宗與金有父兄之讎，生不能以報之，則死必有望於子孫。」墨筆旁批：「蘄王、武穆公報之有餘，是可以報而不報，非不能也。趙構死狗耳，無所望也。」

「得召對，因言班固以來歷代爲史之非。」「歷代」旁墨筆批：「宋貨。」

「獨切切於仕進，識者以是少之。」「切切於仕進」旁墨筆批：「汲汲仕進。」

卷四百三十七

「御史徐柟卽劾了翁對策狂妄。獨侂胄持不可而止。」硃筆眉批：「安丙傳中有了翁與丙書。丙參了翁。」

「德明自始仕，以至爲郡。惟用三代直道而行，一句而已。」墨筆旁批：「者一句不知當時果能行得去否。」

卷百四三十八

「時錢庚、孫守常、朱熠守平江」云云。墨筆旁批：「守平江一時列三人名，何也？」

「震嘗告人曰：非聖人之書不可觀。」墨筆旁批：「所可觀者，那得許多聖人之書。」

卷四百三十九

「泰山有唐玄宗刻銘，白摹本以獻。」硃筆眉批：「玄宗泰山銘今見在，當時何不搨之？」

「寔尾跋胡，垂至顚頓」云云。墨筆改「寔」爲「疐」。

「又嘗履盜跖之虎尾」云云。墨筆旁批：「此未必是實事。」

「梁祖篡唐，父葆光與唐舊臣顏蕘、李濤」云云。硃筆旁批：「作宋史而還稱梁祖。」

「嘗讀陶潛閑情賦而慕之，因廣其辭曰：維稟氣兮清濁，獨得意兮虛徐」云云。墨筆眉批：「宋賦似此，儘鷇耳也。」

「昂特延見命坐，恩禮甚厚，令侯秋涼上道」云云。墨筆眉批：「齊王闢之澠水燕談錄載：荆南朱昂，博學有清德，晚年以工部侍郎乞骸骨，既得，謝，眞宗賜坐，寵詔留候秋涼還荆南，故吳淑贈詩曰：『浴殿東涼初閣筆，渚宮秋晚得懸車。』比行，錫宴玉津園，侍臣皆赴。坐中，內侍傳詔各賦詩餞行。凡四十八篇，獨李翰長維詩最奇絕，云：『清朝納祿猶强健，白首還家正太平。』昂弟協亦退居里中，皆八十餘，時謂渚宮二疏。」

「時有郭昱者，好爲古文，狹中詭僻。」「狹中詭僻」旁硃筆批：「此句是說其人耶？其文耶？」

「獻書於宰相趙普，自比巢、由」云云。硃筆旁批：「有獻書之巢、由耶？」

「上對宰相稱賞之，召問年幾何。」「幾何」下硃筆批：「脱對年數一句。」

「馮吉字惟一，河南洛陽人。」墨筆眉批：「馮琵琶。」

「雅好琵琶，尤臻其妙」云云。墨筆眉批：「顔氏家訓有彈琵琶事一節。」

「時人愛其俊逸，謂之『三絕』。」墨筆眉批：「『三絕』是指何者爲三？」

卷一百一十四　宋史批注（四）

卷四百四十

卷四四〇至四四四之册封面墨筆批：「崔遵度琴箋有些義趣。至于右史十餘年，立墀上，常退匿楹間，慮上之見，即此節，可以觀廉恥矣。蘇子美與韓持國書道吳中受用，可看也。」

「有盜入室，衆恐不敢動，開裁十三，亟取劒逐之。」墨筆眉批：「十三歲拔劍逐盜，好貨，好貨！」

「使于巴陵，爲洞庭賦曰：楚之南有水曰洞庭」云云。硃筆眉批：「左右兑付，只在『在德不在隘』五字，是其太湊泊賦意。賦學至此等結構，可愒矣。」

「神曰：清矣靜矣，麗矣至矣，邈難知矣」云云。硃筆旁批：「效高唐、神女句法。」

「混成而仙，兩儀至虛而應萬物，不可致詰。」「仙」字旁硃筆批：「先。」

卷四百四十一

「上遣中使諾咸信，咸信言」云云。硃筆改「諾」爲「詰」。

「窮冬邊塵，入我河湄。羽書宵飛，龍馭北巡」云云。硃筆眉批：「祭馬文，原因饑渴而死，叙此處絕少精警，何也？」

「淳澹清素，於勢利泊如也。」硃筆旁批：「厭！」又墨筆眉批：「必于要『泊如也』三字便成好古文耶？[一]」

「立墀上，常退匿楹間，慮上之見。」硃筆旁批：「可以觀其廉恥，眞個也不該令見。」

「及其應也，一必於四，二必於五，三必於六焉」云云。墨筆眉批：「此應尚須的確指出，所謂一二三四五六次序，當從何起，除過中之一兩廂各有六數，看應處是當内向外耶，從外向内耶？」

「苟盡弦而考之，乃總有二十三徽焉，是一氣也。」硃筆旁批：「此是論弦之地步，可有二十三徽之地耶？」又墨筆眉批：[二]「總有二十三徽之義尚未明説。」

卷四百四十二

「麻舜欽字子美。」硃筆改「麻」爲「蘇」。

「而隨盧庸邪諂，非輔相之器」云云。墨筆眉批：「孫沔亦極論王隨庸劣。」

「必置席間，聽其語言，以資笑噱。」墨筆眉批：「石中立爲笑噱之資耶？」

「其友人韓維責以世居京師，而去離都下」云云。墨筆旁批：「可笑，可笑！」

「昔孔子作春秋，而夷吾又曰：吾欲居九夷。」「而」字下硃筆批：「脱。」

〔一〕「于」，傅山全書初版本誤作「亍」，據手稿改。

〔二〕「墨筆」，傅山全書初版本誤作「硃筆」，據手稿改。

卷四百四十三

「恨母之不得祔，乃盜母之喪而同葬之。〔一〕有司論以法，唐卿時權府事，乃曰：是知有孝而不知有法爾。」「是知有孝」旁墨筆批：「不是。」墨筆眉批：「母適人而愚人往往以得祔其父葬爲孝，極可笑事。謂之知有孝已不可，而又曰不知有法，若眞孝，那顧甚法！」又墨筆尾批：「以失身之母歸祔于父謂之孝，卽父在時母有私于人，亦當勸父容之矣。」

卷四百四十四

「格非遇之塗，叱左右取車中道士來，窮治其姦。」墨筆眉批：「此有何姦？」〔二〕

卷四百五十

卷四五〇至四五五之册封面墨筆批：「劉士昭，太和人，鍼工，奇哉！」

卷四百五十一

「有洪福者，夏貴家僮也」云云。硃筆眉批：「好家僮。」

〔一〕此句中，批點底本無「乃」字，「同葬之」作「同喪之」。此處均據中華書局標點本。
〔二〕此下批本缺卷四四五至四四九。

「而塈與其兄堃特顯。」墨筆眉批：「姓譜載堃咸淳府亦巷戰死。」

「獨塈部將婁鈐轄猶以二百五十人守月城不下。」墨筆旁批：「好漢。」

「婁乃命所部入擁一火砲然之」云云。墨筆旁批：「好！」

「古人有以一旅一成中興者，今百官有司」云云。硃筆改「成」爲「戎」。

「乃杖劍驅妻子入海，卽負王赴海死。」硃筆眉批：「忠矣，傷心哉！」

「文龍之姪瓚，復舉兵殺林華，據興化」云云。墨筆眉批、硃筆眉批：「好姪。」

卷四百五十三

「建炎中，州上其事，官其子特立承信郎。」硃筆眉批：「特立見佞幸傳。」

卷四百五十四

「侍郎國家大臣，立一小卒爾，何足道。」硃筆旁批：「羞殺宋臣。」

「繼見雷龍坐船上，聖仲大呼，有頃不見，以驚死。」墨筆眉批：「快事。」

卷四百五十五

「爽、奕、汝翼諸李之貪懦無謀，倪、僎、倬、杲諸郭之膏粱無用。」硃筆眉批：「前四百五十二卷有郭僎。」

「彼之所謂外患者實未足憂，而此之外患蓋已周吾一身之間矣。」硃筆旁批：「『彼』字謂誰？」

「謀去丞相史彌遠，事覺，下臨安獄。」「謀去」旁硃筆批：「不知如何爲謀。」「若水乃仗劍徒步如武興，欲手刃曦。中道聞曦死，乃還。」墨筆眉批：〔二〕「古今有如是豪爽諸生幾人？」

「陛下今日而誅彌遠之徒，則全無辭以用其衆矣。」「全」字旁墨筆批：「李。」

「賈似道在京湖，聞其名，辟參軍事。」墨筆眉批：「賈似道又何爲辟此君？」

「僧眞寶，代州人，爲五臺山僧正」云云。硃筆眉批：「眞和尚。」

「徐道明，常州天慶觀道士也」云云。硃筆眉批：「眞道人。」

卷四百五十六

卷四五六至四六二之册封面墨筆批：「隱逸傳，青城山道人安世通，眞有道之士。种放也多事。魏掞之自一君子，入隱逸傳卻不合。隱逸劉易，忻州人，也怪。」

卷四百五十七

「果有合于艮之君子，時止時行，人何譏焉。」硃筆旁批：「難說。」

「慤嘗勉之仕，同文曰：長者不仕，同文亦不仕。」墨筆眉批：「不得隱逸。」

「直復厚加禮待，爲築室聚徒」云云。墨筆眉批：「多事。」

〔二〕「墨筆眉批」四字，傅山全書初版本脫，據手稿補。

「請益之人不遠千里而至。登第者五六十人」云云。墨筆旁批：「可笑。」又硃筆旁批：「算怎底？」

「所與遊皆一時名士」云云。〔一〕硃筆旁批：「可笑。」又墨筆旁批：「要者些何益？」

「太平興國中來朝，太宗待之甚厚。」上句旁墨筆批：「何突來？」

「九年，復來朝。」墨筆旁批：「又來。」

「又有許瓊者，開封鄢陵人。」墨筆旁批：「『又有』兩字可厭。」

「以講習爲業，從學者衆」云云。墨筆旁批：「多事。」

「性不喜浮圖氏，嘗裂佛經以制帷帳。」墨筆旁批：「可笑。」

「其母恚曰：常勸汝勿聚徒講學。身既隱矣，何用文爲」云云。墨筆旁批：「賢哉老母。」又墨筆眉批：「母夫人眞隱士。」

「詔京兆賜以緡錢，使養其母，不奪其志。」硃筆旁批：「白受不得。」

「母卒，水漿不入口三日，廬於墓側。」〔二〕墨筆旁批：「塡扎。」

「然主上虛懷待士，旰食憂人」云云。硃筆旁批：「差了。」

「二年，擢爲右諫議大夫。」硃筆旁批：「受不得。」

「然祿賜既優，晚節頗飾輿服。」硃筆旁批：「弄了。」

「于長安廣置良田，歲利甚博」云云。硃筆旁批：「要怎地？可笑之極。」

〔一〕「遊」字之下，傅山全書初版本衍一「者」字，據批點底本删。

〔二〕「側」，傅山全書初版本誤作「前」，據批點底本改。

「放嘗乘醉慢罵之。嗣宗屢遣人責放不法，仍條上其事。」墨筆旁批：「如此不自重，出醜。」

「詔工部郎中施護推究，會赦恩而止。」墨筆旁批：「是何面目？」

「放遂表徙居嵩山天封觀側，遣內侍就興唐觀基起第賜之。」墨筆旁批：「又招惹多事。」

「然猶往來終南，按視田畝，每行必給驛。」墨筆旁批：「要怎地？」又墨筆眉批：「終南處士。」

「乘在道或親詬驛吏，規算糧具之直。」硃筆旁批：「三分大紅，可笑之極。」

「杜鎬以素不屬辭，誦北山移文以譏之。」墨筆旁批：「直得受。」

「因出所上時議十三篇，其目曰：議道、議德、議刑」云云。硃筆旁批：「眞正婆婆媽媽，與爾何干？大可笑，大可笑！」又墨筆眉批：「眞正多羅，山中不理料雲霞花月，而喇喇管人家閒事。」

「不求仕進，專以著述爲務」云云。下句旁硃筆批：「此亦是病。」

「上悉令召至闕下，詔書下而誥卒」云云。硃筆旁批：「乾淨。」

「聚學徒數百人，舉進士至顯達者接踵，以故聞名於朝。」硃筆旁批：「老教讀。」

「人有見者以語瀆，瀆卽鬻之」云云。硃筆旁批：「此是隱者事，近洗耳矣。」

「前後郡守，雖武臣舊相皆所禮遇，或親造謁。」〔二〕硃筆旁批：「便不自在。」

「野爲詩精苦，有唐人風格」云云。硃筆旁批：「亦不必以此等許可。」

「裁六日而野亦卒，時甚異焉。」「時甚異焉」下硃筆批：「無此四字何如？」

〔二〕「謁」，批點底本誤作「詣」，據中華書局標點本改。

「臨終爲詩，有『茂陵他日求遺稿，猶喜曾無封禪書』之句。」硃筆旁批：「亦何至冀覦爾。」

又硃筆眉批：〔一〕「既無封禪書，又何必有『他日求』之句？」

「無子，教兄子宥，登進士甲科。」硃筆旁批：「眞隱不爲此。」〔二〕

「旼追盜與語，責之以義。」硃筆旁批：「可笑！」〔三〕

「又上書言：三代取士，皆舉於鄉里而先行義。」墨筆眉批：「如何入得隱逸傳？」

「後世專以文辭就，文辭中害道者莫甚於賦」云云。墨筆旁批：「扯澹來了。」

「羣聞其說不行，乃慟哭」云云。硃筆旁批：「眞可噴飯矣，慟甚？」

「絀出太學，羣徑歸，遂不復舉進士。」「徑歸」旁硃筆批：「不走等甚？」

「何剡表其行義，賜號安逸處士。」硃筆眉批：「前韓退亦號安逸處士。」

卷四百五十八

「樂山水，遇有興，雖數千里輒盡室往。」硃筆旁批：「累哉！」

「周啓明字昭回」云云。硃筆眉批：「不是。」

「代淵字蘊之」云云。硃筆眉批：「不是。」

「陳烈字季慈」云云。硃筆眉批：「被婆子告。不是。」

〔一〕「硃筆」，傅山全書初版本誤作「墨筆」，據手稿改。
〔二〕「眞隱」之下，傅山全書初版本衍一「者」字，據手稿删。
〔三〕此條，傅山全書初版本脱，據手稿補。

「孫侔字少述」云云。硃筆眉批：「近是。」

「劉易，忻州人」云云。硃筆旁批：「忻州有若人耶？」

「姜潛字至之」云云。硃筆眉批：「全無隱氣。」

「連庶字居錫」云云。硃筆眉批：「不是。」

「守道好脩，非其人不交，非其義秋毫不可污也。」硃筆旁批：「此等話動輒一套，那個像樣人不如此？」

「吳瑛字德仁」云云。硃筆眉批：「吳先生妙人。」

「今聖明在上，盍出而仕乎？」墨筆旁批：「突出無味之語，眞俗漢！」

「笑曰：君子之道，或出或處」云云。墨筆眉批：「一笑而已足矣。」

「吾雖不能棲隱巖穴，追園、綺之蹤」云云。墨筆旁批：「又一套古董，多乎哉！」

「杜生者，潁昌人」云云。硃筆眉批：「是一個。」

「順昌山人」云云。硃筆眉批：「是一個。」

「翁云十五年不出城，何爲到此」云云。墨筆眉批：「父子關情，遂破十五年不出之戒。」

卷四百五十九

「時章、蔡黼國柄，竄逐善類且盡，中行每一聞命輒淚下。」末句旁硃筆批：「老婆子耳。」

「蘇雲卿，廣漢人」云云。硃筆眉批：「是一個。」

「藝植耘芟，灌溉培壅，皆有法度。」硃筆眉批：「此處用『皆有法度』？」

「定一日至汴，聞伊川程頤講道于洛，潔衣往見」云云。硃筆旁批：「多了此一見。」

「呂好問薦之，欽宗召爲崇政殿説書」云云。硃筆旁批：「大差了。」

「詔宗澤津遣詣行在，至惟揚，寓邸舍」云云。硃筆改「惟」爲「維」。又硃筆旁批：「更麻煩了也。」

「定袖而歸之，其自立之操類此。」「袖而歸之」旁硃筆批：「此句寫得大不分明。」

「稱之曰譙夫子，有繪像祀之者」云云。上句旁硃筆批：「亦不用此。」下句旁硃筆批：「我不信。」

「王忠民，潁陽人」云云。硃筆眉批：「不是。」

「遇商虢鎮撫使董先于内鄉，留軍中，事以師禮。」「事以師禮」旁硃筆批：「何必要？」

「時劉豫僭立，忠民作九思圖及定亂四象達之金主。」〔二〕硃筆旁批：「迂而無當。」

「三上金主書，乞還二帝，本心報國，非冀名祿。」硃筆旁批：「此是必不能事，二帝亦丢得過。」

「劉勉之，字致中」云云。硃筆眉批：「不是。」

「時蔡京用事，禁止毋得挾元祐書，自是伊、洛之學不行。」硃筆眉批：「若知大道，此行不行也沒甚關係。」

「勉之求得其書，每深夜，同舍生皆寐，乃潛抄而默誦之。」硃筆旁批：「他敢受用。其實瞎苦。」

〔二〕「亂」，傅山全書初版本誤作「辭」，據批點底本改。

「卽邑近郊結草爲堂，讀書其中，力耕自給，澹然無求於世。」硃筆旁批：「者個是正緊。」

「秦檜方主和，慮勉之見上持正論」云云。硃筆旁批：「檜也瞎怕。」

「學者踵至，隨其材品，爲說聖賢教學之門」云云。硃筆旁批：「也多事。」

「賢士大夫，自趙鼎以下皆敬慕與交。」〔二〕「皆敬慕」上硃筆批：「不用此。」

「鼎竄死，諸賢禁錮，勉之竟不復出。」末句旁硃筆批：「出來幹得甚事？」

「胡憲字原仲」云云。硃筆眉批：「不是。不得在隱逸。」

「會伊、洛學有禁，憲獨陰與劉勉之誦習其說。」「伊、洛學有禁」旁硃筆批：「禁此何爲？」

「所謂學者，非克己工夫耶？」硃筆旁批：「左來者一套話說。」

「揖諸生歸故山，力田賣藥，以奉其親。」「以奉其親。」旁硃筆批：「是。」

「乃賜進士出身，授左迪功郎、添差建州教授」云云。硃筆旁批：「多了。」

「日與諸生接，訓以爲己之學」云云。硃筆旁批：「紹興以來，要訓人不是如此。」

「秦檜方用事，諸賢零落，憲家居不出。檜死，以大理司直召」云云。硃筆眉批：「只說當秦檜時，還能靦顏爲仕耶？」

「而惜其在位僅半年，不究其底蘊云。」硃筆旁批：「卽幾十年要怎地？」

「易貫三才，包抱萬理。伏羲氏之畫」云云。硃筆旁批：「此說不圓。若以三才論之，羲畫之三已具，不待文之六畫而始具。兼三才而兩之，豈不先見係辭耶？」

「劉愚字必明」云云。硃筆眉批：「不得在隱逸。」

〔二〕「趙」，傅山全書初版本脫，據批點底本補。

「魏掞之字子實」云云。硃筆眉批：「不是。不得在隱逸中。」

「兩以鄉舉試禮部不第。」硃筆旁批：「兩以鄉舉試禮部，何制？」

「嘗客衢守章傑所。」硃筆旁批：「者樣人如何與客？」

「掞之以書責傑，長揖徑歸。」硃筆旁批：「此等事寫得不動興。」又末句字上硃筆壓批：「張不二了。」

「大要勸上以脩德業、正人心、養士氣爲恢復之本。」硃筆旁批：「又是者一套，咬不着病處。養士氣不如養健兒。」

「上嘉納之，賜同進士出身，守太學錄。」「賜同進士出身」旁硃筆批：「不用。」

「先是學官養望自高，不與諸生接。」硃筆旁批：「如此是做甚底？」

「上恩深厚如此，而吾學不足以感悟聖意。」硃筆旁批：「可笑！」

「青城山道人安世通者，本西人」云云。硃筆眉批：「安道人恁地明白，眞可與上天。」

「而士大夫皆酒缸飯囊，不明大義」云云。硃筆眉批：「多少鏖糟講學明理之人，不如吾家一牛鼻。」

卷四百六十二

「因授鍊形養元之訣」云云。硃筆眉批：「煉陰形，養元陽。」

「或用一藥以除其本，本除而餘病自去」云云。硃筆眉批：「拔其病之根，除其病之源。」

卷四百六十三

卷四六三至四六九之册封面墨筆批：「潘閬，晚唐詩人。而宦者王繼恩傳有潘閬，亦能詩。彭乘墨客揮犀載：潘閬，字逍遥，咸平中有詩名，與錢易、許洞爲友，狂放不羈，嘗爲詩曰：『散拽禪師來蹴踘，亂拖游女上鞦韆。』此其自序之實也。後坐盧多遜黨，間命捕搆甚急，乃變姓名僧服，入中條山。許洞密贈之詩曰：『潘逍遥平生志氣如天高，倚天大笑無所懼，天公嗔爾口呶呶，罰教臨老頭補衲歸中條。我願中條山神鎮常在，驅雷叱電依前趕出者老怪。』會赦，以助教授之官，閬乃自歸，送信州安置，仍不懲艾，復爲埽市舞詞曰：『出秋霜價錢，可贏得、撥灰兼弄火，暢殺我。』以此爲士人不齒，投棄終身。癸辛雜識新集濟王竑死一條下云，甚者以潘閬嘗從秦王爲記室，有同謀之嫌，亦□其先賢之祀焉。」

卷四百六十七

「逾月，又贈保順軍節度使，謚忠安。」墨筆眉批：「江鄰幾雜志云：入内都知張惟吉請謚，禮官以爲，惟吉前持温成喪，不當居皇儀，爭之至力。時宰不知典則，阿諛順旨，惟吉頓足泣下。緣此得謚忠惠。」

卷四百七十

卷四七〇至四七五之册封面墨筆批：「只説道學門下儘有賴人，如邢恕狗奴，豈非程門一弟子耶？又出入司馬公、呂公著門，而險詐反覆，極齷齪，毒奴之能乃爾。韓珍，『珍』字不知何意。」

「爲人美風姿，目睛如金。」「目睛如金」旁硃筆批：「此非風姿。」

「黼因執中進，迺欲去執中，使京顓國。」「欲去執中」旁硃筆批：「自應爾。」「使京顓國」旁墨筆批：「柬檄！」

「倚其聲焰，逼許氏奪之，白晝逐將家」云云。「倚其聲焰」旁硃筆批：「借梁勢。」

「富戶科抑，一切蠲除之，四方翕然稱賢相。」末句旁硃筆批：「也眞個是賢。」

「乘高爲邪，多畜子女玉帛自奉」云云。墨筆旁批：「玉炤新志云：黼招李邴開宴，出衆姬數千人，皆絕色。」

「誘奪徽猷閣待制鄧之綱妾」云云。硃筆旁批：「來了。」

「請置應奉局，自兼提領，中外名錢皆許擅用」云云。硃筆旁批：「好。」

「悉苛取於民，進帝所者不能什一，餘皆入其家。」末句旁硃筆批：「敢好。」

「帝遣童貫督秦甲十萬，始平之。」硃筆眉批：「童貫又幹了大好事。」

「得錢六千二百萬緡，竟買空城五六而奏凱。率百僚稱賀，帝解玉帶以賜。」分別於「得錢」、「奏凱」旁硃筆批：「妙。」

「孝宗卽位，詔任便居住，毋至行在」云云。硃筆眉批：「便宜了此奴。」

「張震繳其命，至再出知紹興府。」硃筆旁批：「閤門之命。」

「覿憂恚，疽發于背」，「十二月，卒。」硃筆旁批：「便宜了。」又硃筆眉批：「曾覿善終。」

卷四百七十一

「見其儀觀秀偉，召與語，奇之」云云。硃筆旁批：「以貌取人，亦不盡失。」

「見所製樂語，以爲材，薦於弟」云云。硃筆旁批：「難說不是憐才。」

「安石卻其牘，更遣確，確希意直詔、逵、純獲譴。」墨筆旁批：「佞安石，一不確。」

「知神宗已厭安石，因安石乘馬入宣德門與衛士競，即疏其過以賣直。」墨筆旁批：〔二〕「眼明手快，又疏安石過，二不確。」

「確劾本附文彥博，黜之，代爲知制誥」云云。「代爲」旁墨筆批：「三不確。」

「而私語執政。意王安石既去，新法可搖耳。括坐黜知宣州。」墨筆旁批：「論括，四不確。」

「事連判官陳安民，安民令其甥文及甫求援於充之子安持。」「充」字旁墨筆批：「吳。」

「確言事關大臣，非開封可了，遂移御史臺」云云。墨筆旁批：「如此段寫得最不明白。」

「由是潤甫、均皆罷，而確得中丞，猶領司農」云云。墨筆旁批：「煅煉得中丞，五不確。」

「凡常平、免役法，皆成其手。」墨筆旁批：「卻又主安石。」

「以杓混攪，分飼之，如犬豕，久擊不問。」墨筆旁批：「可恨之極。」

「遂劾參知政事元絳有所屬請，絳出知亳州，確代其位。」墨筆旁批：「劾元絳，代參知，六不確。」

「『今陛下所自建立，豈容一人挾怨而壞之。』法遂不變。」墨筆旁批：「明明七大不確。」

〔二〕「旁批」，傅山全書初版本誤作「眉批」，據手稿改。

「蓋確畏失權，又復改制也。」墨筆旁批：「又復改制。」

「確自見得罪於世，陰與章惇、邢恕等合志邪謀」云云。墨筆旁批：「大不確。」

「宰相范純仁、左丞王存坐簾前出語救確，御史李常、盛陶」云云。墨筆旁批：「確行事已無可疑，諸人尚憐之爲之地，何也？」

「確後卒於貶所。」「貶所」旁墨筆批：「新州。」

「確子渭，京壻也，於喪次中闌訴。」硃筆眉批：「馮京與蔡確爲兒女親家，亦失審。」「喪次中闌訴」旁硃筆批：「此亦失體。」

「贈太師，謚曰忠懷，遣中使護其葬，又賜第京師。」硃筆旁批：「何也？」

「遂追封確清源郡王。」硃筆旁批：「是何勳爵？」

「貶確武泰軍節度副使，竄懋英州，凡所與濫恩，一切削奪。」硃筆旁批：「已死之姦，又何等追貶，但正罰卽了。」

「珪爲永裕山陵使，辟掌牋奏。」墨筆於「辟」字下加「處厚」。

「確代使，出知通利軍，又徙知漢陽。」墨筆於「出」字下加「處厚。」

「然士大夫由此畏惡之，未幾卒。」「未幾卒」旁墨筆批：「處厚。」

「紹聖間，追貶歙州別駕。」硃筆旁批：「追貶死人，可笑！」「貶歙州」旁墨筆批：「處厚。」

「有戰國縱橫氣習，從程顥學」云云。墨筆旁批：「來頭豈不好？」又墨筆眉批：「程門高弟。」

「王安石亦愛之，因賓客諭意」云云。墨筆旁批：「此是公好。」

「恕不能從，而對其子雱語新法不便。」墨筆旁批：「亦是公論。」

「恕亦深自附託，乃爲確畫策」云云。上句旁墨筆批：「亦不曾無忌憚。」

「帝不豫，恕與確成謀，密語宣仁后之姪公繪、公紀」云云。「帝」旁墨筆批：「神」。[二]「公繪」旁硃筆批：「高。」

「恕計不行，則反宣言太后屬意雍王，與王珪表裏。」墨筆旁批：「小人計不得行，即反賴人，古今奴樣大小一轍。」

「公繪不得隱，以恕對，且上其稿。時恕方召試中書，遂黜知隨州」云云。墨筆旁批：「者裏還該有宣仁發放數語才足。」

「間道謁確於鄧，緒成前惡，紿司馬光子康手書」云云。墨筆旁批：「此段不明白寫出所謂前惡者何事。」

「惇恐其大用，切忌之。」墨筆旁批：「小人必至之勢之理。」

「恕亦揣帝稍薄惇，屢白其短」云云。墨筆旁批：「背章惇了。」

「久之，復顯謨閣待制，卒，年七十。」墨筆旁批：「便宜了。」

「居實有異材，八歲爲明妃引」云云。墨筆旁批：「可惜此子逕爲此人作兒子。」

「黃庭堅、晁補之、張耒、[三]秦觀、陳師道皆見而愛之。」墨筆旁批：「愛才者遂能不顧其父之爲人何如，亦公道也。」

「民曰：『前蘇公來，爲章丞相幾破我家，今不可也。』徙睦州，卒。」「徙睦州，卒」旁硃筆

[二] 前言「帝不豫」三字與「帝旁硃筆批」文字，傅山全書初版本脫，據批點底本與手稿補。

[三] 「張耒」，批點底本作「張來」，此據中華書局標點本。

批：「又便宜了。」

「貶昭化軍節度副使，子孫不得仕於朝。詔下，海内稱快。」「海内稱快」旁硃筆批：「未快。」

「曾布字子宣，南豐人。」硃筆眉批：「布奸詐齷齪，不足言。」

「陛下以不世出之資，登廷碩學遠識之臣」云云。「碩學遠識」旁硃筆批：「安石。」

「布論判官呂嘉問市易掊克之虐，大概以爲」云云。墨筆眉批：「此卻又是。」

「事下兩制議，惠卿以爲沮新法」云云。硃筆眉批：「與惠卿左了。」

「惇忌之，止薦居樞府，故稍不相能。」墨筆旁批：「怨望于惇。」

「乞正所奪司馬光、呂公著贈謚，勿毀墓仆碑，布以爲無益之事。」墨筆旁批：「又左了。」

「忠彥雖居上，然柔懦，事多決於布，布猶不能容。」〔二〕「不能容」旁墨筆批：「不容忠彥。」

「召蔡京爲左丞，京與布異。」墨筆眉批：「蔡京與曾布異，小人又不同小人。」

「後贈觀文殿大學士，謚曰文肅。」墨筆尾批：「謚法：經天緯地曰文，道德博聞曰文，勤學好問曰文，慈惠愛民曰文，愍民惠禮曰文，賜民爵位曰文，剛德克就曰肅，執心決斷曰肅。」

卷四百七十二

卷首「趙良嗣」旁硃筆批：「馬植。」

「卞字元度，與京同年登科，調江陰主簿。王安石妻以女。」墨筆眉批：「從來能擇壻者，莫過老王。一翁一壻兩親家，把個趙家天下弄了個七零八落。」

〔二〕「猶」，傅山全書初版本脫，據批點底本補。

「卞居心傾邪，一意以婦公王氏所行爲至當。」墨筆眉批：「天下無不是底丈人，亦屬女壻至性。」

「京以中旨用童貫爲陝西制置使，卞言不宜用宦者。」墨筆眉批：「『不宜用宦者』一言，豈不又似君子？」

「高宗卽位，追責爲寧國軍節度副使」云云。硃筆旁批：「此等罰眞笑殺人。」

「趙良嗣，本燕人。」墨筆眉批：「遼人。」

「當示以不疑，乃以爲臨海軍節度使，任知平州。」「臨海軍」旁硃筆批：「金。」

「升平州爲南京，加覺同中書門下平章事。」硃筆旁批：「金。」

「乃殺企弓等四人，復稱保大三年」云云。硃筆旁批：「遼人正經。」

「宜抗賊命，以存生靈，使復父母之邦，且爲大朝守禦之備。」硃筆旁批：「難說不好。」

「覺遂妄以大捷聞，朝廷建平州爲泰寧軍，拜覺節度使。」硃筆旁批：「此亦不必深責，本非國人妄報功希賞不異也。」

「覺不得返，同其弟挾所被詔勅，奔燕。」「奔燕」旁硃筆批：「王安中。」

「安中不得已，引覺出，數其過，使行刑。」墨筆眉批：「此自是王安中無本領，非覺罪也。」

「藥師失馬，幾爲所擒，遂以敗還，猶進安遠軍承宣使。」硃筆旁批：「此『猶』字是不足之辭，然入燕城，豈不是功？」

「又令取天祚以絕燕人之望」云云。硃筆旁批：「憨話。」

「天祚，臣故主也，國破出走」云云。墨筆眉批：「難說非忠于遼者。」

「太師，父也。藥師唯拜我父」云云。硃筆旁批：「奴了。」

「其後趍趄京城，詰索宫省與邀取寶器服玩，皆藥師導之也。」墨筆尾批：「郭藥師來降，難説預懷反側也。及見張覺被殺，卽料本國未必能庇，其勢然也。當時朝廷遂無人妙算此人可用與否，大説王安中不能駕馭，以至于此。」

卷四百七十三

「軍士聞其姓，以爲潛善也，爭數其罪，揮刃而前」云云。硃筆眉批：「黄鍔竟頂潛善坑。」

「諫官袁植乞斬之都市，帝不許，尋卒于梅州。」硃筆旁批：「便宜了。」

卷四百七十四

「飛父子與憲俱死，天下冤之。」墨筆旁批：「如此等似是，然亦是了事語耳。」

「卨請與唐卿同班上殿奏事，其無耻如此。」墨筆旁批：「者奴還論耻耶？」〔一〕

「除參知政事，充金國報謝使。」下句旁墨筆批：「才是稱意。」

「檜假金人譽己數千言，囑卨以聞，卨難之。」「卨難之」旁墨筆批：「者奴何難？」〔二〕

「卨曰：『不聞聖語。』卻不視，檜大怒」云云。墨筆眉批：「卨至此偶昏憒耶。」

「授金紫光禄大夫，致仕。卒，年七十五，謚忠靖。」墨筆眉批：「此奴遂善終。何忠何靖？」

〔一〕「奴」字之下，傅山全書初版本衍一「才」字，據手稿删。
〔二〕「奴」字之下，傅山全書初版本衍一「才」字，據手稿删。

「汝愚曰：吾宗臣也，汝外戚也」云云。硃筆旁批：「自是正經好話。」

「朱熹白汝愚當用厚賞酬其勞而疎遠之，汝愚不以爲意。」上句旁硃筆批：「也還不是心事，也還不是待冑之妙法。」下句旁硃筆批：「差了。」

「自是，侂冑益用事，而以抑賞故，怨汝愚日深。」硃筆旁批：「此怨不得冑怨。」

「霅川劉弴者，曩與侂冑同知閤門事。」「霅川」旁硃筆批：「湖州。」

「三年，拜大師，監惠民局夏允中上書」云云。「三年」旁墨筆批：「此三年是何年？」

「或勸侂冑立蓋世功名以自固者」云云。硃筆旁批：「好話。」

「侂冑輸家財二十萬以助軍」云云。硃筆旁批：「也還是眞要强勉成功底。」

「大全爲戚里婢壻，寅緣以取寵位。」硃筆旁批：「來頭。」

「將官畢遷護送，舟過藤州，擠之於水而死。」墨筆眉批：「畢遷，又一鄭虎臣矣。」

「爲子壽翁聘婦，見其豔，自取爲妻。」硃筆旁批：「正是者樣人事。」

「涕泣出貴嬪爲尼，如還。似道既專恣日甚」云云。硃筆眉批：「『如還』兩字何也？」

卷四百七十五

「齊愈書『張邦昌』三字示之，遂定議，以邦昌治國事。」墨筆眉批：「玉炤新志有辨此事非采齊愈之說，引張栻敬夫記其父魏公語一條以爲證。」〔二〕

「是宜肆諸市朝，以爲亂臣賊子之戒。」墨筆旁批：「還戒哩！」

〔二〕「敬」，手稿爲「欽」，據玉照新志改。

「原其初心，出於迫脅，可特與免貸」云云。墨筆旁批：「此何可脅？」

「詔數邦昌罪，賜死潭州，李氏杖脊配車營務。」「賜死潭州」旁墨筆批：「何不早殺了？」

「配車營務」旁墨筆批：「何不殺了？」

「豫少時無行，常盜同舍生白金盂、紗衣。」墨筆旁批：「賊。」

「因遣人啗豫以利，豫懲前忿，遂畜反謀」云云。墨筆於「因」字上加「金」。「懲前忿」旁墨筆批：「不得東南郡之懲。」

「高宗以王衣雅厚孝純，俾衣招之」云云。墨筆改「孝」爲「李」。

「文林郎李喆、尉氏令姚邦基皆棄官去。」硃筆旁批：「不知去那裏。」

「豫立陳東、歐陽澈廟於歸德。」硃筆旁批：「難説二人便歆。」

「事泄，豫殺唐佐，亙亦遇害。」硃筆旁批：「不説宋汝爲。」

「五月，朝廷遣韓肖胄、胡松年使僞齊。」硃筆旁批：「何也？」

「豫復乞師金人，且言瓊欲自交。」硃筆改「交」爲「效」。

「紹興十三年六月卒，是年金皇統三年也。」硃筆旁批：「便宜了。」

「帝不當卽大位，淵聖來歸，何以處也？」墨筆旁批：「此句呼得遣有主意了。」

「郡中僑寓皆燕人來歸者，充慮爲敵内應，殺之無噍類。」硃筆旁批：「過矣。」

「是冬，充至雲中，粘罕薄之。」「薄之」旁墨筆批：「枉了。」

「『元帥敢歸，充不敢也。』粘罕哂之。」「粘罕哂之」旁墨筆批：「又好笑。」

卷四百八十二

「漢祖後領方鎮，爵位通顯，釗罕得見其妻，居常怏怏。」墨筆旁批：「豈非霸住薛婆乎？崇之女是智遠侄女也看之。」

「繼恩時尚幼，漢祖令鈞養爲子」云云。「繼恩」旁墨筆批：「是外甥子。」〔一〕

卷四百九十

「則天授天中，五天竺王並來朝獻。」硃筆鈎「授天」爲「天授」。

「財施盈室，衆僧頗嫉之，以其不解唐言」云云。「衆僧」旁硃筆批：「嘴臉。」

「晉天福中，其王李聖天自稱唐之宗屬，遣使來貢。」硃筆旁批：「果爾，也奇。」

「十一月，以其國王爲特進、歸忠保順砳鱗黑韓王。」「砳鱗」旁硃筆批：「是何義？」

「紹聖中，其王阿忽都董娥密竭篤又言，緬藥家作過」云云。「緬藥家作過」旁硃筆批：「是何語？」

「以三月九日爲寒食，餘二社、冬至亦然。」硃筆旁批：「『亦然』承何義？」

「北廷北山中出硇砂，山中嘗有烟氣涌起」云云。硃筆改「硇」爲「硇」。

「自六年五月離京師，七月四月至高昌。」硃筆改「七月」之「月」字爲「年」。

〔一〕 批本以下缺卷四八三至四八九。

「白越諾二段，都爹一琉璃瓶」云云。硃墨筆眉批：「都爹，篇韻：陟加切，羌人呼父名。廣韻作奓，音同，又曰吳人呼父名。」

「產眞珠、玻璃、密沙華三酒。」硃筆眉批：「『密沙華三酒』是何物？」〔一〕

卷四百九十一

「雍熙元年，日本國僧奝然與其徒五六人浮海而至。」墨筆眉批：「奝，丁么切。」

「有子曰聖德太子，年三歲，聞十人語同時，解之」云云。墨筆眉批：「『聞十人語同時，解之。』此句何說？」

「唐咸亨中乃開元二十三年、大曆十二年」云云。墨筆改「乃」爲「及」。

「金縷紅羅，水晶爲軸。孝經，即鄭氏注者。」墨筆眉批：「鄭氏不曾注孝經，此云鄭注，蓋訛傳，沿習久矣。」

「酋豪折御乜窮蹙來歸，守文置之部下。」墨筆旁批：「郭。」

「五年正月，以綏州羌酋蘇移山海㖃母馱香三人，並爲懷化將軍。」「蘇移山海㖃母馱香」旁硃筆批：「八字不知三人名所讀。」

「繼遷令人招撫之，乩遇答云」云云。墨筆眉批：「『乩』字，無此字。」

〔一〕「沙」，手稿誤作「三」，據文義改。

「吾嘉爾忠順之節，慕化來歸，同不以多馬爲意也。」〔二〕硃筆圈去「同」字。〔三〕

卷四百九十二

「見厮囉貌奇偉，挈以歸，置劉心城」云云。墨硃筆眉批：「劉，古孔切，刓土也。」

「厮囉立文法，聚衆數十萬，請討平夏以自效。」末句旁硃筆批：「也是好意思。」

「授厮囉寧遠大將軍、愛州團練使，授逋奇歸化將軍。」「逋奇」旁硃筆批：「溫。」〔三〕

「以其子藺逋比爲錦州刺史。」硃筆眉批：「此『比』字後作『叱』字。」

「藺逋叱已死，養子阿里骨嗣。」硃筆眉批：「此『叱』字前作『比』字。」

卷四百九十四

「遂以延沈襲公晟職，授銀青光祿大夫」云云。墨筆眉批：「延沈，不言誰子。」

卷四百九十五

「昨不欲盡令殺戮，〔四〕顧無噍類矣。」墨筆旁批：「不成話。」

〔一〕「同」，傅山全書初版本誤作「回」，據批點底本改。

〔二〕「同」，傅山全書初版本誤作「回」，據手稿改。

〔三〕此條中的「逋奇」，批點底本作「逋哥」，此據中華書局標點本。

〔四〕「盡令」下，傅山全書初版本尚有「勦絕，若縱」四字，據批點底本删，但中華書局標點本有此四字。

卷一百一十五　金史批注〔一〕

目録

卷二：「太祖。」硃筆下批：「阿骨打。收國二。天輔七。」

卷三：「太宗。」硃筆下批：「吳乞買。天會十三年。」

卷四：「熙宗。」硃筆下批：「合剌。天眷三。皇統九。」

卷七十三：「希尹。」硃筆下批：「製女眞文字。」

卷八十一：「趙隇。」墨筆下批：「以優伶女壻進。」

卷八十二：「鄭建充。」墨筆下批：「宋延安知府，降金。」

卷八十七：「徒單合喜。」墨筆下批：「合喜犬孟。」

卷一百一：「烏古論慶壽。」墨筆下批：「烏古，方言曰再休。」

卷一百二十一：「忠義一。」墨筆下批：「宋人張惠降，封爲王。後死於柿林村之戰，與楊沃衍輩同死，不入忠義傳，豈不枉了者一場？」

卷一百二十七：「郝天挺。」墨筆下批：「元史一百七十四卷有郝天挺。」

〔一〕　此篇據山西博物院藏批點手稿整理。批點底本爲明萬曆三十四年刊本，由祝振東釋文，谷錦秋校補。重複書中詞句的批語未録。

卷一

「活羅，漢語慈鳥也。」硃筆於「慈」字旁批：「鬼。」

「桓赧、散達之戰，部人賽罕死之，其弟活羅陰懷忿怨。一日，忽以劍脊置肅宗項上曰：吾兄爲汝輩死矣，刭汝以償，〔一〕則如之何？」硃筆眉批：「又一活羅。」「則如之何」旁硃筆批：「此是要底，如何不殺了，後又攻于家？」

「我軍隨煙衝擊，大敗之。」硃筆旁批：「何『我』也？」

卷五

「乙卯，有司奏慶雲見，上曰：朕何德以當此」云云。硃筆眉批：「雲無心而出岫。」

卷十六

「辛丑，太白晝見于牛，二百三十有二日伏。」硃筆旁批：「此等事原不知爲誰見。」

「乙卯，太醫侯濟、張子英治皇孫疾，用藥瞑眩，皇孫不能任，〔二〕遂不療，罪當死。」硃筆眉批：「好醫。」

〔一〕「償」，傅山全書初版本誤作「賞」，據批點底本改。

〔二〕此句五字，傅山全書初版本脱，據批點底本補。

「己卯，彗星見西方。」硃筆眉批：「彗也只是高興。」

「再遷遂至失國，豈不重可歎哉！」硃筆旁批：「不勞歎。」

卷十七

「詔趙秉文、楊雲翼作龜鏡萬年録。」硃筆旁批：「還作龜鏡？」

「天興元年春正月壬午朔，日有兩珥。大元兵道唐州，元帥完顔兩婁室與戰襄城之汝墳，敗績。」硃筆眉批：「珥也不好耶？」

「丁巳，釋奠孔子。」硃筆旁批：「儒家還要特筆。」

卷十八

「南面元帥朮甲咬住，西面元帥崔立，北面元帥孛朮魯買奴等留守。」墨筆眉批：「天妙生一崔立，是殺割完顔收場了當人。若非如此，令他幾時是個了手？立在完顔是賊，是亂人；在天道，是快人。隨着立，就生了個李琦、李伯淵、李賤奴，就是殺崔立底那些兒，不是天妙處。」

「賜進士終場王輔以下十六人出身。」硃筆旁批：「還顧得幹此等事！〔一〕」

「其黨孛朮魯長河、御史中丞韓鐸」云云。硃筆旁批：「『河』又作『哥』。」

「尚書省掾元好問爲左右司員外郎。」硃筆眉批：「元好問知有金者，何亦低頭愛崔立之官？」

〔一〕「顧」，傅山全書初版本脫，據手稿補。

卷十九

「孔子曰：禮，與其奢也，寧儉。」墨筆旁批：「那裏搗來底？」又硃筆旁批：「掉。」

卷二十一

卷二十一至二十四之册封面墨筆批：「地理志列鎮名亦不可少。」

卷二十二

「水運之法，始於韓張衡。」硃筆改「韓」爲「漢」。

卷二十三

「仰視，見風雲杳靄，神鬼兵甲蔽天。」硃筆旁批：「到也好看。」

「留二日西北去。按視其處，糞迹數頃，其色各異。」硃筆旁批：「庄家大停當，天上下鳳凰屎，成爲糞田。」

「每日省前大呼，凡半月。上怒，誅之隱處。」硃筆旁批：「尋死胡奴。」

「二年正月辛酉日午，有鶴千餘翔于殿庭，移刻乃去。」墨筆眉批：「此鶴何爲者？」

卷二十五

「景州，上，刺史。」「將陵。」硃筆眉批：「崔立，將陵人。」

卷二十六

「太原府，上，武勇軍。」「平晉，鎮二。」硃筆旁批：「此今之太原縣。」

卷三十五

「明昌五年正月，陳言者謂『葉魯、谷神二賢創製女眞文字，〔二〕乞各封贈名爵，建立祠廟。』」硃筆眉批：「谷神卽希尹，有傳，見七十三卷。」

卷五十

「宣宗貞祐二年，從知大興府事胥鼎所請，定權宜鬻恩例格，進官升職、丁憂人許應舉求仕。」墨筆眉批：「丁憂人許應舉求仕，妙！妙！」

〔二〕「製」，批點底本作「置」，此據中華書局標點本。

卷五十三

「三年，以外路司吏久不升轉，往往交通豪右爲姦。」墨筆旁批：「卽轉亦爲姦。」

卷五十四

「是時雖迫危亡，而縣令號爲得人，由作法有足取云。」硃筆眉批：「『雖迫危亡，而縣令號爲得人』，好話！」

卷五十七

「諸糺，詳隱一員。」硃筆眉批：「『糺』字不音。」

卷六十三

「手刃擊之，墮門下死，并誅侍女習撚。」硃筆眉批：「兩習撚。」

「莎里古眞在外爲淫迭。」硃筆眉批：「『迭』字訛。」

卷六十四

「嚮外飛則四國來朝，嚮裏飛則加官進祿。」下句旁硃筆批：「李妃。」

「十二月癸酉，忒隣生滿三月，勅放僧道度牒三千道，設醮于玄眞觀，爲忒隣祈福。」硃筆眉批：「忒隣了了。」

卷七十九

「李成字伯友，雄州歸信人。」墨筆眉批：「宋人。」

「彦舟荒于色，有禽獸行。」硃筆旁批：「蚤已爾。」

「施宜生字明望，邵武人也。」硃筆眉批：「反覆小人。」

「天會九年，睿宗以左副元帥次涇州，中孚率其將吏來降。」硃筆眉批：「降。」

「天眷初，爲陝西諸路節度使、知京兆府。朝廷賜地江南，中孚遂入宋。」硃筆眉批：「又宋了。」

「宗弼再定河南、陜西，移文宋人，使歸中孚。」硃筆眉批：「又金了。」

「中孚天性孝友剛毅。」硃筆旁批：「只是會降。」

「睿宗經略陝西，中彦降，除招撫使。」硃筆眉批：「降。」

「中彦與兄中孚俱至臨安，被留，以爲龍神，衛四廂都指揮使。」硃筆眉批：「又宋了。」

「皇統初，恢復河南，詔徵中彦兄弟北歸，爲靜難軍節度使。」硃筆眉批：「又金了。」

「張中孚、中彦雖有小惠足稱，然以宋大臣之子，父戰没於金，若金若齊，義皆不共戴天之讎」云云。硃筆眉批：「公論難掩爾爾。」

卷八十一

「趙隇字德固，遼陽人。」墨筆眉批：「隇，音同威。」

卷八十二

「天會七年來降，仍知延安府。」硃筆眉批：「宋人降金。」

「齊國廢，朝廷以地賜宋，爲宋環慶路經略安撫副使，仍知寧州。」硃筆旁批：「何顔？」

「建充白其事，請至砥柱解筏，順流散下，令善游者下流接出之，而錮者得釋。」硃筆眉批：「此等事河方多爲之。」

「建充性剛暴，常畜猘、犬十數，奴僕有罪，既笞，已復嗾犬囓之，骨肉都盡。」硃筆旁批：「又何殘忍至此？」

「雖謙遜下士，於敵已上一無所屈。」硃筆旁批：「說甚？」

「軍胥李換竊用公帑，自度不得免，乃誣建充藏甲欲反，更再鞫，皆無狀。方奏上，攝事者素與建充有隙，恐其得釋」云云，「是夜，死于獄中。」硃筆眉批：「嗾犬囓人，自當得此報。」

卷一百一十

「時年已老，日以時事爲憂。」硃筆旁批：「不勞。」

「然晚年頗以禪語自污，人亦以爲秉文之恨云。」硃筆旁批：「此宋濂之義。」

卷一百一十一

「五年正月，上以紅襖賊助宋爲害，邊兵久勞苦，〔二〕詔牙吾塔遺宋人書求戰，略曰：宋與我國通好，百年於此，頃歲以來，納我叛亡，絕我貢幣，又遣紅襖賊乘間竊出，跳梁邊疆，使吾民不得休息。」硃筆眉批：「可憐！」

卷一百一十二

卷一百一十二至一百一十六之册封面墨筆批：「崔立負鈹鼓，遙領太原知府。張惠死於柿林村南，見移剌浦阿傳。」〔三〕

「十二月，北兵濟自漢江，兩省軍入鄧州，議敵所從出，謂由光化截江戰爲便、放之渡而戰爲便？張惠以截江爲便，縱之渡，我腹空虛，能不爲所潰乎？」墨筆眉批：「張惠，守緒紀。三年，楚州王義深、張惠、范成進以城降，封爲郡王。」

「武仙率三十騎入竹林中，楊、樊、張三軍爭路，北兵圍之數重，及高英殘兵共戰於柿林村南，沃衍、澤英皆死，惟張惠步持大槍，奮戰而歿。」墨筆眉批：「以時勢論之，此時張惠可以不降矣。然必降之，又死，爲戰攻而死，此等人不知是何如心行。」

〔二〕此句五字，傅山全書初版本脫，據批點底本補。

〔三〕此條，傅山全書初版本脫，據手稿補。

卷一百一十三

「初，大兵圍汴，司諫陳岢屢上封事言得失，切中時病。合喜大怒，召入省，呼其名責之曰：『子爲陳山可耶，果如子言能退大敵，我當世世與若爲奴。』聞者無不竊笑。蓋不識『岢』字，至分爲兩耳。」硃筆眉批：「其實不足爲合喜笑。」

卷一百一十五

「上曲赦其罪，皆斥去，朝論快之。」硃筆旁批：「不知快甚！」

「諫議大夫近侍局使行省左右司郎中烏古孫奴申兼知宫省事。」〔二〕硃筆眉批：「又一奴申。」

「又以戶部侍郎刁璧爲安撫副使，總招撫司，規運京外糧斛。設講議所，受陳言文字。」硃筆眉批：「講議所何其似道學舉動？」

「崔立，將陵人。」墨筆旁批：「景州。」硃筆眉批：「天生崔立，快意於金，怪不得，怪不得！」

「日與都尉楊善入省中候動靜，布置已定，召善以早食，殺之。」硃筆旁批：「此殺何爲？」

「是日，御史大夫裴滿阿忽帶」云云。硃筆旁批：「『忽』又作『虎』字。」

「李琦者，山西人，爲都尉，在陳州與粘哥、奴申同行省事。」硃筆眉批：「又一奴申。」

〔二〕「近侍」之下，傅山全書初版本衍「局使」二字。「宫」字之下，傅山全書初版本脱一「省」字，據批點底本改。

「文藝傳王若虛傳，有元好問爲崔立碑事。」

「論曰：崔立納款，使其封府庫、籍人民以俟大朝之命可也。」墨筆眉批：「崔立向元，欲爲豫，可謂獃。」

「乘時僭竊，大肆淫虐，徵索暴橫，輒以供備大軍爲辭，逞欲由己，歛怨歸國，其爲罪不容誅矣。而其志方且要求劉豫之事，我大朝豈肯效尤金人乎！」硃筆眉批：「崔立向元，欲爲豫，可謂獃。」

卷一百一十六

「有李先生者諫曰：『方今大兵俱在河南，河北空虛，相公可先取衞州，出其不意。彼知我軍在北，必分兵北渡，京師卽得少寬，相公入援亦易爲矣。』兀典大怒，以爲泄軍機，斬之於市，遂行。」硃筆眉批：「那里來了此獃先生？」

卷一百二十一

「王晦字子明，澤州高平人。少負氣自憙，常慕張詠之爲人，友妻與人有私，晦手刃殺之。」硃筆旁批：「殺了誰？是殺其妻耶？幷殺姦者耶？」

卷一百二十三

卷一百二十三至一百三十一之册封面墨筆批：「隱逸中，褚承亮不對虜策，有分數人也，惜乎

『君父之罪』一言未盡善耳。王予可奇士莫測，可憐，可憐！」

卷一百二十五

「除濱州刺史。郡俗有遺奴出亡，捕之以規賞者」云云。硃筆旁批：「是逃人類耶？」

「京畿旱，詔子聃决囚，遂澍雨，人以比顔眞卿。」硃筆旁批：「何不倫至此！」

「應舉不得意，遂脱略世務，放浪山水間。簞瓢屢空，晏如也。」末二句旁硃筆批：「該打一萬。」

「懷英致仕後，章宗詔直學士陳大任繼成遼史云」。硃筆尾批：「宋史稱懷英與辛稼軒同學，辛南歸宋，党止仕金虜。范縝喻花樹似此矣。」

卷一百二十六

「大抵讀書人多口頰，或相黨。昔東漢之士與宦官分朋，固無足怪，如唐牛僧孺、李德裕，宋司馬光、王安石，均爲儒者，而互相排毁，何耶？」墨筆眉批：「瞎搗。」

「羣小附和，請爲立建功德碑。」硃筆旁批：「有何不可建？」

「奕輩怒，曰：丞相以京城降，活生靈百萬，非功德乎！」硃筆旁批：「何時不可援此例爲立碑？」

「奕輩不能奪，乃召太學生劉祁、麻革輩赴省，好問、張信之喻以立碑事」云云。硃筆旁批：「翟奕也還是可以理奪者乎，只是一時若虛不該死耳。」

「數日，促迫不已，祁卽爲草定，以付好問。好問意未愜，乃自爲之。旣成，以示若虛，乃共删定數字，然止直敍其事而已。」末句旁硃筆批：「回護不了許多。」硃筆眉批：「好問自當投筆大駡以死者，何亦爾爾？」

卷一百二十七

「以人之恆情責人之恆性，而不副所欲者恆有焉。有竭力於是，豈非難乎？」硃筆旁批：「好文章。」

「光家奴謀良不可，誣告光與賊殺人。」「謀良」旁墨筆批：「當時應如今贖身不得類。」墨筆眉批：「謀良，此書中多有此語，謂欲不爲奴。」

「軍中知其才，嚴令押赴，與諸生對策，策問『上皇無道，少帝失信』。舉人承風旨，極口詆毀。承亮詣主文劉侍中曰：『君父之罪，豈臣子所得言耶！』長揖而出。」「上皇無道，少帝失信」旁硃筆批：「妙，妙！」「君父之罪」句旁硃筆批：「此語尤失，『罪』字何爲？」

「趙質字景道，遼相思溫之裔。大定末，舉進士不第，隱居燕城南，教授爲業。」「舉進士」旁硃筆批：「幹過者買賣了。」

「王予可字南雲，河東吉州人。」墨筆旁批：「吉州有此異人。」硃筆眉批：「此人不可解。」墨筆眉批：「一部完顏書，有此一人，眞足借光。」

卷一百二十八

「及金兵伐宋，滑州降，留政爲安撫使。前此，數州旣降，復殺守將，反爲宋守。」末二句旁硃筆批：「當有此一番。」

「傅愼微字幾先。」「宗翰已克汴京，使婁室定陝西，愼微率衆迎戰」云云。硃筆眉批：「者姓傅底打哪里鑽出來？」「率衆迎戰」旁硃筆批：「或是虚做張致，臨時自有不死之妙用。」

「河内民家有多美橙者，歲獲厚利。仇家夜入殘毁之，主人捕得，乃以劫財誣其人，仇家引服，贓不可得。」硃筆旁批：「雖非劫財，而美橙實其財。」

「棄屍道路，自春狙夏，獨浩屍儼然如生，目且不瞑。」末二句旁硃筆批：「斷斷無此事。」

卷一百二十九

「之彰置珠偏僻，海陵親視之，不以爲褻。」硃筆眉批：「『置珠偏僻』不解何語。」

「宋余康弼賀登寶位，且還，海陵以玉帶附賜宋帝，使謂宋帝曰：此帶卿父所常服，今以爲賜，使卿如見爾父，當不忘朕意也。」硃筆旁批：「辱至此，沒法。」

「貞元二年正月，宋賀正旦使施臣朝辭」云云。硃筆眉批：「此後兩段不與仲軻相干，而入之軻傳，殊無謂。」

卷一百三十

「白氏微聞之，牽車徑歸，曰：我爲蘇學士家婦，又有子，乃欲使我失身乎！」「天興元年正月庚戌，許州被兵，嗣之爲汴京廂官，白拜辭兩先生前曰：『兒子往京師，老婦死無恨矣，敢以告。』即自縊于室側。」墨筆眉批：「毋知爲蘇學士家婦，而子遂不知爲蘇學士家孫，汴京廂官可以不作者也。」

卷一百一十六　元史批注〔一〕

卷十六

「甲辰，中書省臣麥术丁、崔彧言：『桑哥當國四年，諸臣多以賄進，親舊皆授要官，唯以欺蔽九重、朘削百姓爲事。宜令兩省嚴加考覈，並除名爲民。』從之。」墨筆眉批：「痛快人心。」

卷二十一

「辛卯，夜地震，平陽、太原尤甚，村堡移徙，地裂成渠，人民壓死不可勝計。」墨筆眉批：「八月地震，村保移徙，地裂成渠，孝子李忠即此時事。」

卷四十二

「三月己卯，熒惑犯太微垣。是月，奉化州山石裂，有禽鳥、草木、山川、人物之形。」墨筆眉批：「到也好看。」

〔一〕此篇據山西博物院藏批點手稿整理。批點底本爲明萬曆三十年刊本。由張淑榮釋文，谷錦秋校補。重複書中詞句的批語未錄。批本缺卷一至十五、八十至八十三、一百二十四至一百二十八、一百四十三至一百四十七、二百至二百一十。

卷四十六

「是歲，樞密副使李士瞻上疏極言時政」云云，「三日御經筵以講聖學。」墨筆旁批：「瞎漢。鏖糟。」又墨筆眉批：「李士瞻，大瞎漢子。」

卷五十一

「至元四年四月癸巳，清州八里塘雨雹，大過於拳，其狀有如龜者，有如小兒形者，有如獅象者，有如環玦者，或橢如卵，或圓如彈，玲瓏有竅，色白而堅。」硃筆眉批：「妙雹好看。」

「二十四年六月，保德州有黃龍見于咸寧井中。」硃筆眉批：「己未八九月間，有蛇見陘州山間。長丈餘，四足，人與之水飲，日二三桶。是從陝西來。霍州有人告之，云多人見也。」

「十九年，京師鵂鶹夜鳴達旦，連月乃止，有杜鵑啼於城中，居庸關亦如之。」硃筆旁批：「去之時尚七八年，如何便有此物？豈不太早？」

「二十五年二月辛亥，汴梁雨木冰，狀如樓閣、人物、冠帶、鳥獸、花卉，百態具備，羽幢珠傑，彌望不絕，凡五日始解。」硃筆眉批：「如此奇異好看，不當以災祥論之。請問窮理之儒，者個是何理？」又硃筆旁批：「誰使之然？」又硃筆尾批：「又妙在時候之久，得多看幾日。」

卷五十二

「前代諸人爲法略備，苟能精思密索，心與理會，則前人述作之外，未必無所增益。」硃筆眉批：「此『理』字是『氣』字之義。」

卷五十三

「夫七政運行於天，進退自有常度。」硃筆旁批：「此句當有漏。」

卷六十三

卷六十三至六十五之册封面墨筆批：「引沁水灌河内五縣，舊矣。但不曾説從行山如何如何鑿空而過。」

卷六十五

「廣濟渠。」硃筆旁批：「不説鑿山通竅之工。」

「近因訪問耆老，咸稱舟水澆溉近山田土。」墨筆眉批：「舟水『舟』字或是『丹』字。」

卷七十一

「協律郎二人，掌和律呂，以合陰陽之聲。陽律六：黄鐘子」云云，「九九相乘，八十一以爲宫。」墨筆眉批：「漢志：『初九黄鐘，律之首。因而六之，以九爲法，得林鐘初六，呂之首。皆參天兩地之法。』注：『孟康曰：三三而九，二三而六，參兩之義也。』又曰：『上生六而倍之，下生六而損之，皆以九爲法。』六個九五十四，即是九個六。八個九七十二，即是十二個六。六個八四十八，即是八個六，是三個十六。八個八六十四，是四個十六。」

「三分去一，五十四以爲徵。」墨筆旁批：「宮是三個二十七。去了一個二十七，餘下兩個二十七，合之是五十四。」

「三分益一，七十二以爲商。」墨筆旁批：「徵是三個十八，是五十四，再加上個十八，是七十二。」

「三分去一，四十八以爲羽。」墨筆旁批：「商是三個二十四，去了一個二十四，餘下四十八。」

「三分益一，六十四以爲角。」墨筆旁批：「羽是三個十六，再加一個十六，是六十四。」

「如黄鐘爲宫。」墨筆旁批：「子。」

「則林鐘爲徵。」墨筆旁批：「未。」

「太簇爲商。」墨筆旁批：「寅。」

「南吕爲羽。」墨筆旁批：「酉。」

「姑洗爲角。」墨筆旁批：「辰。」

「應鐘爲變宫。」墨筆旁批：「亥。」

「蕤賓爲變徵。」墨筆旁批：「午。」墨筆根批：「如以大吕爲宫，則夷則爲徵，夾鐘爲商，無射爲角，仲吕爲羽，黄鐘爲變宫，林鐘爲變徵之類耶！」

「是爲七聲十二律，還相爲宫，爲八十四調。」墨筆眉批：「一律七調，十律七十調，又二七一十四調，是爲八十四。」

「火不思，制如琵琶，直頸，無品，有小槽，圓腹如半瓶榼，以皮爲面，四絃，皮絣同一孤柱。」硃筆尾批：「似今之弦子。」

「胡琴，制如火不思，卷頸，龍首，二絃，用弓捩之，弓之絃以馬尾。」硃筆下批：「今之胡琴亦四絃。」

「頭管，制以竹爲管，卷蘆葉爲首，竅七。」硃筆旁批：「此卽今之謎謎，〔一〕又叫稍兒。」

「雲璈，制以銅，爲小鑼十三，同一木架，下有長柄，左手持，而右手以小槌擊之。」硃筆尾批：「此卽今之雲鑼兒。」

「列爲九重，重四人，曲終，再起，與後隊相和。」硃筆旁批：「四九三十六人，此但云二十人，如何足此數？」

卷七十九

「領軍將軍從者二人，錦帽，柴褑衫，小銀束帯，行縢，鞋韈。」硃筆眉批：「行縢了，然後穿韈、穿鞋。」

卷九十一

「大醫散官一十五：保宜大夫、保康大夫、保安大夫、保和大夫、保順大夫、保沖大夫、保全郎、成安郎、保和郎、成全郎、醫正郎、醫效郎、醫候郎、醫痊郎、醫愈郎。」墨筆眉批：「至今

〔一〕「今」，手稿無，據文意補。

稱醫爲大夫，或曰郎中，自此來。」

卷一百一十四

卷一百一十四至一百一十九之册封面墨筆批：「目録一百十四卷曰皇后，第一十五卷曰睿宗等。此則十四者爲睿宗等，十五者爲光獻后，與目顛倒。」

卷一百三十七

「阿禮海牙，畏吾氏，集賢大學士脱列之子也。」硃筆旁批：「百二十八卷阿里海牙亦畏吾兒人。」

卷一百五十二

卷一百五十二至一百五十六之册封面墨筆批：「史天澤傳有葡萄酒。鄭鼎之子制宜豈漢人比。鄭温，鼎、温皆賜名，也可拔都。」〔一〕

卷一百五十四

「鼎乃導汾水，溉民田千餘頃，開潞河鵬黄嶺道，以來天黨之粟。修學校，厲風俗。」末二句旁

〔一〕自「鄭鼎之子」至此，傅山全書初版本脱，據手稿補。

硃筆批：「不勞。」

「制宜遜辭，帝曰：汝豈漢人比耶！」硃筆旁批：「妙，妙！如何邀此破格之褒？」

卷一百五十七

卷一百五十七至一百六十之册封面墨筆批：「劉秉忠世仕遼、金，張文謙習其聞見，郝經從元裕學，來頭不知別有天地者。姚樞、許衡並生洛懷之間。」

「劉秉忠字仲晦，初名侃，因從釋氏，又名子聰，拜官後始更今名。其先瑞州人也，世仕遼，爲官族。」末二句旁硃筆批：「迷來遠矣。」

「君上，兄也；大王，弟也。思周公之故事而行之，〔一〕在乎今日。」硃筆旁批：「逕是一老諸生配合佞謟套。」墨筆眉批：「劉和尚好調周公書袋。」

「郝經字伯常，其先潞州人，徙澤州之陵川，家世業儒。祖天挺，元裕嘗從之學。金末，父思溫辟地河南之魯山。」硃筆眉批：「經本金人。」墨筆眉批：「陸深金臺紀聞載郝經三傳折衷序云：『公、穀二氏，口授其義，而爲之傳。故其文約，其詞切，其辨精，反復曲折，使聖人微婉之旨可推而見云。乃知古人先有以此求之者。』經又有與友人論文法書，亦前人所未道。其書曰：『古之爲文，法在文成之後，詞由理出，文自詞生，法以文著，相因而成也。非先求法而作之。後世之爲文也，則不然。先求法度，然後措詞以求理，若握杼軸，求人之絲枲而織之。經營比次，洛繹接續，以求端緒，未措一詞，鈐制天閼，惟恐其不工而無法。故後之爲文，法在文成之前，以理從詞，以

〔一〕「而」，傅山全書初版本脫，據批點底本補。

詞從文，以文從法，資于人而無我，是以愈工而愈不工，愈有法而愈無法。祇爲近世之文弗逮乎古矣。』老夫從小時卽有此說，而鄙當世所著名爲大家者，開口便云法度、法度，曾歷取其鏖糟，不解文章之妙者，時時與子弟言之。不謂郝經有此見解，不以人廢言可也。然其爲文，恰未能如此。」

「經曰：古之一天下者，以德不以力。」墨筆旁批：「老儒大帽。」

「以志則鋭，以力則强，以土則大，而其術則未盡也。」墨筆旁批：「只是話多。」

「國家用兵，一以國俗爲制，而不師古。」墨筆旁批：「古有不必師時。」

「聚如丘山，散如風雨，迅如雷電，捷如鷹鶻，鞭弭所屬，指期約日，萬里不忒，得兵家之詭道，而長於用奇。」墨筆旁批：「此不可謂之詭道，只是馮力傖幹。」

「比師南轅，先示恩信，申其文移，喻以禍福，使知殿下仁而不殺。」墨筆旁批：「又來了。」

「蓋彼之精鋭盡在兩淮，江面闊越，恃其巖阻，兵皆柔脆，用兵以來，未嘗一戰。」硃筆旁批：「可憐！」

「詩云：〔二〕霜落風高恣所如，歸期回首是春初。上林天子援弓繳，窮海纍臣有帛書。」硃筆旁批：「蘇武。」

卷尾硃筆批：〔三〕「論圖宋處儘中聽，其實未免帶庸腐。以元之虪力，原可不用甚文治也。别書載其論文章數語，實實高出宋人之爲文章者，千萬不可廢也。」

〔二〕「云」，傅山全書初版本誤作「曰」，據批點底本改。
〔三〕「硃筆」，傅山全書初版本誤作「墨筆」，據手稿改。

卷一百五十八

「樞又請置屯田經略司於汴以圖宋；置都運司於衛，轉粟於河。」硃筆旁批：「食其食而事其事。」

「樞奏曰：在太宗世，詔孔子五十一代孫元措仍襲封衍聖公，卒，其子與族人爭求襲爵。」硃筆旁批：「聖裔如此。」

「嘗從日者家見書疏義，因請寓宿，手抄歸。既逃難岨崍山，始得易王輔嗣說。」墨筆眉批：「上書豈不正經詳悉，活活一喫生猪牌位子。」

「時兵亂中，衡夜思晝誦，身體而力踐之，言動必揆諸義而後發。」硃筆旁批：「不知力踐底是甚！」

「曰：梨無主，吾心獨無主乎？」硃筆旁批：「好主！」

「往來河、洛間，從柳城姚樞得伊洛程氏及新安朱氏書，益大有得。」硃筆旁批：「得了甚麼？」

「凡經傳、子史、禮樂、名物、星曆、兵刑、食貨、水利之類，無所不講，而慨然以道爲己任。」硃筆旁批：「不知見甚道。」

「嘗語人曰：綱常不可一日而亡於天下，苟在上者無以任之，則在下之任也。」硃筆旁批：「像話。」

「甲寅，世祖出王秦中，以姚樞爲勸農使，教民畊植。又思所以化秦人，乃召衡爲京兆提學。」

末句旁硃筆批：「喫大梨大果子的。」

「衡曰：此不安於義也，姑勿論。禮，師傅與太子位東西鄉，師傅坐，太子乃坐。公等度能復此乎。」硃筆旁批：「大知禮也，還虧賴老許而知此。」

「考之前代，北方之有中夏者，必行漢法乃可長久。」墨筆眉批：「行漢法，漢法造化低。」

「久之，諸生人人自得，尊師敬業，下至童子，亦知三綱五常爲生人之道。」末句旁硃筆批：「請問是甚？」

「六月，以疾請還懷。皇太子爲請於帝，以子師可爲懷孟路總管以養之，且使東宫官來諭衡曰：公毋以道不行爲憂也，公安則道行有時矣，其善藥自愛。」硃筆旁批：「胡羔亦解搗此。」

「已而卒，年七十三。是日，大雷電，風拔木。」硃筆旁批：〔二〕「偶然耳，於衡死何干？」

「竇默字子聲，初名杰字漢卿，廣平肥鄉人。幼知讀書，毅然有立志。」墨筆旁批：「不知何所謂志。」

「醫者王翁妻以女，使業醫。轉客蔡州，遇名醫李浩，授以銅人針法。」墨筆旁批：「此等事儘許爲之。」

「世祖在潛邸，遣召之，默變姓名以自晦。」墨筆旁批：「張古度入厠矣。」

「使者俾其友人往見，而微服踵其後，默不得已乃拜命。」墨筆旁批：「有甚不得已？」

「既至，問以治道，默首以三綱五常爲對。世祖曰：人道之端，孰大於此？失此則無以立於世

〔二〕「旁批」，傅山全書初版本誤作「眉批」，據手稿改。

矣。」墨筆旁批：「令人嫋不了此等。且道當時何等時候，而云綱常□□！」〔二〕硃筆旁批：「晦翁樂哉！」

「默又言帝王之道，在誠意正心。心既正，則朝廷遠近莫敢不一於正。」硃筆旁批：「晦翁樂哉！」

「李俊民字用章，澤州人。得河南程氏傳受之學。金承安中舉進士第一，應奉翰林文字。」硃筆旁批：「好程氏學！」

「未幾，棄官不仕，以所學教授鄉里。」硃筆旁批：「遲了些。」

「世祖在潛藩，以安車召之，延訪無虛日。遽乞還山。」硃筆旁批：「好程氏，可謂不負所學。」

卷一百六十

「磐上疏曰：按舊制，天子宮門不應入」云云。墨筆眉批：「書生只知如此作買賣。」

「明日，皇太子賜宴聖安寺，公卿百官出送麗澤門外，縉紳以爲榮。」墨筆旁批：「尚縉紳耶？」

「年至九十二，卒之夕，有大星隕正寢之東。」墨筆旁批：「星自隕，磐自死何干？」

「李昶字士都，東平須城人。父世弼，從外家受孫明復春秋，得其宗旨。」墨筆眉批：「孫明復春秋，到此有甚分數？」

「王思廉，字仲常，眞定獲鹿人，幼師太原元好問。」墨筆眉批：「元好問弟子。」〔三〕

〔二〕「綱常」下沿有二字不可辨認。

〔三〕此條，傅山全書初版本脱，據手稿補。

「思廉曰：陛下神聖天縱，前代之君不足比也。」墨筆旁批：「鼻子兒炸！」

「陳十事：曰正心，曰睦親」云云。墨筆旁批：「來了！」

「其略曰：正心術以正百官」云云。墨筆旁批：「又來了！」

「先是，宋降表稱姪，稱皇帝，屢拒不納。祺自請爲使徵降表。」墨筆眉批：「趙家慣與人做姪兒子。」

「復始生，有奇光照室。」墨筆旁批：「未必。」

卷一百六十一

「憲宗怒，督諸軍力攻，大淵懼，遂以城降。」硃筆旁批：「降也忽焉。」

「金亂，入宋，〔一〕隸荆湖制置使孟珙麾下。」硃筆旁批：「眞遷喬。」

劉整傳末墨筆眉批：「元鄭元祐遂昌雜錄載：整以尊官見廉希憲，憲毅然不命坐。有宋諸生袖詩請見，希憲亟延入坐。希憲弟希直問之。憲曰：整官雖貴，背其國以叛者。若諸生，則朝不坐，燕不與，何罪而羈囚之？且看降人之不齒於所降之國如何，豈不陪了夫人哉！」

卷一百六十八

「趙與票字晦叔，宋宗室子，嘗登進士第，爲鄂州教授。」墨筆眉批：「好宗室進士。」

〔一〕「入」，傅山全書初版本誤作「八」，據批點底本改。

「至元十一年，丞相伯顔既渡江，與票率其宗人之在鄂州者，詣軍門上書。」墨筆旁批：「大捨臉。」

「國禎博通經史，尤精醫術。」墨筆眉批：「累世醫，母亦醫也。」

「國禎母韓氏，亦以能醫侍莊憲太后。」墨筆旁批：「太醫婆子。」

「又善調和食味，稱旨。」墨筆眉批：「又是厨婆子。」

卷一百六十九

「四川制置使張珏字重慶，合州安撫使王立守釣魚山，相拒二十餘年。」墨筆旁批：「也好守。」

「立復遣張合等奉蠟書告德輝，能自來，卽降。」墨筆旁批：「其降也忽焉。」

卷一百七十一

「歐陽玄嘗贊因畫像曰：微點之狂，而有沂上風雩之樂；資由之勇，而無北鄙鼓瑟之聲。」硃筆旁批：「無忌憚至此。」

「高祖曄，初居咸口里，當華蓋、臨川二山間，望氣者徐覺言其地當出異人。」硃筆眉批：「好異人。」硃筆眉批：「南士最無崖隄，而識歸依者。」

「澄生前一夕，鄉父老見異氣降其家。」硃筆旁批：「不勞。」

「鄰媪復夢有物蜿蜒降其舍旁池中，且以告於人，而澄生。」硃筆旁批：「一條死蛇。」

「九歲，從羣子弟試鄉校，每中前列。」硃筆旁批：「神童子之流。」

「既長，於經傳皆習通之，知用力聖賢之學。」硃筆旁批：「甚聖賢？」

「嘗舉進士不中。」〔一〕硃筆旁批：「宋時不得意了。」

「至元十三年，民初附。」墨筆旁批：「宋亡，忽必烈僭入之號，是年丙子。」〔二〕又墨筆眉批：「澄死於天曆三年之明年。以元年數，約略言之，是年澄四十八九矣，亦逐炎兒矣。當生於宋理宗寶慶初年間耶！當理宗四十年間，理學亂鳴之日，而澄在何處遵養？」

「侍御史程鉅夫奉詔求賢江南，起澄至京師。」墨筆旁批：「遇着知己了。」

「鉅夫請置澄所著書於國子監，以資學者。」墨筆旁批：「樂哉耳。大老知己。」

「元貞初，游龍興，按察司經歷郝文迎至郡學，日聽講論，錄其問答。」墨筆旁批：「又樂哉耳。」

「有司敦勸，久之乃至。」墨筆旁批：「不勞勸，自然來呀！」

「至大元年，召爲國子監丞。」墨筆旁批：「停當。」

「先是，許文正公衡爲祭酒，始以朱子小學等書授弟子。」硃筆旁批：「此訣至今在。」

「皇慶元年，陞司業。」墨筆旁批：「大停當。」

「故學必以德性爲本，〔三〕庶幾得之。」硃筆眉批：「吳澄出祀坐此。」

「澄一夕謝去。」墨筆旁批：「要走一走。」

〔一〕「舉」，傅山全書初版本誤作「與」，據批點底本改。

〔二〕「丙子」，傅山全書初版本誤作「甲子」，據批點底本改。

〔三〕「德性」上，傅山全書初版本衍一「尊」字，據批點底本删。

「俄拜集賢直學士。」墨筆旁批：「大停當。」
「特授奉議大夫，俾乘驛至京師。」墨筆旁批：「體面了。」
「英宗卽位，超遷翰林學士，進階太中大夫」。墨筆旁批：「大停當。」
「今列聖之神，上同日月，何庸薦拔！」墨筆旁批：「自爲極口之詞，然口者亦須想想。」
「澄議曰：世祖混一天下，悉考古制而行之。」墨筆旁批：「使上了。不負所學。」
「然則，可以終無所歸哉！其早以斯文自任如此。」墨筆旁批：「自己是負了。可恨可厭！」
「明年六月，得疾，有大星墜其舍東北。」硃筆旁批：「何干澄死？」
「澄卒，年八十五。贈江西行省左丞、上護軍，追封臨川郡公，謚文正。」墨筆旁批：「此是天曆四年死訖。後又改元爲至順，或是至順元年死。」

卷一百七十二

「並封吳興郡公，與旹集賢大學士，封魏國公。」硃筆旁批：「虧了好子孫。」
「或言孟頫宋宗室子，不宜使近左右。」硃筆旁批：「不勞爾慮。」
「孟頫入訴於都堂右丞葉李曰」云云。硃筆旁批：「便挨打也好。」
「古者刑不上大夫，所以養其廉恥，教之節義。」墨筆旁批：「此時還講廉恥節義耶？痛笞此奴一百棍才大快。」
「帝聞孟頫素貧，賜鈔五十錠。」硃筆旁批：「停當且使了。」
「汝以夢炎父友，不敢斥言其非，可賦詩譏之。」硃筆旁批：「老趙遠不覺撒。」

「孟頫所賦詩，有『往事已非那可説，且將忠直報皇元』之語，帝歎賞焉。」墨筆旁批：「直得爾此，妙，妙！」

「是歲六月卒，年六十九。」墨筆眉批：「孟頫惜乎早死，若挨在順帝時，必竟大有奇節，爲胡之死難之臣。」

「在宋時，以流寓試浙西轉運司，魁四川士。」墨筆旁批：「忘了。」又墨筆眉批：「幸得不曾幹甚賴事。」

「文原錄之曰：『福兒身不滿六尺，未見其長也；刃傷右脅，而福兒素用左手，傷宜在左，何右傷也！』鞫之果得眞殺人者，而釋福兒。」硃筆旁批：「此不細想左手刺對面人，卻該在右，而曰宜在左，何也？且不知當時刺時從對面耶？從背後耶？從側耶？」又硃筆眉批：「此不足爲證。」

卷一百七十四

「郝天挺字繼先，出於朶魯別族。」墨筆眉批：「金隱逸傳有郝天挺，澤州陵川人。」

卷一百八十

「阿藍答兒熟視渾都海曰：此言深有意焉。」硃筆旁批：「胡奴搗文。」

「大德中，游京師，祭酒耶律有尚欲薦之，以母老，辭而歸。」「游京師」旁硃筆批：「做甚？」

卷一百八十一

「集亦言：凡爲文辭，得所欲言而止，必如明善云『若雷霆之震驚，鬼神之靈變』然後可，非性情之正也。」硃筆旁批：「此自關才。」

「虞集字伯生，宋丞相允文五世孫也。」硃筆旁批：「可惜大好來頭。」

「嘗與臨卭魏了翁、成都范仲黼、李心傳輩，講學蜀東門外，得程、朱氏微旨。」硃筆旁批：「此等語我不解有何微？」

「宋亡，僑居臨川崇仁，與吳澄爲友。」末句旁硃筆批：「喫了虧了。」又硃筆眉批：「吳澄是相處不得底人。」

「晚稍起家，教授於諸生中，得孛木魯翀、歐陽玄而稱許之，以翰林院編修官致仕。」末句旁硃筆批：「多了。」

「文仲晨起，衣冠坐而假寐，夢一道士至前，牙兵啓曰：南嶽眞人來見。」末句旁硃筆批：「太過了些。」

「集三歲卽知讀書。」硃筆旁批：「可惜了。」

「故集與弟槃，皆受業家庭，出則以契家子從吳澄遊。」末句旁硃筆批：「又喫了虧了。」

「大德初，始至京師，以大臣薦，授大都路儒學教授。」硃筆旁批：「差了。」

「自是歲嘗在行，經筵之制，取經史中切於心德治道者，用國語、漢文兩進讀。」末句旁硃筆批：「且說者個是個人做底？」

「合其衆分授以地，官定其畔以爲限，能以萬夫耕者，授以萬夫之田，爲萬夫之長，千夫、百夫亦如之。」硃筆眉批：「者大通。」

「時宗藩暌隔，功臣汰侈，政教未立，帝將策士於廷，集被命爲讀卷官，乃擬制策以進，首以『勸親親，體羣臣，同一風俗，協和萬邦』爲問，帝不用。」「勸親親」旁硃筆批：「來了。」「同一風俗」旁硃筆批：「當眞套。」

「又請以國書脫卜赤顏增修太祖以來事蹟，承旨塔失海牙曰：脫卜赤顏非可令外人傳者。」硃筆旁批：「不知有甚奇醜事。」〔一〕

「至正八年五月己未，〔二〕以病卒，年七十有七。」墨筆眉批：「袁忠徹記瀛國事云：集驚懼喪明。」

「欲取太原元好問中州集遺意，别爲南州集以表章之。」「中州集」旁硃筆批：「此書習爲奴文士重之久矣。」

「萊尤喜論文，嘗云：作文如用兵，兵法有正、有奇，正是法度，要部伍分明，奇是不爲法度所縛，舉眼之頃，千變萬化，坐作進退擊刺，一時俱起，及其欲止，什伍各還其隊，元不曾亂。」〔三〕硃筆旁批：「近似矣，然皆後世文士蛇足之說。但此義今之奴士又不知矣。」又硃筆眉批：「李長祥解此。」

〔一〕「有」，傅山全書初版本誤作「者」，據手稿改。
〔二〕「未」，傅山全書初版本誤作「本」，據批點底本改。
〔三〕「曾」，傅山全書初版本誤作「會」，據批點底本改。

卷一百八十二

「初，其母丘氏有娠，見長蛇數丈入榻下，已忽不見，乃驚而誕起巖。」〔一〕硃筆旁批：「蛇有何好處？」

「其後皇孫踐祚，是爲仁宗，始詔設科取士，及廷試，起巖遂爲第一人，論者以爲非偶然也。」硃筆旁批：「偶。」

「歐陽玄字原功，其先家廬陵，與文忠公修同所自出。」硃筆眉批：「同所自出，在古文以母家爲所自出，此處加一『同』字用之，不知何掉。」

「言訖而去，亟追與語，已失所之。」硃筆旁批：「化陣清風去了。」

「端又與趙郡蘇天爵同著正統論，辨金、宋正統甚悉，世多傳之。」硃筆旁批：「胡奴此當辨耶？」

卷一百八十三

卷一百八十三至一百八十八之册封面墨筆批：「吳當不肯仕陳反涼，喜得吳澄在鬼窟里叫笑曰：眞吾孫哉！」〔二〕

〔一〕「乃」，傅山全書初版本誤作「及」，據批點底本改。
〔二〕「哉」字，傅山全書初版本脫，據手稿補。

卷一百八十五〔一〕

「趨而揖曰：『我文昌星也。』及痦，思誠生。」硃筆旁批：「怪哉！我不信。」
「世事至此，足下得無動心乎？」硃筆旁批：「要怎地？」
「澤民爲所執，使之降，大罵不屈。」硃筆旁批：「妙！」

卷一百八十七

「吳當字伯尚，澄之孫也。當幼承祖訓，以穎悟篤實稱。」硃筆旁批：「好祖。」
「友諒遣人辟之，當臥牀不食，以死自誓，乃舁牀載之舟，送江州，拘留一年，終不爲屈。」硃筆眉批：「于澄爲順孫矣，然不如詹同知有天地。」

卷一百八十八

「衆刺殺之，無血，惟見其有白氣衝天。」硃筆旁批：「傅會胡説。」
「將斂，與其尸不動，焚香祝曰：『公子弘請公歸葬先塋。』祝畢，尸遂起，觀者莫不驚異。」硃筆旁批：「我不信此老胡拉扯不動，只是人不曾用力耳！」

〔一〕「卷一百八十五」，傅山全書初版本脱，據批點底本補。

卷一百八十九

「樞恐其自裁，留帳中共宿。既覺，月色皓然，惟寢衣在，遽馳馬周號積尸間，無有也。行及水際，則見復已被髮徒跣，仰天而號，欲投水而未入。」〔一〕硃筆旁批：「錢玉蓮既投江而漁船撈之，老趙又省下濕了衣裳。」「被髮」旁硃筆批：「要投水何必被髮？」「仰天而號」旁硃筆批：「何難一跳？」「未入」旁硃筆批：「好個知趣底姚樞。」硃筆眉批：「趙復者一種人，别是肚腸。」

「樞曉以徒死無益：汝存，則子孫或可以傳緒百世。隨吾而北，必可無他。」墨筆旁批：「『他』謂何？」

「復强從之。」硃筆旁批：「不强，極願意。」

「至是，復以所記程、朱所著諸經傳注，盡錄以付樞。」硃筆旁批：「停當了。」

「自復至燕，學子從者百餘人。」硃筆旁批：「樂哉！」

「惟中聞復論議，始嗜其學。乃與樞謀建太極書院，立周子祠，以二程、張、楊、游、朱六君子配食。」硃筆旁批：「造化。」〔二〕

「復以周、程而後，其書廣博，學者未能貫通。」硃筆旁批：〔三〕「到是不曾跳到水裏，暗暗大叫姚老爺阿彌陀佛。」

〔一〕「水」，批點底本脱，據中華書局標點本補。
〔二〕「硃筆旁批」文字，傅山全書初版本脱，據手稿補。
〔三〕「旁批」，傅山全書初版本誤作「眉批」，據手稿改。

「又取伊尹、顏淵言行，作希賢錄。」硃筆旁批：〔一〕「取伊尹何爲？」

「復爲人樂易而耿介，雖居燕，不忘故土。與人交，尤篤分誼。」硃筆旁批：「者個多話了，卽忘故土何方？」

「元好問文名擅一時，其南歸也，復贈之言，以博溺心、未喪本爲戒，以自修讀易求文王、孔子之用心爲勉。」硃筆旁批：「元好問也要笑了。教元好問求文王、孔子之用心，要往那里用？」

「至元中，行臺中丞吳曼慶聞其名，延至江寧學官，〔二〕俾子弟受業。」硃筆旁批：「造化來了。」

「其先本劉氏，後避吳越錢武肅王嫌名，更爲金氏。」墨筆旁批：「何至爾？」

「時宋之國事已不可爲，履祥遂絕意進取。然負其經濟之略，亦未忍遽忘斯世也。」硃筆眉批：「也還像個人。」

「追逐雲月，寄情嘯咏，視世故泊如也。」末句旁硃筆批：「厭！」

「有故人子坐事，母子分配爲隸，不相知者十年，履祥傾貲營購，卒贖以完。」硃筆旁批：「者些又差。」

「履祥嘗謂司馬文正公光作資治通鑑，祕書丞劉恕爲外紀，以記前事，不本於經，而信百家之說，是非謬於聖人，不足以傳信。」硃筆眉批：「聖人之是非極不難知，直教一火儒者麻煩扢倒，把個聖人說得黑洞洞地。」

「乃用邵氏皇極經世曆、胡氏皇王大紀之例，損益折衷，一以尚書爲主，下及詩、禮、春秋，旁

〔一〕「旁批」，傅山全書初版本誤作「眉批」，據手稿改。

〔二〕「至」，傅山全書初版本誤作「致」，據批點底本改。

採舊史諸子，表年繫事，斷自唐堯以下，接於通鑑之前，勒爲一書，二十卷，名曰通鑑前編。」硃筆眉批：「可。」硃筆旁批：「者個難爲老金。」〔一〕

「天曆初，廉訪使鄭允中表上其書於朝。」硃筆旁批：「鼻子也有炸意。」

「初，履祥既見王柏，首問爲學之方，柏告以必先立志，且舉先儒之言：居敬以持其志，立志以定其本。」硃筆旁批：「笑殺個我！」

「志立乎事物之表，〔二〕敬行乎事物之内。」硃筆旁批：「者兩句通。」

「既乃受業金履祥之門，履祥語之曰：士之爲學，若五味之在和，醯醬既加，則酸鹹頓異。子來見我已三日，而猶夫人也，豈吾之學無以感發子耶？」硃筆旁批：「着教我見了，二年仍不見怎地。」

「及見何基，其謂之曰會之。」「會之」旁硃筆批：「柏。」〔三〕

「居數年，盡得其所傳之奧。」硃筆旁批：「是甚？」

「迄宋元祐元年秋九月，尚書左僕射司馬光卒。備其世數，總其年歲，原其興亡，著其善惡，蓋以爲光卒，則中國之治不可復興，誠理亂之幾也。」硃筆眉批：「司馬光聽見以爲然否？」「蓋以爲光」句旁墨筆批：「亦不至此。」

「故附於續經，而書孔子卒之義，以致其意焉。」硃筆旁批：「僭二聖至此。」

〔一〕「者」，傅山全書初版本誤作「這」，據手稿改。
〔二〕「志立」，傅山全書初版本誤作「立志」，據批點底本改。
〔三〕此條，傅山全書初版本脫，據手稿補。

「又有自省編，晝之所爲，夜必書之，其不可書者，則不爲也。」墨筆眉批：「晝爲夜書，宇文公諒亦爾。」

「及門之士，著録者千餘人，隨其材分，咸有所得。然獨不以科舉之文授人，曰：此義、利之所由分也。」墨筆眉批：「科舉之文亦有非爲利者？」

「至其晩節，獨以身任正學之重。」硃筆旁批：「不勞。」

「凡諸儒之説，有畔於朱氏者，刊而去之。」硃筆旁批：「晦老樂哉！」

「而於朱熹所著四書，用力尤深。」硃筆旁批：「此等話我不解。」

「黄澤字楚望，其先長安人。」墨筆眉批：「可惜楚望。」

「於春秋以明書法爲主，其大要則在考覈三傳，以求向上之功，而脈絡盡在左傳。」墨筆旁批：「不知説甚。」

「惟以聖人之心不明，而經學失傳，若已有罪爲大戚。」墨筆旁批：「何嘗不明？」

「稍出爲府吏，上官語不合，即引退。」墨筆旁批：「苟且了。」

「製一革衣，由身半以下，及臥，輒倚其榻。」硃筆旁批：「造語如此不了，難言哉文！」

「侯均謂元有天下百年，惟蕭惟斗爲識字人。」硃筆旁批：「讀書自讀書，關元有天下何事！」

「嘗出，遇一婦人，失金釵道旁，疑𣂏拾之，謂曰：『殊無他人，獨翁居後耳。』𣂏令隨至門，取家釵以償。其婦後得所遺釵，愧謝還之。」硃筆旁批：「恰好家裏有此物。」硃筆眉批：「蕭惟斗家有金釵亦怪事。」

「世祖分藩在秦，辟𣂏與楊恭懿、韓擇侍秦邸，𣂏以疾辭，授陝西儒學提舉，不赴。省憲大臣即其家具宴爲賀，使一從史先詣輿舍，輿方汲水灌園，從史至，不知其爲輿也，使飲其馬，〔一〕即應之不拒，及冠帶迎賓，從史見輿，有懼色，輿殊不爲意。」「不赴」旁硃筆批：「是。」硃筆眉批：「王禕長安雜詩：昔在元世祖，分地王關中。潛藩富才彥，一一皆夔龍。〔二〕誰歟任儒學，先正推許公。沾濡布教雨，鼓舞振文風。後來踵其軌，〔三〕厥稱蕭與同。發揮聖賢道，張主皇王功。可憐哉乎爲詩！」

「大德十一年，拜太子右諭德，扶病至京師，入覲東官，書酒誥爲獻，以朝廷時尚酒故也。」墨筆旁批：「熟伎倆使著了。」

「尋以病力請去職，人問其故，則曰：在禮東宮東面，師傅西面，此禮今可行乎？」硃筆旁批：「老漢只知此。」

「爲文辭，立意精深，言近而指遠，一以洙、泗爲本，濂、洛、考亭爲據。」墨筆旁批：「可笑！」

「世祖嘗召之赴京，疾，不果行。」硃筆旁批：「可惜命不作主。」

「嘗言：人讀書不至千徧，終於己無益。」硃筆旁批：「呆勞。」

「用薦者起爲太常博士，後以上疏忤時相意不待報可，即歸休田里。」硃筆旁批：「呆瞎。」

「同恕字寬甫，其先太原人。」墨筆旁批：「到後來免不了太原奴氣。」

〔一〕「馬」，傅山全書初版本誤作「焉」，據批點底本改。
〔二〕「夔」，傅山全書初版本未識出，作「□」，據手稿補。
〔三〕「踵其軌」，傅山全書初版本誤作「蹟其執」，據手稿改。

「父繼先，博學能文，廉希憲宣撫陝右，辟掌庫鑰。」末句旁墨筆批：「也覺得有權柄。」「恕安靜端凝，羈丱如成人，從鄉先生學，日記數千言。年十三，以書經魁鄉校。」末句旁墨筆批：「可惜了。」

「至元間，朝廷始分六部，選名士爲吏屬，關陝以恕貢禮曹，辭不行。」墨筆眉批：「已是書經魁鄉校，又張刀不起。」

「仁宗踐阼，即其家，拜國子司業，階儒林郎，使三召，不起。」硃筆旁批：「既爲元之經魁矣，此不起不關志意。」

「繼而獻書，歷陳古誼，盡開悟涵養之道。」硃筆旁批：「來了。」

「嘗曰：養生有不備，事猶可復，追遠有不誠，是誣神也，可逭罪乎！」墨筆旁批：「此話説得有漏，不論其時之有能不能，而汎汎說去。」墨筆眉批：「追遠光景絕似如今盂縣閻孝子。」

「與人交，雖外無適莫，而中有繩尺。」硃筆旁批：「繩尺自經魁時便沒了。」

「曰：物之數也，何以償爲！」硃筆旁批：「者個通。」

「家無儋石之儲，而聚書數萬卷。」硃筆旁批：「難。」

「恕自京還，家居十三年，縉紳望之若景麟鳳。」末句旁墨筆批：「何謂？」

博通經史，躬率子弟致力農畝，而學徒滿門。」「力農畝」旁墨筆批：「可。」末句旁墨筆批：「不必。」

「其門人蘇天爵爲輯其遺文，而虞集序之曰：使熙得見劉氏，廓之以高明，厲之以奮發，則劉氏之學，當益昌大於時矣。」硃筆旁批：「劉氏是個甚？見了劉氏便怎地？」硃筆眉批：「劉因是甚學？」

卷一百九十

「父居仁，淳祐丁未進士，知台州軍州事，文辭政事亦絕出於四方。〔一〕」墨筆眉批：「『亦絕出於四方』是何語？」

「已而復拜福寧州悴之命，會宋亡，〔二〕退棲永康山中。〔三〕」墨筆旁批：「再無出山之理矣。」

「至元二十五年，詔下求賢，有司强起之。至京師，待詔集賢院。」墨筆根批：「『强』字是自强。」墨筆旁批：「可以不來。」

「大德丁未，浙東大侵。戊申，復無麥，民相枕死。」墨筆旁批：「浙東不以麥爲事者。」

「故其爲人光明宏偉，〔四〕專務明本心之學，慨然以孟子自許。」墨筆旁批：「差些。」

「唯恐斯道之失其傳。」硃筆旁批：「不勞操心，失不了。」

「長孺爲言：人雖最靈，與物同產，初無二本。」墨筆旁批：「此說何義？」

「豫章爲江西會府，行中書省、提刑按察司皆在焉。凡居是官者，多朝廷名公卿，皆以賓禮延見。」墨筆旁批：「招惹。」

「廉希憲之子惇爲參知政事，以師禮事朋來，終身稱門人。」硃筆旁批：「不亦樂乎！」

〔一〕「文辭政事」四字，傅山全書初版本脫，據批點底本補。
〔二〕「宋」，傅山全書初版本誤作「宗」，據批點底本改。
〔三〕「棲」，傅山全書初版本誤作「樓」，據批點底本改。
〔四〕「光」，傅山全書初版本誤作「先」，據批點底本改。

「會朝廷遣治書侍御史王構銓外選於江西，於是參政徐琰、李世安列薦朋來爲閩海提舉儒學官，使者報聞。」墨筆旁批：「快活了。」

「大德八年，表元年已六十餘，執政者薦於朝，起家拜信州教授，再調教授婺州，以疾辭。」末句旁墨筆批：「是。」

「初，表元閔宋季文章氣萎薾而辭骫骳，骳弊已甚，慨然以振起斯文爲己任。」末句旁墨筆批：「可憐！」

「故其學博而肆，其文清深雅潔，化陳腐爲神奇，蓄而始發，間事摹畫，而隅角不露，施於人者多。」末句旁墨筆批：「五字說甚？」

「故相留夢炎事世祖，爲吏部尚書，以書招之，曰：『苟至，翰林可得也。』應龍不答。已而起家教授溧陽州。晚以上元縣主簿致仕。」「以書招之」旁墨筆批：「老劉下水拖人。」「起家」旁墨筆批：「多了。」又硃筆批：「又何必爾！」「致仕」旁硃筆批：「遲了些。」

「鄭滁孫字景歐，處州人。」墨筆眉批：「一對宋進士，好兄弟。」

「乞致仕，歸田里。」墨筆旁批：「遲了。」

「陶孫曰：『臣嘗仕宋，宋是年亡，義不忍書，書之非義矣。』終不書，世祖嘉之。」硃筆眉批：「再醮婆子記得前夫死日，也要算節婦。」墨筆旁批：「既臣仇矣，獨不忍書其亡年，便欲掩人耳目耶？可笑之極。」

「至元中，孚以布衣上大一統賦。」墨筆旁批：「直正麏糟齷齪買賣。」又硃筆旁批：「該打！」

「其所贈，孚悉卻之。」硃筆旁批：「收下也有榮。」

「女長嫣，適藁城董士楷，太常禮儀院太祝宗緝之母也。」硃筆旁批：「似墓誌了。」

「雖事料醲郁，美如簇錦，律之法度，未免乖刺，人亦以此少之。」硃筆旁批：「此奴話，至今日，南人多如此，老宋之澤也。」

「董朴字太初，順德人。自幼强記，比冠，師事樂舜咨、劉道濟，幡然有求道之志。」末句旁硃筆批：「惡心！」

「至元十六年，用提刑按察使薦，起家爲陝西知法官。」墨筆旁批：「道固爾耶？」〔二〕

「其文章一以氣爲主。」硃筆旁批：「惡心！」

「而於詩文尤有法，嘗語學者曰：詩當取材於漢、魏，而音節則以唐爲宗。自其詩出，一洗宋季之陋。」硃筆旁批：「者一號話惡心殺之！」

「年十二，作爲科場律賦論策之文，蔚然有老成氣象，宋之遺老鉅公，一見即以斯文之任期之。」末句旁硃筆批：「惡心！」

「性語之曰：今之貢舉，悉本朱熹私議爲貢舉之文，不知朱氏之學可乎？」硃筆旁批：「老朱有時運。」

「受而不赴。」硃筆旁批：「受甚？」

「後十年，門人李齊爲南臺監察御史，力舉其行義，而性已卒矣。」末句旁墨筆批：「乾淨！」

「登至治元年進士第，授高郵縣丞。」墨筆旁批：「只此端不異。」

「延祐設科，有司强之就試。」墨筆旁批：「只賴有司。」〔三〕

〔二〕「固」，傅山全書初版本誤作「用」，據手稿改。

〔三〕「只」字，傅山全書初版本脫，據手稿補。

「凡一再中鄉舉。」墨筆旁批：「多了。」

「其教人，以變化氣質爲先務，學徒不遠千里從之。」墨筆旁批：「也有本好氣質。」

「謂旅曰：子，館閣器也。胡爲留滯於此！因相勉遊京師。」墨筆旁批：〔二〕「來了。」

「集感其來，留旬日而别，惓惓以斯文相勉，慘然若將永訣焉。」墨筆旁批：「不知甚是斯文。」

「少博學，篤志復古，隱居雁蕩山五峯下。」墨筆旁批：「好居處。」

「至正七年，詔徵隱士，以秘書監著作郎召。」墨筆旁批：「丢了雁蕩了。」

「進孝經圖説，帝大悦，賜上尊。」墨筆旁批：「預備停當底。」

「識其編，首曰：晝有所爲，暮則書之，其不可書，卽不敢爲。」墨筆眉批：「晝爲夜書，前許謙如此。」

「伯顔一名師聖，字宗道。」墨筆眉批：「者個罷了，原是他。」

「伯顔自弱冠，卽以斯文爲己任。」墨筆旁批：「不知説甚！」

「文宗問曰：『卿有所著述否？』明日，進所著帝王心法。文宗稱善。」硃筆旁批：「不知何時預備。」

「後至元二年，拜陝西行臺監察御史，卽上封事十條，曰：法祖宗，攬權綱，敦宗室，禮勳舊，惜名器，開言路，復科舉，罷數軍，一刑章，寬禁綱。」墨筆旁批：「那里也搗者個大老套。」

〔二〕「旁」，傅山全書初版本誤作「眉」，據手稿改。

卷一百九十一

「他相怒，天璋言不置，王竟從其議，且曰：掾能如是，吾復何憂！」末句旁墨筆批：「極可厭！」

卷一百九十三

「宋將鄭元龍以兵迎敵，珪敗之於亳陽。」墨筆旁批：「混了。」

「時太原諸邑皆平，唯石家昂及盂州陵井寨、忻州清泉寨爲脣齒，皆未下。」墨筆根批：「石家昂不知在何所，今西山有所謂石家卯者，亦險峻，豈卽是耶？「昂」與「卯」字溷。然今人絕不說「昂」，或又一地邪？」

「賊欲奉之爲主，不屈，遂遇害於中心岡。」墨筆旁批：「正經。」

「知事張德、劉閏亦夢之二人相繼死，而軍中往往見其乘騅督戰云。」墨筆旁批：「未必。」

「時天寒，河冰方堅，天孚拔所佩刀斫冰開，北望爲國語若祝謝者，再拜已，脫衣帽岸滸，乃投水中。」墨筆眉批：「鑿冰投河那得停住，便應流去矣。」

「賊脅使從己，景茂罵曰：狗盜！我生爲大元民，死作隔洲鬼，豈從汝爲逆耶！」墨筆旁批：「好體面話！」

「賊怒，縛景茂於樹，臠其肉，使自啖。」墨筆旁批：「又何必！」

卷一百九十四

「德新厲聲曰：我生爲皇元人，死作皇元鬼，誓不從爾賊！」硃筆旁批：「好醫！」
「瑜曰：我東魯書生也。」硃筆旁批：「好顏氏。」
「昭叱曰：吾奉命招諭汝，汝拘留詔使，罪不容斬。」硃筆旁批：「眞儒學語。」

卷一百九十五

「賊憤其不降，復以布囊其屍，舁置其家。」硃筆旁批：「要何爲？」
「賊執之使降，上都大罵。賊怒，刳其腹、封其肉而死。」硃筆旁批：「何必！」
「大本字德中，密州人，始由儒學教諭入官云。」硃筆旁批：「好教諭。」

卷一百九十六

「女曰：人生在世，便百歲亦須一死。」硃筆旁批：「好。」

卷一百九十七

「則三代之治，亦可以漸復矣。」硃筆旁批：「來了。」
「卽以騎送寧等往合州。」硃筆旁批：「惜乎不得達宋地。」

「同縣王住兒，母病，臥冰上半月。」硃筆旁批：「愚誠。」

「毓長兄瑞早世，嫂劉氏守志，毓率家人事之甚恭。」墨筆眉批：「此等原不可强爲之，難說弟兄不當如是耶！生分者看之可媿！」

「太夫人勞一德曰：當吏籍吾家時，親戚不相顧，汝獨冒險以白吾枉，疾風勁草，於汝見之。」「疾風勁草」旁硃筆批：「多了，此句倒。」

「弟有疾，鐸夜稽顙星斗哀禱曰：天不伐余家，鐸父子間可去一人，勿喪吾弟。」「父」字旁墨筆批：「此字下不得。」

「父亡，不忍葬。」硃筆旁批：「此獨不忍不得。」

卷一百九十八

「紹祖泣曰：吾父耆德善人，不當害，請殺我以代父死。」硃筆旁批：「此句可笑。若父非耆德者，子卽當聽其殺耶？」

「且若等非父母所生乎？何忍害人父也？」硃筆旁批：「何恁婆媽語向賊道？」

卷一百九十九

「金將亡，[一]士猶以文辭規進取，瑛獨避地河南緱氏山中。」硃筆眉批：「眞正一胡塗無比之

〔一〕「亡」，傅山全書初版本誤作「之」，據批點底本改。

物。」

「今宋皆蔑之，殆將亡矣。」硃筆旁批：「何據？」

「若控襄樊之師，委戈下流，以擣其背，大業可定矣。」硃筆旁批：「好處士之言。」

「今天子神聖，俊乂輻湊，言納計用，先王之禮樂教化，興明修復，維其時矣。」硃筆旁批：「隱者如此耶？」

「當表吾墓曰：緱山杜處士。」硃筆旁批：「還處甚麽？」

「張樞子長者，婺之金華人，亦屢徵不起。」硃筆眉批：「張樞似有志氣人。」